그리스도교 예배의 신학과 실천
구원의 축제

Célébrer le Salut
Doctrine et Pratique du Culte Chrétien

by Jean-Jacques von Allmen
Published by Labor et Fides, Genève, 1984
All Rights Reserved.

Korean Translation Copyright © 2010
by Achim Institute for Spiritual Direction

이 책은 신저작권법에 따라 한국 안에서 보호를 받는 책이므로
무단전재와 무단복제를 금합니다.

그리스도교 예배의 신학과 실천

구원의 축제

장자끄 폰 알멘 지음, 박근원 옮김

치유와 돌봄이 있는 희망의 선교동산

4 구원의 축제

머리말

    오늘 그리스도교 예배의 신학과 실천에 큰 변화의 물결이 일고 있다. 현상학적으로는, 세계교회의 새로운 예배표현들에서 경험하는 성령의 역사를 먼저 열거할 수가 있겠다. 그러면 이러한 변화가 우연한 교회행동의 표출이라고 할 수 있는가? 결코 그렇지가 않다. 이 땅 위에 있는 그리스도의 교회들이 20세기에 이르러, 비로소 교회 예배에 관한 공감대를 발견하게 된 것이 그 근본 동기가 된 것이다. 예배에 관한 신약성서와 초대교회 문헌의 심층적인 연구가 크게 공헌하였고, 예배발전의 역사적인 연구들이 아울러 큰 몫을 차지하였다.

    세계교회의 여러 예배전통은 이제 종전의 입장을 저마다 절대화할 수 없을 정도로, 공유하고 있는 예배유산에 대하여 이해의 폭을 넓혀가고 있다. 교회전통 사이의 신학적인 벽이 많이 낮아진 오늘, 그 예배의 신학적인 이해와 행동적인 실천에서는 일치를 지향하여 벌써 큰 진전을 보게 된 것이다. 오늘 세계교회 예배표현의 새로운 현상들은 바로 이런 공간에서 함께 경험할 수가 있다.

    바로 이러한 그리스도교 예배의 공감대를 생생하게 서술한 것이

이 책, 장자끄 폰 알멘의 『구원의 축제: 그리스도교 예배의 신학과 실천』(Jean-Jacques von Allmen, *Célébrer le Salut: Doctrine et Pratique du Culte Chrétien. Genève*: Labor et Fides, 1984)이다. 1960년대에 이 저자의 프랑스어 강의초록들이 영어로 번역된 『예배학 원론』과 『주의 만찬』은 당시 세계교회 예배현실에 크게 충격을 준 바 있다. 그 이후로 세계 개혁교회 전통에 속한 교단마다 예배갱신 프로그램의 진원이 바로 여기에 있었음을 많은 이들이 인식하고 있다. 이 저자가 그 후 20여 년이 넘도록 그 내용을 보완하고 다듬어 정리한 새로운 저서가 프랑스 파리 '예전연구소'(Institut Supérieur de Liturgie)의 '예배와 상징 총서'(Rites et Symboles) 제15권으로 최근에 출판되었다. 여기 우리말 번역서는 바로 이 프랑스어 새 원본을 대본으로 한 것이다. 이전의 영문판 번역서에서 읽을 수 없었던 '예배'에 관한 신선한 이해와 그 이후의 눈부신 연구업적들의 보완이 한층 더 돋보인다. 새로 펴낸 이 저서야말로 신구교는 물로 동방정교회까지도 포함한 온 세계교회 예배갱신 운동의 전망을 열어 보인 나침반이다.

이 책의 저자 장자끄 폰 알멘(Jean-Jacques von Allmen, 1917-)은 프랑스 말을 쓰는 스위스 신학자이기에, 우리에게는 그 이름이 생소한 느낌이 없지 않다. 그러나 그의 연구업적을 열거하면, 그가 얼마나 예배와 예전을 통한 세계교회 일치운동에 기여하였는가를 짐작할 수 있다. 폰 알멘은 17년 동안 목회활동을 한 뒤, 1958년 이래 스위스 뇌샤텔대학(Université de Neuchâtel) 신학부 교수로 재직하였다. 그 사이 3년간은 예루살렘에 있는 '탄투르 에큐메니칼 연구소' (Institut œcuménique de Tantur) 소장으로 활동했으며, 또 지난 30년 동안 파리에 있는 '목회와 예전 연구센터'와 세계교회협의회(WCC) 의 '신앙과 직제' 연구활동에 크게 기여한 바 있다. 특히 후자와의 관계에서 '리마문서'의 뼈대를 이룬 '세례·성만찬·교역'(BEM) 배경연구에 결정적인 공헌을 하였다. 학문적으로는 교회일치 신학에 관한 저서로서 초대교회의 연구와 종교개혁자 요한 칼빈의 교회와 교역론, 특히 성만찬 분야의 연구에 불후의 노작들을 남겼다.

그리스도교 예배를 통한 교회일치를 이루기 위하여 수도자적인 자세로 일관한 이 저자의 숨결을 그대로 한국교회에 소개하고 싶었던 것이 이 옮긴이의 솔직한 심정이다. 이 땅에서 그리스도교 예배다운 예배로 하나님께 영광을 돌릴 수 있을 때, 한국의 교회는 명실공히 세계교회 무대에서 바람직한 위상을 차지하게 될 것이다. 이런 가능성의 미래를 열어 가기 위하여 일조를 아끼지 않은 여러분에게 감사드린다. 특히 원서의 초역에 정열을 쏟은 최 영 목사와, 이러한 취지에 찬동하여 출판에 결정적인 도움을 준 진흥문화사 사장 박경진 장로님께 고마운 뜻을 표하면서, 이 책을 한국교회에 소개하는 바이다.

1993년 부활절에
옮긴이

재판을 내면서

    초판을 펴낸 출판사의 사정으로 이 책이 계속 나올 수 없게 되었다. 증폭되는 독자들의 새로운 요구에 부응하기 위하여 여기 재판을 펴내게 되었다. 초판의 아쉬움을 다듬어 '아침영성지도연구원'에서 이 재판을 펴내는 기쁨을 가지게 되었다.

    특히 이번 재판에서는, 초판과 달리, 프랑스어 원서에 좀 더 가깝게 편집 형태를 최대한 바꾸었다. 또 이 책이 세계 개혁교회 전통에 끼친 엄청난 파급효과를 최대한 살려보고자, 원서에 묻어난 폰 알멘의 따뜻한 글맛을 거듭거듭 음미하면서, 이것을 어떻게 우리말로 쉽게 표현할 수 있을까 애써 고민해 보았다. 마지막 토씨 하나까지 우리 한국교회 예배현장에 맞게 꼼꼼히 교정을 보았다고 해도 과언이 아닐 것이다.

    무엇보다도, 성경은 중고등학생도 이해할 수 있는 표준새번역 사용을 원칙으로 하되, 예전적인 용어는 좀 더 한국적이고 미래적이고 교육적인 관점에서 다듬어 보았다. 예를 들면, 표준새번역에서는 성만찬 '떡'을 '빵'으로 표기하고 있으나, 세계교회에 한국적인 예배운치를 소개하기 위하여 개역개정판에 나온 대로 '떡'이라는 용어를 일부러 썼다. 또 일본식 말투나 한자어 등은 좀 낯설더라도 우리 말법에 맞게 고쳐 나갔다. 예를 들면, 표준새번역에서는 "주간의 첫날"이라고 되어 있으나, 상투적인 '의' 자를 빼고 "주간 첫날"로 고쳤다. 또 하나님을 칭할 때 "그가"라는 말보다는 예배현장을 고려하여 예법에 맞게 "그분이"라고 표기해 보았다. 또 그 동안 사용해 온 "주기도문"이라는 용어나 개역개정판에서 고쳐 쓴 "주기도"라는 표현은 예전적인 운율을 중시하여 "주의 만찬," "주의 기도" 등으로 고집을 부려 보았다. 물론 "성찬"이나 "사도신경"이라는 표현은 현대 예배신학에 걸맞게 "성만찬"이나 "사도신조"로 표기하였다. 예배, 예전, 예배의식 등은 상황에 따라 맞춤식으로 사용해 보았다. 폰 알멘이 발굴한 그리스도교 전통의 아름다운 기도문이나 예식문은 시적으로 배열하는 것도 잊지 않았다.

그래도 더 과감하게 고쳤으면 하는 곳들이 군데군데 보이지만, 이쯤에서 후학들에게 그 꿈과 과제를 물려주고 싶다. 이렇게라도 아주 새로운 작품이 나오게 된 데는 신현복 목사의 기여가 컸다. 그의 공헌을 기억해 두고 싶다. 또 여기서는 부록으로 '장자끄 폰 알멘의 신학적인 유산'을 첨가하였는데, 독자 여러분에게 여러모로 도움이 되었으면 하는 마음이 짐짓 간절하다.

2010년 주현절에
옮긴이

머리말_ 5

제1장 예배—구원의 축제 _ 15
1. 그리스도교 예배의 메시아적인 근거 / 16
2. 예배—구원역사의 축제 /31
3. 성령임재의 기원 / 38

제2장 예배—교회의 표현 _45
1. 교회—주님의 모임 / 46
2. 교회가 무엇인가를 표현하는 예배 / 50
3. 두 가지 고찰 / 67

제3장 세상을 위한 예배의 중요성_73
1. 거룩한 것에 관한 예비적인 간략한 주 / 75
2. 그리스도교 예배—세상에 대한 위협 / 94
3. 그리스도교 예배—세상을 위한 약속 / 105
4. 예배는 세상 안에 있는 교회의 삶과 의무를 저버리게 하는 것이 아니다 / 117

제4장 예배의 표현양식_ 121
 1. 예전적인 형식의 필요성 / 122
 2. 예전의 표현 범위 / 124
  1) 언어적인 표현의 범위 / 125
  2) 음성적인 표현의 범위 / 129
  3) 시각적인 표현의 범위 / 131
  4) 동작적인 표현의 범위 / 140
 3. 예전적인 표현에서 엄밀함과 자유 / 134
 4. 예전적인 형식화의 조건 / 140
  1) 명료성 / 141
  2) 단순성 / 142
  3) 아름다움 / 143
 5. 예전적인 형식화에서 자유의 한계 / 145
 6. 예배갱신의 가능성 / 147
 7. 예전적인 형식화의 대가 / 149
  1) 취향의 수련장 / 149
  2) 예술의 정당화 / 151
  3) 정치사회적인 봉사 / 152

제5장 예배의 요소 _ 155
 1. 하나님의 말씀 선포 /156
  1) 하나님 말씀의 성서적인 선포 / 156
  2) 하나님 말씀의 예언자적인 선포 / 166
  3) 하나님 말씀의 제사장적인 선포 / 170
 2. 주의 만찬 / 176
  1) 교회 예배에서 성만찬의 자리 / 176

       2) 성만찬의 필요성 / 182

       3) 성만찬의 재료 / 189

       4) 성만찬과 애찬 / 205

  3. 기도의 봉헌 / 212

       1) 기도를 듣는 이 / 216

       2) 교회의 기도―구원역사에 참여하기 / 223

       3) 기도의 서로 다른 유형 / 223

       4) 환호송 / 229

       5) 신앙고백 / 230

       6) 찬송과 영창 / 237

  4. 형제의 나눔 / 240

       1) 봉헌 / 240

       2) 인사 / 242

       3) 평화의 교환 / 245

       4) 교회소식 / 246

제6장 예배의 참여자들_ 249

  1. 주님 / 249

  2. 신자들 / 250

       1) 세례 받은 이 / 250

       2) 모든 때와 모든 곳에서 선택된 이 / 262

       3) 그 밖의 참여자 / 265

       4) 교회의 분열에 대하여 / 267

  3. 예배의 참여자인 천사 / 272

1) 천사는 누구인가? / 273

　　　2) 천사와 교회 예배 / 274

　　　3) 천사—신자의 동료 / 277

　4. 세상과 그 탄식 / 278

　　　1) 교회의 예배인가, 세상의 예배인가? / 278

　　　2) 세상의 예배의식 / 279

제7장 예배의 날과 장소_ 281

　1. 예배의 날 / 281

　　　1) 일요일 / 281

　　　2) 예배력 / 290

　　　3) 때의 성별 / 296

　2. 예배장소 / 299

　　　1) 성서적인 증거 / 299

　　　2) 모두를 맞아들일 수 있는 장소 / 305

　　　3) 예배장소의 아름다움과 참됨 / 311

　　　4) 예배장소의 봉헌 / 314

　　　5) 오늘 예배장소의 건축 / 319

부록: 장자끄 폰 알멘의 신학적인 유산_ 324

제1장
예배-구원의 축제[1]

우리의 주목을 끄는 주제 세 가지가 있다. 우선, 그리스도교 예배는 그리스도의 명령에 그 기원을 두어야 한다는 것과, 그리스도께서 어떻게 자신의 사역에서 예배를 정립하셨는가를 살펴보고자 한다. 이어서, 예배는 어떻게 보면 그 전체로 구원의 역사를 보존하거나 요약하는 것임을 증명하고자 한다. 그러나 예배를 드리는 것만으로는 그렇게 될 수 없다. 예배가 구원의 역사가 되기 위해서는, 그리스도교 예배에 성령께서 개입하실 필요가 있다. 이것이 여기서 말하고자 하는 세 번째 주제다.

---

1) 이 장은 1973년 10월 18일에 Tantur/Jerusalem의 교회일치연구소에서 발표한 논문을 증보한 것이다. 그 논문은 이 연구소의 1973-1974 연감에 수록되어 있다.

1.
그리스도교 예배의 메시아적인 근거

우리는 경배하거나 죄의식에서 벗어나고픈 강열한 욕구에서 그 존재이유를 찾는 예배의 가치를 부인할 수 없다. 오늘도 인간은 예배에 제기되는 삶과 죽음의 문제들 속에 가능한 한 깊숙이 관여하기를 주저하지 않는다.[2] 우리는 예배의 형식화에서 그리스도교 예배가 불가피하게 다른 제의들에 속하는 표상들과 의식들에 의존한 사실도 부인할 수 없다. 더구나 우리는 그리스도인들에게 예배가 매일의 삶 가운데에서 절정의 시간(heure de pointe)으로 규정될 수 있다는 것에 이의를 제기하지 못한다. 그들의 모든 삶이 하나님의 자비와 그분의 영광을 찬양하는 삶이어야 하기 때문이다. 그러나 엄밀히 말해서, 교회 예배에 근거를 주는 것은, 지고(至高)하신 존재에 대하여 자기감정을 표현하는 경건한 감정—다른 점에서 보면, 그리스도교 예배는 경건한 감정의 지고한 표현일까?—이 아니다. 또한 그리스도교 예배가 다른 종교 제의들과 맺고 있는 친척관계 (parenté)—만일 우리가 유대교 제의를 제외시킨다면, 실제로 이 관계는 아주 빨리 청산되고 말 것이다—도 아니다. 그들의 신앙에 변

---

[2] "오! 경배하여라. 다시 말해서, 깊이를 헤아릴 수 없는 신비 속에 빠져보고, 무한한 진리 속에 깊이 잠겨 들어 보아라. 영원히 변치 않는 것 속에서 평화를 얻고, 무한한 공간에 열중하여 보아라. 번득이는 영감을 내보이고, 자신을 투명하게 드러내어라. 바닥이 없는 그것에 철저하게 자신을 내맡기고, 의식적으로 그리고 기꺼이 자신을 소진시켜 보아라……"(P. Theilard de Chardin, *Le milieu divin*, Paris, 1957, p. 157).

함없는 증거자로 부름 받는 그리스도인들의 인식도 아니다. 그것은 그리스도께서 자신의 고난이 있기 전날 저녁에, 떡을 떼시고 나누시며, 이어 잔을 들고 감사의 기도를 드리신 다음, 모두에게 "이것으로 나를 기념하라"(고전 11:24 이하; 눅 22:19) 하시고 마시게 하신 것에 따라 제정된 명령이다. 그리스도인들의 예배는 이 명령에 순종함에 따라 그 특수성을 갖는다.

어쩌면 떡을 떼고 잔을 들어 감사하라는 명령을 예수께서 자기 제자들에게만 하신 것이 아닐 수도 있다고 반박하는 이들이 있다. 그분은 제자들에게 온 세상에 가서 복음을 선포하고, 그 가르침을 받아들이고 그것을 따르는 이들에게 세례를 주라고도 하셨다. 그렇지만 엄밀히 말해서, 예수께서 복음을 선포하고 세례를 주라고 명령하실 때, 예배의 토대를 세우셨던 것은 아니다. 오히려 그분은 교회, 곧 예배의식에 참여하는 대중을 불러 모으는 방식을 알려 주신 것이다. 사실 복음 선포가 언제나 또 엄청 많이 그리스도교 예배의 구성요건이기는 하다. 그렇다고 예수께서 성만찬(la cène)을 제정하시면서 제정한 예배를 설교하라는 명령이 사도들에게 내려졌다는 것은 아니다. 비록 예배가 설교를 필요로 할지라도, 설교가 예배에 한정되어 있는 것이 아니기 때문이다. 그것을 입증하기로 하자면, 다른 무엇보다도 성만찬예식(célébration eucharistique)에서 신자들이나 불신자들의 역사인 예배의 역사를 일별해 보는 것만으로도 충분하다.

사실 주석가들과 원시 그리스도교 역사가들은 아직도 주의 만찬(le repas)에 관한 가장 오래된 전승들과 초기 문서들이 제시하는 어려운 점들을 전부 다 해결하지는 못하고 있다: 이 만찬이 유대교의 유월절과 관련하여 제정된 때가 정확히 언제인지; 그 때 그리스도께서 하신 말씀이 정확히 어떤 것들인지; 그 첫 만찬에 참석했던 이들이 몇 명인지; 성만찬 규정(cadre)과 양식에 관해서, 예수의 죽으심과 부활하심 이전에 그리고 특히 그 이후에 예수와 함께 한 제자들에 따라 이해된 만찬의 회상에 대한 중요성은 어떤 것이었는지; 이 만찬이 초대교회에서 차지하고 있던 비중은 어떠했는지; 이 만찬은 유대교 전통에서부터 그리스 문화 속으로 그것을 옮겨 놓을 때 어떻게 반응하였는지; 언제 그리고 왜 성만찬이, 적절하게 말해서, 예배적이기보다는 좀 더 영양이 풍부한(alimentaire) 만찬에서 생겨나 분리되었는지. 그렇지만 설령 이 물음들에 대한 대답들이 서로 보충해 주거나 양립되지 않는 것일지라도, 전체로 보아서는, 초대 그리스도인들이 "떡을 떼려고"(행 20:7) 또는 "먹기 위하여"(고전 11:33) 정해진 날 한 데 모였다는 데 의견의 일치를 보인다. 또 만찬에 관해서도, "주의 만찬"(고전 11:20)[3]이란 용어가 일찍부터 사용되었다는 데 이견이 없다. 그렇지만 그리스도교 예배가 만찬이 있었다는 사실만으로 특징지어지는 것은 아니다. "예전적인" 만찬은 거의 모든 종교에 있었다. 그것은 예수를 "기념하여" 베풀어지고 성취되는 사건으로 말미암아 아주 특별하게 특징지어진 것이다. 불어로 만족스러운 번역을 하기가 어려운,[4] 이 기념사(anamnèse)는 발

---

[3] '주의 만찬'과 '주의 날'이라는 용어 사이의 관계에 관해서는 W. Rordorf의 *Der Sonntag*, Zürich, 1962를, 특히 그 책의 p. 218을 참조.

[4] W. Schottroff가 자신의 논문 *"Gedenken" im alten Orient und im Alten Testament Die Wurzel Zakar im semitischen Sprachkreis*(Wissenschaftliche Monographien zum Alten un Neuen Testament, N. 15, Neukirchen-Vluyn, 1964, p. 342-356)에서 작성한 참고문헌은 기념사의 주제에 관한 최근의 연구들을 상세히 소개하고 있다. 또한 N. A. Dahl의 "Anamnesis, mémoire et commémoration dans le christianisme primitif," *Studia theologica*, 1974, p. 83 이하와 내 저서인 *Essai sur le repas du Seigneur*, Neuchâtel,

아 중인 그리스도교의 배경이 되었던 유대교 세상에서 특별한 의미를 갖는다. 기억(mémoire), 기념(mémorial), 추모(commémoration)라는 말로 그 의미를 다 담아 내기에는 역부족이다. 오히려 "예배의식의 실행"을 부연해서 말하지 않으면 안 된다. 그 의미를 깊이 파고드는 학자들에 따르면, 기념사(anamnèse)는 실제로 과거 사건에 대한 예전적인 회상이다. 이것은 그 사건이 일어났을 때, 그것을 있게 한 이에게 능력을 돌리는 일이다. 동시에 추모하는 사건을 놓고, 이 회상을 위하여 한 데 모인 이들이 그에게 감사를 드리는 것이다. 그 예로, 유월절에 대한 유대교의 기념사가 있다. 이 해석을 뒷받침하기 위하여, 우리는 기꺼이 출애굽기(13, 18)에 보고되고 있는, 하나님의 명령에 따라 필요한 기념사를 설명하는, 가말리엘의 말을 인용하기로 한다: 그의 말에 따르면, 각 세대마다 사람들은 자신을 마치 이집트에서 해방된 당사자로 생각해야 한다. 이스라엘 사람들은 저마다 자신을 노예상태에서 해방된 이로 인식해야 한다. 유월절을 경축하라. 그것을 기념하는 것은, 한 유대 사람에게 그 자신이 이집트에서 탈출하여 다시 사는 것이다. 이 구원을 그 자신이 맛보게 되는 것이다. 마찬가지로, 성만찬에서도 아주 유사한 예식이 베풀어진다. 떡을 떼고 나누며, 잔을 들어 감사하고, 모두 마시라는 예수의 기념사가 명령으로 내려진다. 그것은 동시에 그리스도의 찢기신 몸과 흘리신 피로써 하나님께서 세상과 자신을 화해시키셨음을 증명하는 일이다. 그것은 먼 과거 사건이 지금 여기서 구원의 능력을 나타내도록 허용하는 일이다. 또한 그 예식을 곧이곧대로(고전 11:17-34 참고) 베푸는 한, 그로부터 비롯되는 삶을 위하여 제 자신을 내

1966, p. 23 이하를 참조.

맡겨야 한다. 유대교의 유월절 기념사에서 도움을 얻어 내보인 이런 그리스도교 성만찬 해석을 통하여―이것은 모험적인 시도가 아니라, 아주 일반적으로 인정되는 것이다―많은 교회를 분열시켰던 양극단의 표현은 거짓인 양자택일에서 벗어나게 된다. 실제로 세상 구원을 위한 그리스도의 죽으심의 유일회성과 그 구원의 능력을 위태롭게 하는 기념사, 마치 그것이 충분치 못한 것처럼 그리고 헛된 것이 되지 않기 위하여 이런 반복을 필요로 하는 것처럼 십자가 희생을 반복하고 다시 시작하는 기념사, 심리학적이거나 감상적인 가치만 지닌 채 복음이 뿌리내린 그 지방 문화나 기억술 방법 여하에 따라 대체할 수 있는 기념사, 어쨌든 그것에 참여하는 이들의 구원을 위하여 현실적인 가치가 없는 기념사 사이에서 선택이란 없다. 그러므로 우리가 지금 살펴 본 대로, 기념사는 두 가지 위험(écueils)에서 벗어나 있다. 하나는, 십자가 희생의 유일회성을 문제 삼지 않고서도 성만찬 기념사의 구원하는 능력을 간직할 수 있다는 것이다. 다른 하나는, 예수의 죽으심으로 얻게 된 죄의 용서와 생명을 받기 위한 성만찬 기념사의 필요성을 문제 삼지 않고서도 골고다 화해의 충만한 능력을 긍정할 수도 있다는 것이다. 그러므로 성만찬은 그리스도의 새로운 희생(re-sacrifice)이 아니다. 단순한 기억의 실천도 아니다.

좀 더 압축된 의미에서, 만일 성만찬이 그리스도께서 자신의 자녀들을 위하여 제정하셨고 그들에게 명령하신 예배라면, 그것은 예수 자신이 집례한 예배의 기념사를 행하는 것이다.[5] 성만찬은 세상 역사를 위하여 확실히 결정적인 단 한 번의 예배, 페기이(Péguy)가

---

5) F. J. Leenhardt, *Le sacrement de la sainte cène*, Neuchâtel, 1948, p. 18, 55 참조.

말한 바대로, 정확히 "세상 구원을 위하여 주어진 위대한 축제"[6]의 반향이며, 굴절에 따른 예배이다. 교회 예배를 예수의 삶과 죽음이 집례되는 예배 속에 이끌어 온다는 의미에서 기초적인 예배에 참여하는 것이라고도 할 수 있다. 그리고 그렇기 때문에, 다시 한 번 말하거니와, 그리스도교 예배의 토대를 경건한 감정의 특별한 형식 안에서는 찾을 수 없다고 할 수 있다. 또 비교종교학이 제공해 주는 비슷한 예들의 도움으로도 찾을 수 없다. 또 그리스도인의 일상생활에서 드려지는 예배의식의 공통된 실천 속에서도—이 점에 관해서는 논의를 더 해야 하지만—찾을 수 없다.

사실, 그리스도 안에서 그리고 그분과 함께, "신성한 예배의 충만함이 우리에게 임한다."[7] 더구나 복음서들의 빠른 강독에서조차, 예수의 삶과 죽음의 기사는 실제로 "예전적인" 하나의 삶과 하나의 죽음임을 깨닫게 된다. 이 세상 역사에서 가장 탁월하게 예배를 집례하신 이는 바로 그분이다. 그분은 하나님을 온전히 예배하신 분이다. 또 자신 안에서 항구적인 화해를 위하여 갈등들을 해소시킨 분이다. 게다가 예수께서는 자신의 교역을 예전적인 방식으로 이해하셨다. 곧 잃어버린 이를 찾고 구원하러 왔다(마 18:11)든지, 많은 사람을 위하여 흘리는 내 계약의 피(마 26:28)라는 구절 등이 그것이다. 유월절 시기에 예루살렘에 있어야 한다는 어떤 결정으로 보아서, 자신을 괴롭힐 줄 뻔히 아는 위협들로부터 자유로울 수 있었던 어떤 용이함으로 보아서, 그분이 자신의 제자들과 한 번 더 나누기를 바라고 유월절 만찬을 재정립하거나 변화시킨 어떤 엄숙한 의

---

6) Ch. Péguy, *Le mystère de la charité de Jeanne d'Arc*, Paris, 1944, p. 149.
7) 제2차바티칸공의회 N° 5의 성례전에 관한 조항에서 인용한 베론의 예전서.

식으로 보아서, 그리고 그분이 체포당하실 때 피하고 싶은 유혹을 물리친 어떤 용기로 보아서, 우리는 히브리서 기자가 주저하지 않고 그분은 자기 자신을 바쳤다(7:27, 9:11 이하)고 말한 것을 이해할 수 있다.[8] 그분의 삶과 그분의 죽으심은 탁월한(par excellence) 예배이다. 더구나 신약성서 자체가 교회 예배가 자신의 비밀을 반영하고 있는 사건, 곧 예수의 삶과 죽으심을 간직하고 있는 예배의 기념사 속에서 찾았음을 암시하기 위한 것처럼, 예수의 역사와 교회 예배 사이에 긴밀한 관계를 설정하고 있다. 나는 그리스도교 예배에 대한 다수의 암시들이 제4복음서에만, 그리스도의 삶과 고난의 설화 자체에만 포함되어 있다고는 생각하지 않는다. 나는 누가복음이 조직화한 엠마오로 가는 제자들에게 나타나시고(24:13-35), 특히 부활하신 날 저녁 예루살렘에 모여 있는 제자들에게 나타나신(24:36-53), 부활하신 분의 출현에 대한 이야기들, 태동하는 교회 예배의 중대한 요소들을 비쳐 보이는 것 같은 이야기들, 곧 한 주간 첫날에 있는 신자들의 모임, 서로 안부를 물은 것, 옛 계약의 책들에 대한 그리스도론적인 해석, 부활하신 분과 나눈 만찬, 선교를 위한 보냄 등의 이야기들 방식만 생각하지도 않는다. 나는 그보다는 공관복음서들이, 특히 교회의 처음시기로 다시 거슬러 올라가, 예배의 명령 자체 속에서 되찾은 일정한 계획에 따라, 자신들의 이야기를 배열한 사실을 특별히 생각해 본다. 우선, 성령으로 인한 그리스도의 현재

---

8) 최고의 대제사장인 그리스도를 설명하는 모든 그리스도론은 여기서부터 발전되어야 한다. 예컨대, O. Cullmann의 *Christologie du Nouveau Testament*, Neuchâtel, 1958, p. 74-94를 참조. 예수께서 그 자신에 대하여 가졌던 메시아적인 예전을 의심하는 이들을 위하여 근거들을 제시하고 있지만 현실적으로 독자들을 설득시키지는 못하였다. J. Jeremias 의 *Theologie des Neuen Testaments*, I, Gütersloh, 1971, 특히 p. 239-284(*Théologie du Nouveau Testament*, I, Paris, 1973. p. 311-373)을 참조.

가 확신 있게 말해진다. 첫 번째 부분, 곧 갈릴리의 교역은 예수의 설교, 사람들을 향한 부르심, 그들을 있는 자리에서 선별하시는 것들로 가득 차 있다. 나중에는 이것을 교리문답 수강자들의 미사라고 불렀다. 오늘에는 이것을 기꺼이 "말씀의 예전"이라고 부른다. 이어서 첫 번째 부분을 설명하고 규정짓고 가치를 부여하는 두 번째 부분, 곧 예루살렘의 교역은 그리스도의 죽으심과 종말론적인 부활의 돌입, 자신의 자녀들을 다시 찾고, 게다가 또 그들과 함께 식사하시며, 그들을 축복하시고 떠나시는 그리고 세상에 증인이 되라고 그들을 보내시는 예수님에게 집중되어 있다. 나중에 이것은 신자들의 미사곡이라 불렀다. 오늘에는 이것을 기꺼이 "성만찬의 예전"이라 부른다.[9] 이 부분들 가운데 어느 하나도 다른 것들과 떼어 놓을 수 없다. 물론 예수의 삶은 그분의 "갈릴리의" 때로 족할 수 있다. 예수께서는 아마 다른 어느 누구보다도 더 위대한, 그러나 근본을 파헤쳐 보면 똑같은, 한 예언자나 현자이셨을 것이다. 그분이 사셨던 "갈릴리의" 때를 설명하고 정당화하고 가치를 부여해 주는 그분의 삶이 "예루살렘의" 때이다. 캘러(M. Kähler)가 복음서들을 "상세한 서론이 선행하는 고난의 이야기들"이라고 정의한 것은 타당하다.[10] 그분이 사셨던 "예루살렘의" 때만 보고서는, 만일 우리가 "갈릴리의" 서문을 무시한다면, 그분에 관하여 완벽하게 이해할 수 없다. 이해되지도 않을 뿐만 아니라, 불가능할 것이다. 사람들이 사형

---

9) O. Cullmann, *La foi et le culte de l'Eglise primitive*, Neuchâtel, 1963, p. 131-209. 마가복음에 나오는 비슷한 구절에 대해서는—비록 그것이 좀 더 덜 명확할지라도—L. Schenke, *Auferstehungsverkündigung und leeres Grab*, Stuttgart, 1968을 참조.

10) "Passionsgeschichten mit ausführlicher Einleitung," *Der sogenannte historische Jesus und der geschichtliche Christus*, 중판, 1953, p. 54, note 1.

에 처한 이가 누구인가, 또 만일 예수께서 자신의 삶을 살면서 메시아적인 주장들을 밝히지 않았다면, 왜 하나님의 약속 성취를 내다볼 줄 알았던 이들에게, 그리고 그것을 내다볼 줄 몰라 결국 그분을 처형했던 이들에게 신성모독죄로 처형되었겠는가 하는 것 때문이다. 그러나 아무리 서로 없어서는 안 된다 하더라도, 두 때들 가운데 제일은 두 번째 때이다. 정확히 말해서, 첫 번째 것이 너무 모호하기 때문이다. 예수께서 드리신 예배는 결코 그분의 부활 때만큼이나 치밀하고 철저하지는 않다. 예수께서 자신의 죽음 때문에 사람들과 세상이 살 수 있도록 자신의 생명을 내어주었을 때만큼이나, 본질적으로 그리고 전적으로 예전적인 것은 결코 없다. 더구나 그렇기 때문에, 언제나 공관복음서의 서술 범위 안에서, 예수의 십자가 수치(scandale)는 궁극적으로 그분의 메시지 "수치"보다 우월한 위치를 차지한다. 곧 골고다에서 그분을 그 때까지 따랐던 이들은, 매우 드문 예외를 제외하고는(참고, 마 27:55, 막 15:40 이하, 눅 23:49), 그분을 배반하였고 부인하였으며 포기하였다. 예수께서는 자신의 "예배의식"의 절정 때 홀로 계셨다. 최고의 대제사장으로서, 속죄의 날(Yom Kippur)에 거룩한 이들 가운데 거룩한 이로 홀로 깊은 곳에 들어가셨다(히 9:7). 아마 이 고독이 바로 다른 모든 예배의식을 요약하고 가능하게 하는, 능가할 수 없는 예배의식을 행하게 했을 것이다.

그렇게 해서 예배에 따라 실행되고, "단 한 번의 예물을 드리는 것으로 거룩해진 이들을 영원히 완전하게 하시는"(히 10:14) 것에서 절정을 이루는 예배는, 모든 예배를 요약하는(récapitulateur) 예배라고 불리어져야 한다. 그분은 이중적인 의미에서, 우선 메시아적인 예배의식의 또 다른 순간들의 요약자로서―이제 곧 살펴 볼 것이다

―그리고 그 외의 다른 이들이 드린 예배들의 요약자로서―다음에 지적할 것이다―그러하였다.

　우리는 이미 예수께서 드리신 예배의식의 "예루살렘" 때가 "갈릴리" 교역을 정당화하고 가치를 부여해 준다는 것을 살펴보았다. 그럼에도 불구하고, 사도가 전한 증거의 자취를 좇아서―설령 그것이 상기시켜 주는 신비 앞에서 당연히 편협한 생각들의 도식의 도움으로 된 것일지라도, 더욱 많은 것을 말하지 않으면 안 된다. 사실 어떻게 보면, 골고다 예배는 그분의 성육신을 향해 있다고 볼 수 있다. 또 재림에 관한 그리스도의 모든 사역을 현실화하고 사실화하는 것이라고 볼 수도 있다.

　다소간 정확하고 다소간 집요하게, 신약성서 저자들은 예수 그리스도, 그분의 십자가와 부활에 관계되지 않은 시대, 그분을 위하여 의미가 없는 시대, 그분이 선취하지 못하는 시대가 있을 수 있다고는 전혀 시인하지 않는다. 여기서 신학은 무게 있게 그리스도의 선재에 대하여 말한다. 신약성서는 좀 더 신중하기는 하지만, 역시 확신에 차 있다. 제4복음서는 하나님과 함께 태초에 계셨고 나사렛 예수 안에서 육신이 되신 말씀을 찬양한다(1:1-18). 바울이 자신의 편지 빌립보서에서 인용하고 있는 찬가에서는, 본디 하나님의 본체이셨던 예수 그리스도께서 하나님과 동등됨을 취하지 않고, 오히려 자기를 비워 종의 모습을 취하셨다고 말한다(2:5 이하). 그리고 골로새서에서는 그 아들은 보이지 않는 하나님의 형상이시며, 모든 피조물보다 먼저 나신 분이며, 그분은 만물이 있기 전에 계셨고, 만물은 그분 안에서 함께 유지된다고 말하고 있다(1:15 이하). 사도 베드로는 자신의 첫 번째 서신에서―이것은 좀 더 직접적으로 우리의 주제와 연결된다―자신의 독자들이 그리스도의 피 뿌림을 받아 정결하게 되었다는 것에 대하여, 따라서 예수의 역사적인 죽음에 깃들어 있는 구원의 능력에 대하여 말하고 있다. 이어서 그는 자신의 생각을 명확히 밝히면서, 그리스도를 "흠이 없고 티가 없는 어린 양으로서, 창세전에 먼저 알려지셨고, 이 마지막 때에 여러분을 위하여 나타나셨다"(벧전 1:19, 20)고 지적하고 있다.[11] 비슷한 본문이 "죽임을 당한 어린 양 생명책에 창세 때부터"(13:8) 이름이 기록되지 않은 이들에 대하여 말하는 요한계시록에도 있다. 이 본문들을 달리 번역할 수 있지만,[12] 어쨌든 내게는 이 구절들에 따라―마찬가지로 다른 많은 구절들에 따라―예수께서 세상에 오신 것은 죽으시기 위해서이기에, 그분이 자신의 죽으심을 갑자기 뜻하지 않게 맞이하시지는 않았다고 말할 수 있을 것 같다. 우리는 같은 것을 말하고 있는 수난 고지들(비교. 막 9:31 등)의 "당위성"(il faut)도 생각해야 할 것이다. 탁월한 예전적인 죽음인 예수의 죽으심은 이 세상 역사 속에서 현실화된 것이다. 모든 신약성서가 말하는 것은, 이 희생 때문에 세상을 구원하고자 하시는 하나님의 앞선 결정에 따라서 바라던 분이고 선택된 분이 그분이라는 사실이다. 그렇기 때문에, 그분은 자신을 바치기 전의 일에 대하여 충분한 능력을 끼치신다(히 9:26 이하). 골고다에서 그리스도께서 드리신 예배는 이렇게 그분이 제물

---

11) 이런 도식에서는 그 어느 곳에서도 그리스도교 예배의 구성요소들 가운데 하나인 기도가 나타나지 않는다. 그렇지만 우리는 예수의 모든 생애를 주의 기도에 대한 전기(傳記)적 번역이고 동시에 그분의 간절한 기도의 전기적 번역이라고 주석한다.
12) "미리 구별된 이"가 흠 없고 티 없는 어린 양으로서 종말의 때에 드러날 그리스도이다. 또는―흔히들 그렇게 번역하듯이―미리 구별된 이는 그리스도―어린 양이며 그러므로 종말의 때에 밝혀지실 이로서 앞서 희생양이 되셨다고 표현해도 별로 본문의 의미는 변하지 않는다.

로 바쳐지기 전의 세상이 생명을 얻게 되는 그런 희생 제의이다.

그러나 예수께서 드리신 이 예배가, 역사 속에서 실행되기 전에만 해당하는, 하나님의 죄 용서와 인내의 담지자는 아니다. 그것은 그분의 예배의식을 따르는 모든 시대를 위하여 충분하다. 마치 선재하시는 그리스도에 따라 연역적으로 이용되었던 것처럼, 영광 받으신 그리스도에 따라 귀납적으로 이용되는 효력을 보전하기 위하여 반복할 필요가 없다. 사실 예수께서는—히브리서 기자의 의도를 따르면—하늘에 계신 분이다. 또 성소와 참 장막에서 섬기시는 분이다(8:2). 또 하나님 앞에서 우리를 위하여 중보하시는(9:24, 7:25, 참고. 롬 8:34) 최고의 대제사장이시다. 그리고 영원한 대제사장(6:20, 7:3)이시다.[13] 단 한 번에 걸친 봉헌의 토대 위에서(7:27, 9:12, 26 이하, 10:10), 그분은 역사의 마지막 때까지 아직도 해야 할 일을 계속하신다. 또 일정한 방향을 부여해 주신다. 또 보호해 주신다. 그리고 고쳐시켜 주신다.

그리스도의 죽으심은—사실 그분의 부활하심은 그분의 죽으심이 다른 많은 것들처럼 사형집례가 아니었다는 것을 증명한다—세상 역사의 중요한 예전적인 행위이다. 거기에서부터 그분의 능력을 요약해 주는 것이 나온다. 이 요약설명이 예수의 "갈릴리" 교역과 관계된다. 또 성육신 이전에 준비하신 것과, 영광을 받으신 지금도 계속 하시고 있는 일과도 관계된다. 그리스도교 신앙은 세상 역사 속에서 예수 그리스도에 대하여 절대적으로 중심적인 지위를 고백한

---

13) "창세 때부터"를 흠 없는 어린 양이나 생명책에 이름이 적혀 있지 않은 이들(계시록 17장 8절에서와 같이)과 연결시킬 수 있을까? 나는 E. Lohmeyer, *Handbuch zum NT, ad loc*와 함께 단어들의 위치가 내가 한 것과 같은 번역을 하게 한다고 생각한다.

다. 그러기 때문에, 실제로 앞서 한 말을 뒤엎는 일 없이는 예수의 세상적인 삶 단 한 순간도 그리스도교의 사실에서 감할 수가 없다. 그러나 예수의 예배의식 요약능력은, 그분의 십자가가 이스라엘 민족의 예전적인 생활 가장 깊숙한 비밀을 드러내 보이고, 또 그것이 그리스도교 교회 예배를 드리는 것이기에, 좀 더 설명되어야 한다. 사실 이스라엘의 예전적인 생활은 완전한 예배의식이 다가옴을 고지하고(참고. 히 10:1 이하, 골 2:17), 장차 십자가 희생에서 그 의미를 찾는 그림자로서 있었다. 교회 예배도 본질적으로, 만일 그것이 헛된 것으로 떨어지길 바라지 않는다면, 십자가에서 찢긴 몸과 흘린 피에 의거해야 한다. 이스라엘의 예배가 골고다 언덕의 예배에 앞서 드려진 참여였듯이, 그리스도교 예배는 거기에 반영과 재현과 기념사로써 참여한다.

골고다에서 예수 그리스도께서 봉헌하신 예배의 요약적인 특성을 아직도 더 부연 설명할 필요가 있을까? 나는 그것이 복음서 또는 복된 소식에 의존해서 긍정적인 답변을 얻을 수 있다고 믿는다. 그렇다. 십자가의 죽음으로 자신을 바친 예수께서 드리신 예배는 다른 모든 예배들을 다시 명령하고 정당화해 준다. 그것으로 사람들은 자주 매우 기괴하고, 매우 보기 흉하게 자신들의 의식(conscience), 좀 더 깊은 자신들의 내면에서 우러나오는 예전적인 본성을 표현한다. 더 많이 그리고 아마 다른 모든 곳에서라고는 생각되지 않지만, 사람들이 하나님께 예배를 드린다고 하면서 그리스도인들을 신앙을 위하여 죽게 하는 좀 더 완전한 예배의식에 접근하는 것을 허용한다(요 16:2). 분명히 비그리스도인들에게—옛 계약의 백성들을 포함하여—만일 그들이 헛된 그림자 속에 있기를 바라지 않는다면, 징계되고 용서받은 그들에게 알맞은 현실, 십자가에서 그리스도께서 드리신 예배 안에 있으라고 말하는 것이 부당한 것처럼 보일 수 있다. 그러나 그들이 이해하지 못하더라도, 어쨌든 첫 번째 청취자가 되지 못하는 것을 무릅쓰고서라도, 겸손하게 비그리스도인들의 예배를 위하여 진실로 그 목적과 연관되는 중요한 계기(chance)가 거기 있다고 분명히 말하지 않으면 안 된다. 그리스도교 예배가 다른 예배들보다 "더 좋다"는 것이 아니다. 이것이 문제가 되고 있는 것도 아니다. 오히려 복음서의 중심(cœur)을 이루는 것―곧 모든 역사가 절정에 이르는 때에 대한 분명한 말이 그로부터 세상과 사람들의 생명을 이해하는 데 좀 더 나은 계기가 되는―바로 그리스도의 십자가 때가 문제인 것이다. 그러나 여기서 두 가지를 정확히 해야 한다.

첫째, 그런 분명한 말은 예수의 죽으심에 그분의 부활하심이 따르기 때문에, 무익하게 조롱거리가 되지는 않는다는 사실이다. 그것은 사도 바울이 말한 바와 같다. 곧 그리스도께서 부활하시지 않았다면, 그리스도인들은 모든 사람들 가운데서 가장 불행한 이들일 것이다. 그들은 그리스도의 죽으심 때문에 자신들을 짓누르는 것에서부터 자유케 되었고, 평화를 얻었으며, 자신들의 생명이 허무가 아닌 다른 어떤 것에 이르게 되었다는 고지(annonce)에 자신들의 모든 삶을 걸고 있기 때문이다(참고. 고전 15:17 이하). 그렇기 때문에, 우리는 결코 그리스도의 십자가에서 그분의 부활하심을 따로 떼어놓을 수가 없다. 그렇기 때문에, 마치 그것을 바라는 것처럼, 신약성서의 기록들은 만장일치로 십자가에 달리신 그리스도를 선포하면서, 필수적으로 그리고 의무적으로 십자가에 달리시고 '부활하신'

그리스도라고 선포하고 있다.14) 이에 대한 증거를 의미심장한 사실에서부터 찾을 수가 있다. 곧 처음부터, 그리스도의 찢기진 몸과 흘리신 피를 상기시켜 주는 그리스도교 예배는, 그리스도께서 죽으신 날인 금요일에 드려지지 않고 그분의 부활의 날인 주일에 드려졌다는 사실이다.

둘째로 명확히 해야 할 것은, 이미 살펴본 것에 똑같이 첨가되는 것이다. 요약하는 예배로서 십자가상에서 그리스도께서 드리신 예배에 관하여 말하는 것으로는 충분하지 못하다. 이 요약이 미래와도 관계되어 있음을, 매우 특별하게 힘주어 말하지 않으면 안 된다. 이미 나타난 이 미래의 예배 속에 세상의 종말이 기대로써 거기에 있다. 피터 브룬너(P. Brunner)가 자신의 주목할 만한 그리스도교 예배신학 속에서 아주 정확히 평가하고 있는 것처럼, "세상 역사는 십자가에 달리신 이의 몸 속에서 원칙적으로 그 종말에 이르렀다."15) 세상의 종말인 마지막 심판이 거기에 마치 투명무늬(filigrane)처럼 있다. 그 결과 나중에 일어나는 것은, 역사가 그 마지막 단계에 배출하려고 애쓰는—기대에 어긋나는—것들이 축적되어 간다 하더라도, 어쨌든 십자가의 최후 특징을 인정하는 이들은 그것만으로도 하늘나라 맛을 보게 될 것이라는 사실이다. 이 사건을 실

---

14) B. Rigaux는 자신의 역작인 *Dieu l'a ressuscité,* Gembloux, 1973, p. 27; 와 여러 곳에서 '죽음과 부활'이 메시아적인 사실의 중심적인 정의가 되었다고 지적하고 있다.
15) "세상의 역사는 이 십자가에 달리신 이의 몸 속에서 근본적으로 그 끝에 이르렀다" ("Zur Lehre vom Gottesdienst der im Namen Jesu versammelten Gemeinde," *Leiturgia, Handbuch des evangelischen Gottesdienstes,* Hg. von K. F. Mueller und W. Blankenburg, vol. I, Kassel, 1954, p. 149). 칼 바르트는 브룬너의 예배신학을 "매우 성공적이고 동시에 매우 심오한 연구"라고 평가한다(*Die kirchliche Dogmatik,* IV/2, Zollikon-Zürich, 1955, p. 722; *Dogmatique,* IV/2, 3 Genève, p. 29).

행하라는 명령에 순종하는 그리스도교 예배는, 화해하지 못한 세상의 종말과 위대한 궁극적인 화해 속에 들어감을 찬양하는 것에 한정되어 있다.

2.
예배 – 구원역사의 축제

그리스도교 예배의 토대에 대하여 진술한 지금, 이어서 해야 할 것은 이 예배에서 이루어지는 것이 무엇인가를 살펴보는 일이다. 예배는 세상의 구원역사에 대하여 기념사를 행하는 것이다. 그리고 이것은 이 역사의 신학적인 가치—곧 결국 그리스도교 예배의식을 특징짓는 것은 구원의 축제라는[16]—에서만큼이나 연대기적인 확장 속에서 행해진다고 말하는 것으로 충분할 수 있다.

우선, 연대기적인 의미에서 기념사를 살펴보는 것으로 시작하자. 우리는 구원역사의 기초적인 구조를 알고 있다.[17] 곧 이 역사의 중

---

16) "그리스도교 예배의식의 특수한 성격은……그것이 우리의 구원의 축제를 이루고 있다는 데 있다"(A. Verheul, *Einführung in die Liturgie,* Zur Theologie des Gottesdienstes, Wien-Freiburg-Basel, 1964, p. 13) 또한 H. G. Hardin—J. D. Quillian—J. F. White, *The Celebration of the Gospel: a Study in Christian Worship,* New York: Nashville, 1964, p. 63이나 또는 "예배의식은 축제를 현실화하는 구원의 모든 역사의 요약과 같다"는 J. Gelineau의 말을 참조(*Dans vos assemblées: sens et pratique de la célébration liturique,* Paris, 1971, tome premier, p. X, IV). 이 점에 관하여 우리가 인용할 수 있고 참고할 수 있는 자료들은 참으로 방대하다.

17) 구원의 역사 속에 새겨진 것으로 그리고 그 자체가 역사라고 이해하는 신학이 내게 타당하다고 여겨지는데, 그것은 그것이 단지 왜 구원이 그리스도의 죽음이란 역사적인 사건과 연결되었는가를 설명할 뿐만이 아니라 옛 계약 아래 있는 이스라엘 백성과 새 계약 아래 있는 교회가 시간 속에서 전진하며, 시간을 두드러지게 하는 구원의 삶을 실았다는 것을 해명해 주기 때문이다. 이 점에 관하여 우리는 O. Cullmann의 두 권의 명저를 알

심에 살아 계신 하나님의 아들, 나사렛 예수의 삶과 죽으심과 부활하심이 있다. 그것에 의거해서 그리고 그것이 정당성을 부여해 주는―세례 요한에서부터 아브라함 그리고 아브라함 너머 그 이상에 이르는―옛 계약의 사면(斜面)이 있다. 곧 우리가 전설과 신화들의 형식으로밖에 말할 수 없는, 인류의 최초 기억들 속에서 멀리 사라진 역사가 있다. 그러나 그것에 의거해서 그리고 그것이 정당성을 부여해 주는―베드로와 바울에서부터 역사의 종말에 대하여 말하는 것이 불가능한 먼 미래에 이르기까지, 예언들과 환상들로 이루어진 구원의 역사에 대하여 생각을 품어 왔던 것이 현실로 나타날 때까지 본질적으로는 새로운 것이 아무것도 없는―새 계약의 사면도 있다. 이 구원역사의 두 사면들이 일반 사람들과 세상 역사 속에서 치밀하게 짜여진 채 경험되고, 견디어지고, 기대된다. 그것을 깨닫게 됨으로써, 일반 역사는, 그것을 인정하든 그렇지 않든 간에, 자신이 예수 그리스도를 향하여 방향 정위하고 있음을 발견하게 된다.

이렇게 예수 그리스도의 기념사―"이것을 행하여 나를 기념하라"(고전 11:14-25, 눅 2:20)―를 행하면서, 그리스도교 예배는 하나님께서 세상의 구원을 향하여 행하셨고, 행하실 것이며, 행하시는 것을 찬양한다. 그리고 그것을 있게 하고, 작용하게 한다. 곧 그곳에 예수께서는 자신의 모든 사역과 함께 계신다. 또 교회도 그곳에 자신의 모든 역사와 함께 있다. 또 천지만물도 그곳에 자신의 모든 탄식과 함께 있다. 여기서 로마의 히폴리투스(Hippolyte de Rome)가

고 있다(*Christ et le temps*, 2ᵉ éd., Neuchâtel, 1957과 *Le salut dans l'histoire*, Neuchâtel, 1966). C. Vagaggini는 구원역사의 신학을 형성하고 알리려고 학문적인 엄격성에서 벗어나려 하는 로마가톨릭의 예배의식에 대한 주목할 만한 예를 제시하고 있다: *Initiation théologique à la liturgie*, Bruges-Paris, vol. I, 1959, vol. II, 1963.

'사도전승'에 따라 드린 성만찬 기도를 인용하면, 이해를 돕는 데 도움이 될 것이다. 여기에 근본적인 구원의 모든 과거가 있다.

> 오 하나님,
> 저희는 주님께서
> 저희의 구원자, 구세주,
> 주님 뜻의 전달자(ange)가 되도록
> 마지막 때 보내 주신
> 예수 그리스도로 말미암아 감사를 드립니다.
> 그분은 주님의 종,
> 가장 사랑하는 독생자이십니다.
> 그분은 주님과 분리될 수 없는 말씀이십니다.
> 그 말씀으로
> 주님은 하늘로부터 그분을
> 동정녀 마리아의 태 속으로 보내셨습니다.
> 그녀의 태 속에 수태되기 전에
> 그분은 성육신하셨고,
> 스스로를 아들이라고 밝히셨으며,
> 성령과 동정녀 마리아에 따라 태어나셨습니다.
> 주님의 뜻을 성취하고
> 거룩한 백성을 주님께 안겨드리려고
> 그분이 나서셨을 때,
> 그분은 주님을 믿는 이들을
> 고통에서 해방시키기 위하여 고통당하셨습니다.

그분이 죽음의 능력을 제거하시고,
악마의 사슬을 깨뜨리시며,
지옥을 짓밟으시고,
의로운 일들을 비추시며,
그 경계[18]를 공고히 하시고,
부활을 표현하시려
자발적으로 자신을 고통에 내맡기셨을 때,
그분은 떡을 들고 감사드리며
이렇게 말씀하셨습니다:
"이것은 너희를 위하여 찢긴 내 몸이다. 먹어라……."

그러나 그리스도의 죽음과 부활에서 일어난 결정적인 영향력은 그것만으로도 추념될 수 있다. 그런 기념사로는, 성 요한 크리소스톰(saint Jean Chrysostome)의 예배의식에 관한 기념사가 있다. "우리는 유익한 계명과 우리를 위하여 성취된 모든 것을 회상합니다. 그분의 십자가에 대해, 그분의 무덤에 대해, 셋째 날 그분의 부활에 대해, 승천에 대해, 그분이 지금 하늘 아버지의 오른편에 앉아 계시는 것에 대해, '두 번째 영광스런 재림'에 대해……."[19] 이 사실로부

---

18) 나는 B. Botte가 *terminum figere*를 에티오피아 판의 도움으로 *testamentum figere*로 징징하였음에도 불구하고 그것은 주장될 수 없는 것이라는 생각이 든다(*La tradition apostolique*, S. C., N° 11, Paris, 1946, p. 32). 사실, 그리스도의 음부로 내려가심과 그분의 부활 사이에서 그에 따라 확립된 약속은 어떤 것이겠는가? 그분의 죽으심과 음부에 내려가심에 따라서 예수께서는 결정적으로 죽음의 둥지를 제한하셨다는 단어와 관계하는 것이 아니겠는가?

19) A. Hamman의 *La messe, liturgies anciennes et textes patristiques*, Coll. "Lettres chrétiennes," N° 9, Paris, 1964, p. 77에서 인용. 우리는 성 바질의 예배의식에서(*ibid.*, p. 74s), 사도적인 헌장에서(H. Lietzmann, *Messe und Herrenmahl: eine Studie zur Geschite der Liturgie*, Berlin, 3ᵉ éd., 1955, p. 50) 그리고 성 야고보의 예배의식 등에서(*ibid.*, p. 55이하) 비

터 그리스도교 예배는 예수께서 죽으시기 전에 제정하신 만찬만은 아니라고 말할 수 있다. 그것만으로 마지막 때의 메시아적인 만찬이기도 하다. 그분은 결코 아무것도 논박할 수 없는 구원을 이루셨다. 그와 같이 과거에서부터, 구원의 역사 곧 그리스도의 죽음과 부활의 기념사 토대를 놓고 가능하게 한 것이 기념된다. 이것이 아무리 역설적으로 보일지라도, 그 자체가 재림의 기념사이기도 하다. 그렇기 때문에, 여전히 유혹들과 고통들이 교회를 기다리고 있음에도 불구하고, 교회 예배는 역진(逆進)할 수 없는 부활절 승리의 기쁨 속에서 드려져야 한다. 이 승리 속으로 들어서야 한다. 곧 "성만찬에서 우리는 하나님 나라의 어린 양 혼인잔치를 예시하고 있는 것이다."20)

그것을 가능하게 했다는 점에서, 구원역사의 축제이다. 또 마지막 때에 확인될 것이란 점에서, 구원역사의 축제인 예배는 지금 일어나는 역사의 축제이기도 하다. 나는 여기서 특히 두 가지를 말할 필요가 있다고 생각한다.

우선, 가령 그것을 말하기 위하여 시대에 뒤진 것 같아 보이는 말을 사용해야 한다 할지라도―그러나 그것과 같은 것을 말하기 위한 다른 어떤 말을 찾을 수 있을까?―아래와 같이 말하지 않으면 안 된다. "이 세상 예배의식에 우리는 천상의 예배의식을 미리 맛보는 것으로 참여합니다. 우리는 성소와 참 장막을 섬기시는 그리스도께서

숫한 본문들을 볼 수 있다.
20) 1963년 7월 12-26일에 몬트리올에서 개최된 "신앙과 직제" 제4차 세계대회의 "Le culte et l'unité de l'Eglise," L. Vischer, *Foi et Constitution, textes et documents*, Neuchâtel, 1968, N° 117, p. 199. 그리스도교 예배의 종말론적인 성격을 확증하는 공식 문서들이 많이 있다. *Sacrosanctum Concilium*, N° 8, 47 등을 참조.

하나님 우편에 앉아 계시는—예루살렘의 거룩한 도시에서 드려지는—이 천상의 예배의식을 향한 순례자들입니다. 하늘의 천군천사들과 함께, 우리는 주님의 영광을 찬양합니다……."21)

그러나 아래처럼 말하는 것도 잊어서는 안 된다. 교회는 그 예배로 말미암아, 특히 그 기도 때문에, 교회에 모여 살아가는 사람들의 기쁨과 고통에, 향상과 잘못의 재발(rechutes)에, 저항과 희망에, 사회참여와 현실도피에 참여한다. 만일 교회가 그 예배 안에서 그리고 그 예배로 말미암아 구원의 역사를 찬양하고, 또 이 사실로부터 교회가 이 역사를 가능하게 한 과거를 향해 서게 되고, 또 그 역사가 확증될 미래를 향해 서게 된다고 해서, 교회가 세상에 뿌리를 내리고 있지 못하고 있다는 뜻은 아니다. 물론 과거와 미래에 대한 이 돌아봄(renvoi)은 애석함이나 꿈과는 전혀 다르다. 그것은 교회로 하여금 그리스도의 죽음과 부활 자리에 그리고 최종적인 승리 자리에 현재하도록 하고, 교회가 살고 있는 현재의 결정적이고 주요한 특징을 완화시켜 주는, 신비로운 이식(transplantation)이다.22) 그러나 교회가 자립적인 현재의 강박관념에서부터 자유로워지고, 어느 떨어진 곳에 그 자리를 취할 수 있다면, 이것은 그 현재로부터 벗어나기 위한 것이 아니다. 오늘이 "구원의 날"이기를 바라는 마음으로, 교회의 구성원들뿐만 아니라 다른 모든 사람들이 현재를 살아가게 하기 위한 것이다(고전 6:2, 참고, 사 49:8).23)

---

21) Vatican II, *Sacrosanctum Concilium*, N° 8, 역시 N° 83을 참조.
22) "모든 것이 사라질 것임을 아는 이, 그러나 또한 모든 것이 하나님 안에서 '사라질' 수 있음을 아는 이는 우상숭배와 허무주의에서 벗어날 수 있다. 그분은 영원한 것을 위하여 상대화시킬 수 있다"(O. Clément, *Questions sur l'hommme*, Paris, 1972, p. 136).
23) 그리스도교 예배가 기념하는 구원의 역사의 방대함에 관하여 또 하나의 질문이 제기될 수 있다. 곧 이 예배는 타락 이전의 예배까지도 기념하는 것인가? 예컨대, M. 루터는 하나

예배에서 이루어지는 것이 무엇인가를 진술하고자, 한 가지 주안점으로 돌아가기로 하자. 우리는 그것을 세상의 구원역사에 대한 기념사로 묘사하였다. 그리고 우리는 연대기적인 차원들을 살펴보는 것으로 시작하였다. 곧 교회가 주일 아침에 행하는 기념사로 말미암아, 그리스도교 예배의식은 구원역사의 과거와 미래와 현재가 그 진리를 표현하고 실천하게 한다. 그러나 구원의 역사가 지속성만 가지고 있는 것이 아니다. 이 지속성을 활기 있게 하고 꽉 채우는 내용물도 가지고 있다. 그것은 내가 구원역사의 신학적인 가치라고 부른 바로 그것이다. 그런데 이 구원의 역사는 세 가지 사항으로 귀착될 수 있다. 곧 하나님의 구원 의지에 대한 계시, 이 의지의 실행을 가능하게 하는 화해, 그리고 이 의지의 효과를 보전하는 보호. 그러므로 구원의 역사에는 예언자적인 내용과 제사장적인 내용과 왕적인 내용이 깃들어 있다. 여기서 구원의 역사를 연대기적으로 뿐만 아니라 신학적으로 검토할 때, 우리는 그 주된 결정이 그리스도의 사역을 정당화하고 설명하고 요약하는 그 지점임을 인정하게 된

님이 예배를 위한 날(제7일째 되는 날)과 장소(선악과 나무)를, 그리고 예배의식의 순서(시편 148)와 틀림없이 예배자(인간)를 정하셨다고 생각한다(피터 브루너, op. cit., p. 133 이하 참조). 이것은 극도로 사변적이다. 그러나 그 문제는 언급할 만한 가치가 있으며, 그에 대하여 긍정적으로 답할 수 있다. 예수 그리스도께서 그 안에서 창조주 하나님이 본디 의도를 되찾고 다시 시작할 수 있는 새로운 아담이기 때문이다. 이런 긍정적인 답변은 왜 남자와 여자들이 예배를 표현하고 그것을 인도하는가, 왜 예배가 정해진 날, 정해진 장소에서 실행되는가, 왜 떡과 포도주, 돌과 나무, 소리와 빛깔들을 거기에 불러와 그것들이 찬양할 수 있도록 하는가 하는 것을 이해할 수 있기 위하여 중요하다. 그러므로 그리스도교 예배는 인간이 자신의 교만과 자신의 반역으로 피조된 세상을 훼손시키기 이전의 상태에 대한 피조물의 노스탈쟈와 그에 대한 탄식에서, 곧 바울이 말한 우주적인 기다림에서(롬 8:18 이하) 그 선두에 서 있다. 또한 우리는 그리스도인이 그들의 예배에 피조물들을 받아들이거나 또는 배척하는 것이 피조된 세상에 대하여 그들이 지닌 사랑의 시금석이라고 말할 수 있다. 그러나 타락 이전의 예배는 화해 위에 기초를 둘 필요가 없었다. 곧 동산에는 마치 이 세상의 종말 이후에 약속된 도시에서와 같이 제단이 없었다(계 22:22 참조).

다. 그분은 하나님의 충만한 계시의 담지자인 동시에 내용이시기 때문에, 탁월한 예언자이시다. 그분은 대제사장인 동시에 어린 양이시기 때문에, 탁월한 대제사장이시다. 그분은 주님이며 동시에 섬기는 분이기 때문에, 명령하는 분이고 명령된 것을 실행하는 분이기 때문에, 탁월한 왕이시다. 그러므로 구원역사의 기념사인 예배는—오셨고, 오실 것이고, 지금 통치하시는 그리스도에 의거하여—예언자적이고 제사장적이고 왕적일 때, 진정한 예배이다. 예배 도중에, 하나님께서 세상을 위하여 말씀하시고자 하신 모든 것을 상기시키고 요약하고 확증하는, 하나님의 말씀이 선포된다. 예배 도중에, 하나님께서 세상과 자신을 화해시키고자 행하신 모든 것을 상기시키고 요약하고 확증하는, 성만찬이 집례된다. 예배 도중에, 하나님께서 자신의 말씀과 죄의 용서를 수락하는 이들에게 하신 것을 상기시키고 요약하고 확증하는, 하나님의 백성이 신앙 안에서 평화스럽고 자유스럽게 모여 든다. 곧 죽음의 두려움에서 해방되고, 품위를 손상시키는 노예상태를 벗어던진, 남자와 여자들이—마치 홍해 바다 둑 위에 서 있는 모세와 미리암처럼(출 15:1-21)—악마의 패배와 그리스도의 승리 때문에, 기뻐 뛸 수 있는 것이다.

3.
성령임재의 기원

참된 예배는 모든 진정한 예배를 요약하는 예배이다. 또 나사렛 예수의 삶과 죽으심에 따라 드려진, 하나님 뜻에 합당한 예배이다.

이 예배의 기념사를 행하면서, 그리스도께서는 교회에게 자신의 승천에서부터 자신의 두 번째 강림 때까지 예배할 의무를 부과하셨다. 교회는 이 예배에서 참으로 구원의 역사에 주어진 지속성을 받아들인다. 곧 예수 그리스도께서 자신의 성육신 기간 동안 요약하고 행하셨던 과거, 예수 그리스도께서 자신의 승리를 표현하러 오실 때 만나 뵐 수 있는 기쁨이 보장된 미래, 그리고 예수 그리스도께서 지금 천상의 예배의식을 주관하고 계시고 그 중보 때문에 세상을 감당하고 계시다는 현재를 받아들인다. 그러나 교회는 이 예배에서 참으로 구원의 역사에 그 내용을 주는 것도 받아들인다. 곧 하나님이 자신에 관하여, 우리에 관하여, 그리고 세상에 관하여, 우리에게 알리고자 하시는 계시, 하나님과 사람들 사이의 평화를 회복시킨 화해, 그리고 이 계시와 화해가 흘러나오고 자유와 기쁨을 가능하게 하는 생명을 맞아들인다. 이것이 우리가 지금껏 살펴본 것들이다. 지금 제기하는 물음은—이 진술의 세 번째이며 마지막이 되는—그리스도교 예배가 그 자체만으로, 단순한 사건만으로, 그래도 역시 열거한 그 모든 것일 수 있는가에 관한 것이다. 그리스도와 교회 사이에서, 그리스도는 교회에 자신을 살아 있는 양분으로 제공하는 것으로 충분할까? 그리고 교회는 신앙과 기쁨으로 그리스도에게 자신을 바치는 이런 완전한 일치(communion)가 있기 위하여, 단순히 "받아먹어라. 이것은 너희에게 주는 내 몸이다……."[24]라는 제정사들을 반복하는 것으로 충분할까?

　이것은 어려운 문제이다. 언뜻 보기에, 긍정적으로 답변할 만한

---

24) *Opus operatum*의 문제는 모호하고 복잡하며 자주 비틀어곱새겨졌다. 우리가 그 기원에 대하여 충분히 알지 못하기 때문이다. 그것이 야기한 모든 잘못된 문제들 때문에 그것에 다가서기 위해서는 성령임재의 기원을 다루는 것이 유익하다.

것이다. 우선, 그것을 제정한 예수 그리스도의 말씀들 때문에—떡이 정말 그리스도의 몸이며, 잔이 그분의 피를 담은 새 계약이라는 것이 충분한 것처럼 보이기 때문에—그렇다. 사실 이 말씀들이 예수 그리스도께서 교회를 위하여 제정하시고 실행하도록 명령하신 예배의 중심을 이루고 있는 것들이라면, 그 말씀들은 예수의 말씀들과 관계하고 있는 것이므로, 그 자체로 그 말씀들이 말하고 있는 것을 행할 능력을 지니고 있어야 하는 것이 아닌가?[25] 그 말씀들은 중풍병자에게 일어나 걸으라고 말씀하시자 그가 일어나 걸어가고, 죽은 여자아이에게 일어나라 하시니 그 아이가 일어나며, 제자들에게 떡 다섯 개와 물고기 두 마리를 나누어 주라 하시니 남자만도 오천 명이 넘는 사람들이 만족하게 먹게 되었고, 바람아 잔잔하라 하시니 호수가 고요하게 되었던, 예수의 다른 말씀들과 비슷한 말씀들이 아닌가? 그리고 만일 성만찬에 집중된 그리스도교 예배가 일종의 유대교 유월절에서 예시된 것이라면, 마치 유월절이 자신들이 이집트의 노예생활에서 해방된 바로 그들이라는 것을 인정하고 경축하는 이들을 위하여 제정된 예배의식에 따라 유대 사람들이 지키는 것으로 충분한 것처럼, 그것의 단순한 실행은 그것이 제정된 내력을 현실화시키는 데 충분한 것이 아닌가? 그러므로 사람들은 방금 전에 제기된 물음에 대하여 긍정적으로 대답할 마음이 생기는 것이다.

그렇지만 예배의 신비와 예배의 효과를 언제나 마술과 연결시키고자 하는 음모(manipulation)의 위협으로부터도 보호되어야 함을 말하지 않으면 안 된다. 또한 예배는 결코 기분 좋은 모임 그 이상이

---

[25] P. Brunner, *op. cit.*, p. 348-357; R. Paquier, *Traité de Liturgique*, Neuchâtel, 1954, p. 169를 참조.

되지 않도록, 그 품위를 떨어뜨리기 위하여 그 구원의 현실성을 제거하고자 하는 모든 것으로부터도 보호되어야 한다. 그 효력(vertu)의 모든 마술적인 남용과 그 효력의 모든 자격박탈로부터의 보호라는 관점에서, 예배가 진정한 예배가 되도록 성령님께 기원하는 성령임재의 기원(*épiclèse*) 문제를 다루는 것이, 내게는 매우 적절해 보인다.26) 성령임재의 기원 문제는, 우리가 알기로, 어려운 문제이다. 그것은 역사적인 관점에서는, 성령임재의 기원이 확실히 언제부터 그리스도교 예배의 일부가 되었는가 하는 것이다. 신학적인 관점에서는, 성령임재의 기원이 예배에 왜 필요하며, 또 예배의식을 전개할 때 어디에 위치해야 하는가 하는 것이다. 게다가 교회일치의 관점에서는, 동방교회의 전통에서 아주 오랫동안 성령임재의 기원을 거부하였던, 널리 통용되는, 서방교회의 전통을 비난하는 것이 당연한가, 아니면 그대로 받아들이는 것이 옳은가, 아니면 축소시켜서 받아들이는 것이 옳은가 하는 것이다.27) 이 물음들은 저마다 세밀하게 검토할 만한 가치가 있다. 우리는 여기서 성령임재의 기원에 대한 아주 일반적인 정의로, 이것이 문제를 너무 단순화시키지 않는

---

26) H. Lietzmann, *op. cit.*, p. 68-122; G. Dix, *The Shape of the Liturgy*, Westminster, 1943, p. 227 이하; Y. Brilioth, *Eucharistic Faith and Practice: Evangelical and Catholic*, London, 1956, p. 77; P. L'huillier, "Théologie de l'épiclèse," *Vervum Caro*, 1960, p. 307-327; B. Bobrinskoy, "Le Saint-Esprit dans la liturgie," *Studia liturgica*, Vol. I, 1962, p. 47-59 등을 참조.

27) 우리는 이런 비난이 그 힘을 잃었다는 것을 안다. 개혁교회 예배의식이 제2차바티칸공의회를 따라서 성령임재의 기원을—그렇지만 제정의 말씀들 앞에서 말하며—명시적으로 내포하는 성만찬의 세 가지 기도들을 인정하였기 때문입니다. 몬트리올에서 개최되었던 "신앙과 직제"의 제4차 세계대회에 따라 확립된 성만찬예식의 일반적인 요소들을 열거하며, 우리는 "성령의 기원 또는 성령에 관하여 진술한 모든 다른 문헌들"도 언급할 수 있다(L. Vischer, *op. cit.*, p. 199) 그러나 모든 개혁교회들은 아직도 이 필수적인 기원 위에서 그들의 예배를 진행시키지 않는다.

다는 희망 안에서 만족할 것이다. 나는 만일 신학적으로 그것 없이는 성만찬을 베풀지 말라고 요구받는다면, 분명히 성령임재의 기원은—예배가 예배되게 성령이 오시기를 기원하는—두 가지 이유에서 본질적인 것이라고 생각한다. 우선, 성령임재의 기원은 모여 있는 교회가 해야 할 진실한 태도를 나타낸다. 그 때 교회는 명백하게, 예배는 구원역사의 효과적인 기념사를 행하는 예배 집례자의 능력—교회규범으로 보나 예전적으로 보나, 완전무결한 집례와 참여—덕택에, 그것을 실행하고 그것에 참여하는 이들이 구원역사 속으로 유익하게 들어가는 것이 아님을 밝힌다. 오히려 하나님의 자유하고 주권적인 은총으로 말미암아 예배가 된다는 것을 분명히 말한다. 하나님이 우리 청원을 들어 주시기 때문에, 예배는 구원역사의 기념사가 역시 구원 속으로 받아들여지는 구원의 심화, 곧 구원에 앞서 있게 되는 때와 장소가 되는 것이다. 예배는 은총을 조작하지 못한다. 그것을 탄원하고 그것을 받아들이는 것이다. 성령임재의 기원이 필요한 또 다른 이유로는, 성령임재의 기원이 하나의 기도로 받아들여질 것을 기대하는 데 있다. 따라서 그것은 예배드릴 때 현실적으로 아무런 도움이 되지 못하는 생각(idée)으로부터 교회를 보호하여 준다. 또 그것은 교회로 하여금 회중들이 구원을 깊이 체험하고 또 그 수단으로써 예배를 진실하게 받아들이게 한다. 그것은 교회로 하여금 성실하게 교회규범과 예전적인 범주에서 간절한 기도(exaucement)를 드리게 하기도 한다.[28]

그러므로 성령임재의 기원은 특별히 예배가 예배인가 아닌가를

---
28) 예배의식에서 성령임재의 기원이 있다는 것은 교회가 성만찬을 베풀고 성만찬을 나누는 것에서 규율이 없는 것과 그리스도께서 잡히시던 날 저녁에 하신 말씀과 동작들을 취하지 않는 것을 용납하지 않는다는 것을 말한다.

드러내 준다. 그것은 구원의 은총을 조작하는 것이 아니라, 탄원하는 것이다. 그러므로 그것은 이 탄원이 구원의 은총 안에서 받아들여지기를 바라는 간절한 기도이다. 성령임재의 기원에 대하여 말한 이것으로, 나는 본질적인 것을 말하였다고 본다.

제2장
예배-교회의 표현

제2차바티칸공의회가 고백한 가장 중요한 교의학적인 단어들 가운데 하나는 이것이다. "모두는……교회의 주된 표현은 모든 하나님의 거룩한 백성들이 같은 예전적인 모임에, 특히 같은 성만찬과 사제들에 둘러싸여 제단 곁에서 예배를 집례하는 주교의 기도에, 충분하고 능동적으로 참여함으로써 이루어진다는 것을 인정해야 한다"(S. C., N° 41).

나는 이 주장을 따라가며 주석하고 싶지 않다. 그렇지만 그것이 주조(主調)를 이룰 것이다. 나는 아래의 순서를 따를 것이다 우선, 첫째로, 교회는 본질적으로 모임이라는 것을 상기할 것이다. 둘째로, 그것이 문제 삼고 있는 것이 어떤 종류의 것이며, 또 그것을 어떻게 규정지어야 하는가를 추구할 것이다. 마지막으로, 나는 두 개의 고찰을 첨가할 것이다. 하나는, 교회생활에서 예배의 자리에 관한 것이다. 다른 하나는, 우리가 살펴볼 것의 지시적이면서도 동시에 명령적인 특징이다.

1.
교회-주님의 모임

그리스 세계에서 교회(*ekklesia*)는 그 안에서 도시의 어떤 입장과 어떤 불편들과 세금들, 그리고 운명을 서로 논쟁하고 결정하는 공공의 모임이었다. 몇몇 신학자들은 신약성서에 교회라는 용어가 사용된 기원을 이런 그리스 세계의 정치적인 의미에서 찾는다. 그렇지만 만일 신약성서 저자들이 교회라는 용어에 의지하고, 그것이 세상 역사를 위하여 매우 중대한 가치를 가지고 있는 것으로 확신하였다면, 그것은 구약성서의 그리스어 번역에서 qâhâl(야훼)에 대한 전문적인 용어를 '에클레시아'로 번역하였기 때문인 것 같다. 그 모임은 하나님이 기적들로써 자신 앞에 엄숙히 서게 하고, 자신의 말씀을 전하려고, 자신과 계약을 맺으려고, 그들을 불러 자신을 섬기게 하려고, 이집트의 노예생활에서부터 불러내 세운 모임이다(참고. 신 4:10). 교회는 하나님에 따라 하나님 앞에서 모인 백성이다.

한 번 더 반복하면, "교회"라는 용어의 예전적인 계수(coefficient)는 신약성서 안에 분명하게 있다. 우리가 참조할 수 있는 많은 구절들 가운데, 특히 바울의 본문에서 두 구절을 끄집어내어 생각해 보기로 한다. 고린도전서 11장 18절에서, 사도는 고린도의 그리스도인들이 "교회에 모일" 때 나타나는 분열들을 승인할 수 없다고 선언하고 있다. 바로 그 고린도 사람들에게, 그는 만일 "온 교회가 함께 모여" 모두가 방언을 말한다면, 교회생활에 서투른 이나 불신자가 보았을 때 미쳤다고 할 것이라고 말하고 있다(고전 14:23).

그런데 본질적으로 예전적인 모임이 된다는 것은, 필연적으로 교회가 거처를 정하게 된다는 것을 말한다. 하나의 모임은 집합의 장소를 필요로 하기 때문이다. 교회에 참가한다는 것은, 한 교회 모임의 일원이 된다는 것이다. 예컨대, 세례를 받는다는 것은, 국한시켜서 자리를 잡은 한 모임에 굳게 달라붙는다는 것이다. 바로 이 지역화된 모임과의 결합에 따라, 세례는 부활하신 그리스도의 몸에 후보자를 접붙여 "구원받은" 사람을 더하게 한다(참고. 행 2:47). 우리는 그 자체로 그리스도인이 아니다. 우리는 이곳에 있는 이 교회나 또는 저곳에 있는 저 교회의 일원으로서 그리스도인인 것이다. 사실 하나님의 교회는 아직 마지막 때의 교회처럼, "사방에서 모여든" 이들이 아니다(참고. 마 24:31, 막 13:27). 그 종말론적인 모임은 여전히 부분적이고, 잠정적이고, 예시적일 뿐이다. 마지막 모임 장소인 "새 하늘과 새 땅"(계 21:1)이 아직 우리 하늘과 우리 땅을 대신하지 않았다. "새 예루살렘"이 아직 하늘로부터 내려오지 않았다(계 21:2 이하). 그러므로 세상의 예루살렘에, 또는 안디옥에, 또는 고린도와 로마에 있는 교회에서 아직도 모여야 하기 때문이다. 땅 위에 있는 유일한 장소로부터 말씀을 듣고, 거기서 떡을 떼고, 은총의 능력을 지닌 잔이 그리스도의 고난과 부활의 기념사를 행하는 가운데 분배되지 않는 한, 우리가 그리스도의 승천과 다시 오심으로 나누어지는 시간 동안, 교회의 일부가 되기 위하여 단 하나의 장소에 모일 필요가 없다고 불평해서는 안 된다.

우리는 모임의 특징과 교회의 지역적인 모임에 관하여, 세부적인 논의를 할 여유가 없다. 그렇지만 여기서 생기는 다섯 가지 문제들을 언급하지 않는다면, 너무 불완전한 논의가 될 것이다.

첫 번째는, 스핀들러(M. Spindler)의 고상한 정의에 따라, "세상 구원을 위한 전투"라는 선교신학에 관한 문제이다. 신약성서는 그 어느 곳에서도 그리스도교 신앙이 우리 역사의 어느 날에 온 세상을 장악하게 될 것이라고 예언하고 있지 않다. 그러므로 선교의 문제는 온 인류를 그리스도교로 개종시키는 것이 아니다. 오히려 선교에서는 그곳에 거주하는 사람들과 거기에 인접하여 있는 사람들이, 복음에 이르고 신앙에 초대될 수 있도록 교회들을 세우는 일이 필요하다. 모임이 있는 도처에는 그 안에 하나님이 도처에서 모은 백성이 모일 수 있다. 실제로 바울은 고린도에서 주님께서 한밤의 환상을 통해 말씀하신 것으로 위로받고 용기를 얻을 수 있었다. 곧 "두려워하지 말아라. 잠자코 있지 말고, 끊임없이 말하여라……이 도시에는 나의 백성이 많다"(행 18:9 이하). 교회의 필수적인 지역화를 통하여, 그리스도교 예배가 온 세상에서 드려진다.

두 번째 문제는, 적어도 예루살렘에서, 또는 안디옥과 고린도에서, 또는 로마에서 나타나는 교회가 같은 교회라는 사실이다. 우리는 그 다양한 교회들 안에서 드려지는 예배가 같은 예배라는 사실을 통하여, 그것을 아주 특별하게 깨닫는다. 만일 지역교회들에 다양성이 있다면, 특히 같은 예배를 모두가 드리고 있기 때문에, 그들 지역교회들 사이에는 동일성(identité)이 있다.

여기서 지적할 세 번째 문제는, 지역교회들의 권리다. 그들의 공통된 동일성을 훼손함이 없이, 그렇지만 그들 사이에 어떤 다양성이 있음을 인정하는 문제이다. 다양성, 그것 덕택에 교회들은 한 도시와 그 주변의 마을들을 위하여 하나님 나라를 표현하게 된다. 뿐만 아니라, 그것 덕택에 교회들은 하나님 나라를 위하여 머무르는 그 지역의 중심에서 도시와 그 주변 마을들을 표현하게 된다. 그것은 각 교회가 드리는 그리스도교 예배의 언어, 노래, 형식에 관한 확실하고 지극히 다행스런 반향들이다.

네 번째 문제는 이것이다. 곧 교회는 그리스도교 예배가 드려지는 곳에 있다고 말하는 것은, 교회의 규범적인 예배가 교회형태의 예배(culte de type paroissial)를 전제하는 것이 아니라는 사실이다. 설령 그것이 우리의 전통 속에 깊숙이 자리 잡은 것일지라도 말이다. 교회사회학의 최근 연구들에서는, 실제로 그리고 정당하게 4세기 이래, 어쩌면 특히 샤를 대제(Charlemagne) 이래로, "지역적이고" 전통적인 교회를 지역교회의 가장 적합한 표현으로 고려하는 것을 거부한다. 교회 중심으로 드리는 예배 말고도, 완전히 합법적인 예전 모임들이 있다. 따라서 앞서 인용된 제2차바티칸공의회에서는 교회의 주된 표현이 교회 모임이 아니라, "모든 하나님의 거룩한 백성들의……같은 성만찬과……제단 곁에서 사제들에 둘러 싸여 예배를 집례하는 주교의……에 충분하고 능동적인 참여"라고 정의하였다. 이것은 있는 힘을 다하여 교회를 교회예배에 입각하여 풀이하는 예배정의보다 더 많은 개방성과 더 많은 가능성을 내포하고 있다. 주교가 집례하는 예배에서는, 실제로 대성당 예배에서 교회가 무언가를 주로 표현하는 일반적인 예배의 특징이 손상되지 않는다. 그리고 교구들의 예배인 지역 모임들이나 예배에서뿐만 아니라, 규칙적으로 또는 때때로 모이는 수도원, 학교 단체, 또는 직업단체, 구역, 가정예배 등의 예배에서도 바뀌고 표현되고 분할될 수 있다.

마지막 문제는 이것이다. 교회가 예전적인 모임이 되면서 교회가 된다는 것은, 오늘 매우 절박한 교리문답 교육과 예배와 관련된 목회의(pastoral liturgiques) 구체적인 문제들에 이르는 자리가 된다는 뜻이다. 교회가 진정 교회 자체이도록 도와주는 것이 첫 번째 임무이다.

2.
교회가 무언가를 표현하는 예배

교회는 예배를 드림으로써 자신의 무엇인가를 고백한다. 교회는, 예배로 말미암아 그리고 예배 안에서, 세례와 혼례(nunptiale) 공동체, 보편적이고 사도적인 공통체로 모습을 드러낸다. 이 네 개의 수식어 선택은 분명 임의적이다. 우리는 다른 것들을 찾을 수 있다. 하지만 이 네 개도 유용하다. 여기서 말하려고 하는 본질이 그 속에 담겨 있다. 앞의 두 개는, 대개 밖의 세상에서 교회를 모으는 운동을 힘주어 말한다. 뒤의 두 개는, 대개 교회를 세상으로 보내는 운동을 힘주어 말한다.

우선 교회는, 자신의 예배로 말미암아 그리고 예배 안에서, 세례 공동체로서 자신을 자각하고 나타낸다.

일상적인 세례예식이 부활절의 밤에 실행되던 위대한 세례의 전통이 활발하였던 그 때 에, 사람들은 예배가 세례라는 근본에서부터 나와 이르게 되는 첫째 지점이라는 것을 알고 또 예측하였다. 곧 죄에 죽고 그리스도와 함께 다시 살고, 악한 영들을 몰아내고 성령으로 기름부음 받아, 마침내는 "위에 있는 것을 추구하고 거기에 그리스도께서 하나님의 우편에 앉아 계시는"(골 3:1) 것을 알 수 있었다는 것이다. 예배는 악마와 그 활동 영역 저편에, 세상과 그 허식(pompe) 저편에, 육과 그 탐욕 저편에 들어서게 한다. 마치 고대 예식서들에서 말하고 있는 것처럼. 인간의 반역과 악마의 계략들을 봉쇄하는 하나님에게로의 다가섬은 마침내 전과 같이 가능해졌다. 거기에 죄의 용서가 있고 거기에 생명이 있다. 설령 이 경험이 일회적인 것 일지라도—우리는 단 한 번 세례를 받는다—주일마다 신자들에게는 자신들의 세례의 유월절(pascale) 경험을 쇄신하기 위한 기회가 주어진다. 그들이 "주간 첫날"(마 28:1, 요 20:1-26, 고전 16:2)인 주일마다 성령 때문에 그리스도의 부활과 영광에 참여하게 되기 때문이다. 설령 세례예식이 그 충만한 상징성을 상실하였다고 하더라도 마찬가지이다. 그것이 그리스도께서 부활하신 날(그리고 틀림없이 성령께서 강림하신 날, 행 2:1)인 주일에 베풀어졌기 때문이다. 또 예배는 교회를 죽음과 하나님의 분노를 하나님 뒤에 둔 백성, 하나님께 다가서고, 하나님을 감히 "우리 아버지"라고 부르는 백성이라고 지칭하고 있기 때문이다. 여기서 말하지 않을 수 없는 것은, 교회를 위하여 예배는 교회가 충분히 감탄할 만한 은혜라는 것이다. 그것은 그 후부터 하나의 권리가 된다. 이것이 예배가 교회의 세례가 지닌 특징을 입증하는 것이라고 분명히 말할 때, 맨 처음 말하고자 하는 것이다.

 이어서 예배가 감히 부르고 인식하는 영광에 대하여 말해 보자. 또 세상을 위해서는 교회가 자신을 위하여 이미 모든 창조와 모든 역사 끝에서 하나님을 찬양하고 있다는 매우 신비스럽고, 자극적이며, 낯설고, 필요불가결한 이 사실이 뜻하는 약속에 대하여 말해 보자. 그리고 교회를 위해서는 예배를 드리고 또 이같이 이미 부활 세상이 현재함을 입증할 수 있는 권리와 의무가 있다는 이 놀라운 책임에 대하여 말하기로 한다. 그리고 나는 두 가지 고찰을 덧붙일 것이다.

첫 번째는, 세례 속으로 들어가는 이와 거기서 나오는 이 사이의 동일성과 관계된다. 물론 그는 존재론적으로 변화되어 거기서 나온다. 그는 새로운 피조물이 된다. 이전에는 표현할 줄 몰랐거나 어설프게 표현하였던 말씀들과 행위들이 이후로 가능해질 것이다. 마치 사도 바울이 강조하였던 것처럼(롬 6:1 이하, 골 2:8 이하), 그는 그리스도와 함께 다시 산 것이다. 그는 세례의 죽음을 겪으면서도 자신의 동일성을 상실하지 않는다. 그는 자신의 유죄와 자신의 무지와 자신의 죽음을 잃게 된다. 마찬가지로 부활절 아침에 다시 사신 분은, 바로 성 금요일에 십자가에 달리신 분이다. 예배를 드리는 백성은 예배를 어떻게 드려야 할지를 알기 전에 예배에 부름 받은 바로 그 백성이다. 세례의 여정 속으로 들어가면서 그가 지니고 들어갔던 모든 것은 그가 거기서 나올 때 전적으로 사라지지 않는다. 곧 그의 언어, 교양, 열정들도 그가 드리는 예배가 진정으로 자신의 것, 가장 깊은 표현, 그것 본디의 가장 진정한 표현이 될 수 있도록 세례 받는다. 세례는 거기에 들어간 이들을 불순하게 하는 절차가 아니라, 오히려 그들을 의롭게 하는 절차이다. 만일 예배가 세례 공동체로서 교회를 표현한다면, 이것은 모든 예배의식 공동체로부터 또 다른 모든 예배의식 공동체의 정확하고 불변한 복사본(décalque)을 만드는 것이 아님을 말하고자 하는 것이다. 물론 모든 공동체들은 같은 예배를 실행한다. 그러나 그것을 실행하는 방식으로써 그들은 그들의 자리에서 자신들의 특별한 "인간성"(humanité)을 고백할 수 있는 것이다.

그렇지만 예배가 그것을 드리는 공동체의 세례적인 특징을 드러낸다고 말할 때, 이것은 예배로 말미암아 예배 안에서, 그들이 무엇으로 예배를 드리든 그것을 드리는 이들에게 약속된 구원을 강조하는 것이 아니다. 그것은 이 예배가 아직 단속적이라는 것을 말한다. 이 예배는 최후의 심판 그 너머에도 여전히 자리를 잡고 있는 것이 아니다. 이 심판의 성례전 그 너머에 자리 잡고 있을 뿐이다. 그것은 확립된 하나님 나라에 접근하는 것을 허락하지 않고, 그 나라의 맏물(prémices)에 접근하는 것을 허락할 뿐이다. 나는 예배의 이런 단속성에 대하여 두 가지 정도를 말할 필요가 있다고 본다. 우선, 교회는 한결같이 예배 상태에 있을 수 없다는 것이다. 교회는 주님의 이름을 갖고 있지 않은, 달과 화성, 수성, 목성, 금성 그리고 유대 사람들의 안식일 이름을 지닌 다른 날들 가운데에서, 여러 형태의 증거에 헌신하기 위하여, 교회를 둘러싸고 있는 세상(profanité) 속으로 다시 들어가야 한다. 예전적인 모임의 세례적인 특징이 반향하는 예배의 단속성은 한 주일과 다른 주일 사이에서 교회가 사라질 수도 있음을 뜻한다. 교회는 자신의 구원을 확신한다. 그러나 여전히 구원을 죽음과 교환할 수 있다. 교회는 자신을 부르시고 모으신 분의 약속과 행위를 기대할 수 있다. 그러나 여전히 그분에게서 멀어질 수 있다. 특히 그 어느 것도 격퇴할 수 없는 보장된 예배 속에 머물면서도 그의 사랑은 식어질 수 있다. 만일 신약성서가 본디 이집트의 노예생활을 벗어난 하나님 백성의 이집트 탈출 이야기에 입각하여 교회를 이해하였다면, 그것은 역시 "이 사건들이 상징적인 의미를 지니고 있으며, 본보기가 되게 하려는 것이며, 말세를 만난 우리에게 경고가 되게 하려는 것이었다"(고전 10:11). 광야에서 이스라엘 사람들은 "모두 구름과 바다 속에서 세례를 받아, 모세에게 속하게 되었다"(고전 10:2). 그러나 그러고도 그들은 약속된 땅에 들어가지 못하였다. 그들 모두가 "다함께 신령한 음식을" 먹고 그들 모두가 "다함께 신령한 물을"(고전 10:3, 4) 마셨음에도 불구하고, 그들은 하나님을 기쁘시게 하지 못하고 죽고 말았다. 물론 예배로 말미암아 증명되는 교회의 세례 상황은, 이미 새로운 것이 나타났고 하나님께 나아가는 길이 다시 열려진, 종말론적인 상황이다. 확실히 그것은 그 구성원들이 자기 자신들을 이전에 다른 곳에서의 자신들보다 좀 더 객관적으로 발견하게 되는 상황이다. 예배란 아직 완성된 하나님 나라를 말하는 것이 아니기 때문이다. 교회로서는, 적절하게 말해서, 예전적이 아닌 자신의 삶으로 보여 줄 의무가 있다는 것에서, 그것만으로도 이미 다가선 그 예배의식에 합당하다고 할 만하다.

두 번째로, 교회는 자신의 예배로 말미암아 그리고 자신의 예배 안에서 자신을 혼례 공동체로 자각하고 그 모습을 드러낸다. 이 주제는 성서의 저자들과 교부들에게서 중요한 역할을 하였다. 경솔한 취급이 그것을 위험하게 하지만―아마 이 점 때문에 이 문제를 적극적으로 다루지 못하였을 것이다―이 주제는 예배에 관한 그리스도교 신학의 구성요소이다. 곧 그리스도와 교회가 서로 만나는 예배가 실행될 때, 그들은 그 어느 것도 결코 방해하지 못할 하나 됨의 기쁨과 희망 안에서 하나가 다른 하나를 위하여 존재하고, 서로 사랑하며, 서로 자신을 상대방에게 바친다는 사실을 보여 준다. 이것은 교회가 예배를 실행할 때, 교회는 홀로 있는 것이 아니라 그 신랑도 그 자리에 함께 있음을 뜻한다. 교회는 대부(Godot)―사무엘 베케트(Samuel Beckett)가 말한 대로—를 기다리는 것이 아니다.

나는 두 가지 사실을 고려하고 싶다. 첫 번째는, 그리스도교 예배의 신인협력적(synergique) 특징에 관한 것이다. 만일 예배가 혼례 공동체, 다시 말해서, 결혼 날 함께 하는 공동체로서 교회를 표현한다면, 그것은 교회의 신랑 혼자만 하는 일이 아니다. 분명히 예배를 환각이나 종교적인 탐욕과 다른 어떤 것으로 만드는 것은, 그 현재와 그 부름과 그 선물(don)이다. 그러나 그 현재는 교회의 현재를 야기하고, 교회 때문에 완성된다. 곧 그 부름에 대답을 한 것이다. 그 선물은 교회를 위하여 예비된 것이다. 뿐만 아니라, 그것을 받은 교회가 이번에는 다시 바쳐야 할 선물이다. 그러므로 교회 예배 안에서 나타나는 그 결혼은, 그 안에 신랑이 함께 하고 있다는 표식이다. 뿐만 아니라, 그가 가져오고 또 교회가 가져오는 것 사이에서, 교회가 그로부터 받고 또 그가 교회로부터 받는 것 사이에서 벌어지는 놀이(jeu)의 합류점이 있다는 표식이다. 아마도 그 때 일어나는 것을 묘사하는 가장 적합한 방식은, 예배가 "성례전"과 "희생"을 결합시킨다고 말하는 것이리라. 멜랑히톤(Mélanchton)이 아우구스부르크 신앙고백에 대한 자신의 변증에서, "성례전은 그 안에서 하나님이 우리에게 이 예식과 관련된 약속이 포함된 것을 주시는 예식이나 행위이다. 반대로, 희생은 그분에게 영광을 돌리기 위하여[1] 우리가 하나님께 이행하는 예식이나 행위이기 때문에, 신학자들은 분별력을 가지고 성례전과 희생을 구별해야 한다."고 말했을 때, 이 표현들

---

[1] "Theologi recte solent distinguere sacramentum et sacrificium... Sacramentum est ceremonia vel opus, in quo Deux nobis exhibet hoc, quod offert annexa ceremoniae promissio... Econtra sacrificium est ceremonia vel opus, quod nos Deo reddimus, ut eum honore afficiamus"(*Die Bekenntnisschriften der evang.-lutherischen-Kirche*, Göttingen 1930, vol. 1, N° 354).

은 그런 의미로 이해된 것이다. 예배 안에서 주님의 선물과 교회의 선물이 서로 혼합되고 결합된다. 저마다는 타자(他者) 속에 있기 위하여, 타자 때문에 기뻐하기 위하여, 자신을 초월한다. 게다가 성례전적이고 희생적인 이 상호성의 놀이 덕택에, 그리스도교 예배는 그것이 드려지는 (그것의 성례전적인 측면에서) 어떤 장소에서나 어떤 시대에서도 동일한 것일 수 있다. 그러나 어디든지 그리고 번번이 그것이 드려지는 (그것의 희생적인 측면에서) 장소와 시대를 드러내 줄 수도 있다. 그것은 어제나 오늘이나 영원히 같으신 분(히 13:8)을 계시한다. 그러나 그것은 그분과 지금 여기서, 그리고 내일 다른 곳에서, 다른 누구가 아니라 자기 자신을 추호도 부끄럽게 여기지 않는 이—그 자신이 사랑받고 있으며 또 그것을 알고 있기 때문이다—를 결합시키는, 언제나 새로운 사랑의 척도를 주시는, 분으로 계시한다. "예루살렘의 아가씨들아, 내가 비록 검다마는, 게달의 장막처럼, 솔로몬의 휘장처럼, 귀엽다고도 하더라……"(아가 1:5). 아가서가 예전적인 이유 때문에 정경(canon)으로 받아들여진 것은, 우연도 실수도 아니다.

내가 여기서 논하고 싶은 두 번째 사항은, 교회를 그리스도의 신부로서 좀 더 특징짓는 일이다. 그리스도의 신부는, 다시 말해서, 우선 그분의 말씀, 그분의 부름에 응답한 사람이다. 그녀는 그리스도께서 약속하셨기 때문에 약속한다. 그리스도께서 자신을 주셨기 때문에 자신을 바친다. 따라서 교회를 혼례 공동체로 표현하면서, 예배는 교회를 우선 믿음 공동체로 나타나게 한다. 이어서 그리스도의 신부, 다시 말하면, 그녀는 그분의 오심을 향해 있고, 그분을 기다리고, 그분을 부르며, 그분의 약속을 의지하고, 그 약속 안에서 사는 사람이다. 만일 그녀의 신랑이 결정적인 복귀(retour) 날의 도래를 지연시키며 그녀와 결합하는 것을 거절한다면, 모든 것을 잃게 되고, 모든 것이 사라지게 되고, 모든 것이 거짓된 것이 되고 마는 그런 사람이다. 따라서 둘째로, 교회를 혼례 공동체로 표현하면서, 예배는 그것을 희망 공동체로 나타나게 한다. 그리스도의 신부는 결국 자신의 해방자와 자신의 신랑을 사랑하는 사람이다. 신랑에게 자신의 아름다움 곧 모든 아름다움과, 자신의 기쁨 곧 모든 기쁨을 바치는 사람이다. 그녀는 사람들이 인정해야 할 이가 바로 그분이고, 이것 때문에 전적으로 그분을 영예롭게 하고, 자신을 위하여 그분이 행하신 것을 영광스럽게 찬양해야 함을 알고서 경탄하는 사람이다. 셋째로, 교회를 혼례 공동체로 표현하면서, 예배는 교회를 사랑 공동체로 나타나게 한다. 그리스도의 신부는—이제는 논쟁적인 방식으로—간부(姦婦)가 아니다. 자신의 해방자와 자신의 신랑을 배반하지 않는다. 그녀는 자신을 사랑하는 분의 말씀과 자신을 미혹하는 이들의 말 사이에서 선별과 선택을 할 줄 알기에, 다른 것들을 믿고 그것들에게 자신을 바치는 것을 거부하는 사람이다. 그리스도의 신부, 다시 말하면, 그녀는 자신을 의롭게 해주는 혼인 날짜의 도래가 지연되는 것을 보고, 이 지연으로 말미암아 스스로 만족하거나 자기를 정당화시켜 주는 다른 희망들 속에 뛰어드는 것을 즐거워하지 않는 사람이다. 그리스도의 신부는, 말하자면, 자신을 위하여 사는 것을 포기하고, 자신을 위하여 아름답기를 거부하며, 그 자신의 의로써 그 자신이 속해 있고 그 자신이 세상에 드러내야 할 그리스도의 몸을 가리는 것을 거부하는 사람이다. 요컨대, 그녀는 그리스도를 수치의 대상으로 삼지 않는다. 또 자신이 사랑하는 그

분을 부끄럽게 여기지도 않는다. 세상이 그분을 멸시하고 무시할지라도.[2]

교회는, 자신의 예배로 말미암아 자신의 예배 안에서, 보편적인 공동체로서도 자각하고 나타난다. "보편적"이라는 용어는 그리스도교 교회론에서 가장 내용이 풍부하고 가장 아름다운 것들 가운데 하나이다. 여기서 예루살렘의 시릴이 자신의 밀교적(mystagogiques) 교리문답에서 해명한 것은 그대로 인용할 만한 가치가 있다. "우리는 교회가 이쪽 끝에서 저쪽 끝까지 세상의 모든 곳에 세워져 있다는 사실에서 보편적이라고 부른다. 교회가 사람들이 알아야 하는 모든 교리들, 곧 가시적인 것들과 불가시적인 것들, 천상의 것들과 세상의 것들을 생략하지 않고 전체적으로 가르치고 있다는 사실에서 그렇다. 마찬가지로 교회가 모든 부류의 사람들, 곧 지배자들과 피지배자들, 지식인들과 무식한 이들을 참 예배에 복종시킨다는 사실에서 그렇다. 마지막으로 교회가 모든 종류의 죄들, 곧 육체의 죄들과 마찬가지로 마음의 죄들을 보편적으로 (총체적으로) 보살피고 치유시킨다는 사실로부터 그렇다. 교회가 온갖 종류의 덕목들을 행위와 말과 가지각색의 영적인 선물들 안에서 똑같이 소유할 때 보편적인 것이다."[3]

이것이 교회의 보편성에 대하여 말할 때 울려나는 것이다. 예전적인 표현으로 바꾸면, 이 교회의 보편성은 예배를 무엇보다도 다음과

---

[2] 나는 여기서 Jean Giraudoux의 희곡, 아가서를 참조하고자 한다. 저자는 거기서 세 인물을 등장시키는 성서에 따라 (분명히 잘못된) 가설을 제기한다. 솔로몬, 술람미의 여자 그리고 그 여자가 사랑하는 작은 목동. 그것은 제롬(목동)을 애타게 사랑하는 플로렌스(술람미 여자)를 그리고 있다. 우리는 플로렌스가 간부(姦夫)에 대한 모든 생각을 떨쳐버리길 바라는 만큼 세상과 그리스도 사이에 교회가 놓이기를 바란다…….

[3] 18ᵉ catéchèse.

같은 요소를 포함하고 나타나게 한다.

우선, 예배는 진리가 거하는 장소이다. 그곳에서 진리가 받아들여지고, 사랑받고, 탐색되고, 묵상되며, 보호되고, 전달된다. 진리이신 예수 그리스도께서 거기에 예배의 대상으로 있기 때문이다(요 14:6). 예배는 더할 나위 없이 진실되게 하나님을 찬양하는 "정통신앙"(orthodoxie)이다.

이어서, 예배는 하나님의 선물들이 거하는 장소이다. 그곳에서는 그것들이 꺼지지 않고(살전 5:19), 또한 그곳에서 그것들은 호전성이나 제국주의에 빠져들지 않으며, 오히려 모든 것 가운데서 가장 위대한 사랑(참고. 고전 12-14장) 때문에 조율이 된다.

세 번째로, 만일 예배가 교회의 보편적인 특징을 표현한다면, 그것은 사람들이 거기에 편하게 있기 때문이다. 이것은 두 가지 이유에서이다. 우선, 예배가 그들을 일반적으로 서로 적대하는 장애물들을 넘어서도록 하기 때문이다. 곧 사도 바울이 갈라디아 사람들에게 "유대 사람이나 그리스 사람이나, 종이나 자유인이나, 남자나 여자나 차별이 없습니다."(갈 3:28)라고 말한 그것이다. 예배가 드러내는 것은 인종적, 사회적, 성별적인 갈등과 적의를 넘어서는 그것이다. 교회 안에는 예수께서 부른 모든 사람들을 위한 자리가 있다. 선한 사마리아 사람이 강도만난 사람을 여관에 데려다 주었듯이, 교회는 *pan-docheion*, 곧 "모두를 위한 접대의 장소"(눅 10:34)이다. 물론 예배를 드리는 이들이 이제 유대 사람들이나 그리스 사람들, 남자들이나 여자들이 아니라는 것이 아니다. 사도 바울이 말하고자 하는 것은, 그와 반대로 이 그룹들 사이의 관계들이 더 이상 문제를 일으키는 것을 그만 두었다는 것이 아니다. 오히려 그것들이 만드는 문제가 이후로 구원의 "신비"(참고. 롬 11:25, 엡 5:32) 속으로 흡수된다는 것이다. 그리고 우리는 세례의 이식(transplantation)이 그 은혜를 맛본 이들을 불순하게 하는 것이 아니라는 것을 안다. 그러나 이후로 이 구별들은 일반적으로 그것들이 비틀어곱새겨졌을 때 나타나는 오만, 원한, 불신, 악용, 탐욕 등으로 떨어지지 않는다. 세상이 대립시키거나 혼란케 하는 그곳에서, 예배는 구별하고 하나 되게 한다.

만일 사람들이 예배 안에서 편해진다면, 그것에는 또 다른 이유가 있다. 그들은 예배에서 단지 죄의 용서 때문에 회복된 관계들인 자신의 이웃만을 발견하는 것이 아니다. 그들은 예배 안에서 자기 자신을 긍정할 수 있다. 그들이 예배 안에서 되찾은 것은 그들 자신의 인간성이다. 이것은 예수께서 치유한 이들이 부르짖는 환희, 그리고 예배로 말하자면 듣지 못하고, 보지 못하고, 자유롭게 움직이지 못하는 이들에게 그들의 인간성을 되찾아 준 예수를 지시하는 환희처럼 보인다.

더욱 예배는 시간과 공간 속에서 사람들을 구분해 놓는 단편적인 면을 갖는 교회의 보편적인 특징을 표현한다. 예배는 어쩔 수 없이 그 어느 주일의 이런 저런 지역교회 예배에로 축소됨에도 불구하고, 도처에 있는 변함없는 교회 예배이다. 하나의 모임은 비록 그것이 아무리 작은 것일지라도, "성례전"을 이루며, 따라서 그것은 시간과 공간 속에 산재해 있는 교회들의 전체를 총괄하는 최종적인 모임의 현실적인 현재의 표식이다. 따라서 그 "보편성"은 흩어짐과 해체와 분해에 대한 항의이다. 예배는 여기서 그리고 지금, 도처에 있는 변함없는 교회를 재구성한다. 그렇지만 이 보편성의 "항의하는" 특징을 매우 특별하게 강조하면서 그 사실을 특기하는 것만으로도 충분하다. 곧 그것은 다른 곳의 신자들, 또는 이미 죽었거나 아직 태어나지 않은 이들을 무시하고, 망각하며 또는 멸시하는 것에 대하여 항의한다. 그것은 하나님의 백성의 모임과 그것의 유일성과 일관성, 충만성에 장애가 되는 것에 대하여 항의한다. 또한 그것은 땅을 하늘이나 죽은 이들이 거하는 곳(séjour des morts)에서 떼어놓는 간격들과 장애물들에 대해서, 존재했던 것을 영원히 사라지게 하는 과거의 탐욕과 위협적인 것이 아닌 약속이길 거부하는 미래에 대하여 항의한다.

교회의 보편성을 드러내는 예배는 그 외에도 아래와 같은 마지막 차원을 가지고 있다. 곧 예배는 노아의 방주와 같이, 세상 미래에 대한 보증이고 그 담지자이다. 그것은 아직 온 세상도, 살았었고 살아가며 살게 될 모든 사람들도, 그 모든 역사와 그 모든 문화와 그 모든 산업과 예술도 한 데 모으지 못하였다. 그러나 그런 일이 있을 수 있기 위하여, 그것은 비록 흔적의 형식을 띨지라도 세상 사람들의 문화적인 삶을 이루는 것을 그 자신 안에 맞아 들여야 한다. 다른 이유로, 그것은 그리스도교 예배가 세상과 근본적인 관계를 맺지 않을 수 없고, 또 세상을 위한 근본적인 가치를 갖지 않을 수 없기 때문이다. 최근에, 앙드레 오브리(André Aubry)는 아주 정확하게 그것을 파악하고 있다. "나는 예배의식 안에서 하나님이 세상을 설명하는 장소를 알고 있다."[4]

끝으로 교회는, 자신의 예배로 말미암아 그리고 자신의 예배 안에서, 자신을 사도적인 공동체로 자각하고 나타낸다. 여기서는 무엇

---

4) *Le temps de la liturgie est-il passé?* Paris, 1968, N° 7.

보다도 다음 네 가지 사실들을 고려해야 할 것이다.

　첫 번째로, 세례 모임으로서 교회에 대하여 말하면서 다룬 주제, 곧 예배가 사람들의 전체를 집합시키는 것도, 거기에 모인 이들을 항구적으로 모아 놓는 것도 아니라는 사실을 다시 다룬다. 환언하면, 예배는 교회로 하여금 그 주간 첫날에 세상에서 모인 이들을 다시 그 주간 내내 세상에서 살도록 되돌려 보냄을 뜻한다는 차원에서 교회의 사도적인 특징이 깃들어 있는 표현이다. 교회는 아직 모든 천지만물과 연합을 이루고 있지 않다. 야고보서의 경탄할 만한 공식구가 표현하는 대로, "피조물의 첫 열매"(1:18)에 불과할 뿐이다. 자신의 모임으로 교회를 세상으로부터 구별하고, 역시 이 모임의 지속으로 경계를 그으면서 교회를 세상의 문턱 위에 서 있게 하는 예배는, 교회에게 세상 안에서 그리고 세상을 위한 자신의 존재이유(raison d'être)에 대하여 질문을 제기한다. 곧 자신의 예전적인 모임이 하나의 도피도 아니고, 영적인 교만의 동작도 아니려면, 교회는 무엇을 행하고, 또 교회는 어떤 교회여야 하는가?

　나는 예배를 위한 모임인 교회가, 예배를 드리고 난 뒤에 다른 어떤 일을 하지 않으면 안 된다는 사실에서, 사도적인 공동체임을 자각해야 한다고 말하였다. 이것은 직접적이라기보다는 간접적으로 예배가 세상에서 교회의 선교를 돕는 것이다. 바로 이것이 두 번째로 다루고자 하는 것이다. 나는 사람들이 오늘 쉽게 주장하듯이, 예배가 직접적으로 세상의 복음화에 기여하는 것이라고는 생각하지 않는다. 예배는 우선 유효성이나 생산성의 의미에서, 유용하지 않거나 이용할 수 없는 것인가 하고 염려할 성질의 것이 아니다. 하나님 앞에서 구원의 기념사를 행하기 위하여 그리스도로 말미암아 제정된 것이란 사실에서, 충분한 정당성을 찾고 구하는 것을 두려워해서도 안 된다. 이것만이 아니다. 물론 이것은 예배가 그 형식에서 그리스도교 예배의식에 대하여 오랜 교육을 받지 않은 이들과, 예배를 드리는 것을 증언할 수 있기 위하여 그것을 이해할 필요가 있는 모든 이들이, 알기 쉽도록 노력할 필요가 없음을 말하고자 하는 것이 아니다. 그러나 나는 예배가 복음전도의 직접적인 수단이라고는 생각하지 않는다. 따라서 직접적으로 그러한 수단이 될 수 있도록 지정되고 형식화되어야 한다고 생각하지도 않는다. "신앙과 직제"라는 단체가 1963년 7월 몬트리올에서 제4차 세계대회로 모였을 때, 그들은 다음과 같이 주장하였다: "우리는 선교가 예배의 일부라는 것에 전적으로 동의한다. 우리는 교회 밖의 세상에 대한 선포와 주님의 죽으심에서부터 그분이 다시 오실 때까지 교회 안으로 신자들을 불러들이는 일 없이는 진정한 예배가 아니라고 믿는다……."[5] 너무 빨리 박수갈채를 보내서는 안 된다. 만일 이것이 예배가 본질적으로 하나님 앞에서 복음을 찬양하는 것이 아니라, 오히려 세상에 대하여 복음을 설교하는 것을 뜻하는 것이라면, 이런 말은 분명 심도 있게 수정될 필요가 있기 때문이다. 그러나 교회 예배와 세상에 대한 직접적인 복음 전도 사이에 아주 흔하게 일어나는 혼동은 어디에서부터 기인하는가? 그것이 신약성서나 초대교회에서 유래된 것이 아님은 분명하다. 그것은 오히려 성만찬이 거의 배타적으로 성직자들에게만 맡겨져 아득하고 이상하고 생소한 신비가 되어버렸기 때문이든, 성만찬을 좀처럼 베풀지 않아 교회가 성만찬 자체에서부터 유래되었음을 이해하는 데 실제로 어려움이 있기 때문

---

5) L. Vischer, *Foi et Constitution*, Neuchâtel, 1968, N° 201을 참조.

이든, 훗날 성만찬 삶의 위축(atrophie)에서 기인한 것임에 틀림없을 것이다. 처음에는 예배가 세상의 복음 전도에 관하여 직접적인 공헌을 한 것 같지는 않다. 그렇지 않으면 우리는 그것에 대하여 더 많은 것을 말해야 할 것이다. 그런데 교회 안에서 기초적인 역할을 하였다고 알고 있는 예배에 관하여, 그리스도교의 기원을 담고 있는 문서들이 극도의 신중함을 표하고 있는 것을 보고, 강한 인상을 받게 된다. 한 가지 예를 들자. 만일 고린도교회 안에서 주의 만찬을 그릇되게 사용하지 않았더라면, 사도 바울은 그리스도교 예배의 특수성을 이루는 것에 대하여 결코 말하지 않았을 것이다. 예레미아스(J. Jérémias)는 비밀(arcane) 정책이나 예배가 무엇인가에 관하여 정치적인 묘사를 하는 데 독특한 신중함을 내비쳐야 한다고 말한다.6) 그리고 이 점에서, 신약성서가 마치 깨달은 이들이 암시적인 말(demi-mot)만으로 이해하길 바라거나, 동시에 밖의 사람들에게 그리스도교 본질을 감추기를 바라는 것처럼 말한다고 생각하는 것은 유일한 것이 아니다. 다른 점에서, 바울은 불신자들이나 호기심만 가진 사람들의 무리가 예배에 참석하기를 기대하지 않는다. 그에 따르면, 그들의 참여는 우발적인 것 그 이상이 아니다(참고. 고전 14:24 이하). 더구나 우리의 정보들에 따르면, 예수께서 그리스도교 예배의 핵심인 만찬을 제정하셨을 때, 열두 명과 함께 하였을 뿐이다. 사도들의 선교의식을 지닌 초대교회는 그리스도인들이 과묵함(réticence)으로 자신들의 예배에 관하여 공개적으로 말하였다. 역시 그들이 거기에 상당히 신중하게 불신자들을 받아들였다는 것

---

6) J. Jeremias, *Die Abendmahlsworte Jesu*, Göttingen, 1960, N° 110-130. *La dernière Cène. Les paroles de Jésus*, Paris, 1972, p. 153-159.

을 보여주는 많은 실마리들과 증거들도 있다. 그 때 예배가 복음 전도의 직접적인 수단이었음을 주장하기 위해서는, 온전한 예배를 사람들이 좀 더 나중에 "교리문답 수강자들의 미사"라고 부른 것과 혼동하든지, 아니면—우리 개혁교회에서 자주 그러는 것처럼—예배와 복음의 설교를 동일시하든지 하지 않으면 안 된다. 비록 신자들에게 한 복음의 설교가 본질적으로 교회 예배의 일부를 이루는 것일지라도, 이 설교의 곳과 때는 주일아침 예배의식 모임으로 귀착되지 않는다. 여기서 예배는 교회가 세상 속에서 복음의 빛(rayonnement)을 전할 의무를 가지고 있음을 일깨워 주고 상기시켜 준다는 것을 말하는 것으로 족하다. 어떻게 보면 예배는 그리스도인들의 선교적인 의무를 완수할 직접적이고 일반적인 수단으로써, 그 의례의 집례를 표현하는 것이라기보다는, 오히려 교회가 세상 속에서 선교 사명을 다하도록 내어보내는 것이다.

세 번째로 주목하고자 하는 것은, 더 정확히 말하면, 여담이다. 역사가들은 로마가톨릭 전통에서는 점점 중요시되지만, 종교개혁 이후 아마 영국성공회 신자들에게서, 확실히 개혁교회 신자들에서보다는 루터교 신자들에게서 그 명맥이 유지되는 미사라는 말의 기원에 관하여 아직 의견 일치에 이르지 못하였다. 그렇지만 역사가들은 이 용어를 일단 회의나 회담이 끝나는 것을 뜻하는, 곧 공식적인 회합의 해산을 지칭하는 로마가톨릭의 전문용어인 *dimissio*와 관련시키는 데는 의견 일치를 보인다. 여기서 우리의 관심을 끄는 것은, 우리가 예배를 끝내고 난 뒤에 그것의 도움으로, 다시 말해서, 일단 예배를 드리고 난 뒤에 행해야 할 것으로부터 그것의 도움을 입어 예배를 지칭할 수 있다는 사실이다. 그러므로 암암리에 우리는 그것 자체를 선교를 위하여 보내는 전주곡으로 이해한다. 곧 예배는 예배를 드리는 사람들에게 행해야 할 것과 처신하는 것을 가르쳐 준 것을, 그들이 행하고 처신할 임무를 부여받기 전에 이루는 것이다. 우리는 이미 살펴 본 것을 여기서 다시 보게 된다. 곧 예배는 교회가 자신의 예배 자체를 복음 전도의 수단으로 하기 때문이 아니라, 차라리 자신의 예배가 교회에게 세상에서 임무를 주기 때문에, 사도적인 공동체임을 표현한다는 것이다.

여기 교회가 실행하는 예배로 말미암아 계시되고 확증되는 교회의 사도적인 특징과 관련해서 마지막으로 고려해야 할 것이 있다. 그것은 세상을 벗어나는 교회의 소집과 세상에로의 교회의 보냄, 그리고 세상에게 이 소집을 말하고 세상에게 이 사명을 줄 권리 사이의 관계들을 다룬다. 교회는 단지 교회라는 사실 만으로는 사도적이 아니다. 교회는—연대학상으로 우선 교회가 사도적이라는 것을 말하지 않으면 안 된다—예수 그리스도의 사도들로 또는 사도들의 죽음 뒤에는 그리스도께서 그들에게 위탁한 임무를 다시 들고 추구한 이들로 보냄 받고 다시 모인 것이기 때문에 사도적인 것이다. 따라서 교회의 사도성을 규정짓는 것은 교회를 부르고 주재하고 돌려보낸다는 것으로부터 그것을 부르고 주재하고 돌려보내는 이의 사도적인 권리이다. 그런데 이 사도적인 권리는 통제되고 분배될 수 있어야 한다. 곧 한편으로는 사도적인 계승에 관한 교회 내부적인 논쟁들—단지 교권에 대한 논쟁들일 뿐이라는 인상을 주는—이 있고, 다른 한편으로는 예전적인 모임들이 그들의 교회적인 충실도에 따라서 다양한 유형들을 구별할 가능성, 다시 말하여 다른 예전적인 모임들은 부차적인 표현들이고, 교회의 반향에 따른 표현들일 뿐이라며 "교회의 주된 표현을 모든 하나님의 거룩한 백성의……같은 성만찬에……제단 곁에서 사제들에 둘러싸여 예배를 집례하는 주교의……에 충분하고 능동적인 참여로 이루어진다."고 말할 권리가 있기 때문이다.

3.
두 가지 고찰

우리에게 남겨진 두 개의 고찰들 가운데, 첫 번째는 교회생활에서 예배의 자리에 관한 것이다.

우리는 자신들의 생활을 위하여 예배에 결정적인 가치를 부여하는 "가톨릭" 전통의 교회들을 보고 별로 놀라지 않는다. 제2차바티칸공의회의 아름다운 표현을 다시 빌리면, 예배는 교회의 행동이 지향하는 정상이고, 그 모든 활력이 나오는 원천이다.[7] 이것은 그리스정교회에서도 특별하게 강조할 필요가 없는 자명한 것이다. 더욱 재미있고 어쩌면 더 생각지 않은 것이 있다면, 그것은 존경받는 현대 개혁교회 신학자들에 따라서도 역시 같은 것을 읽을 수 있다는 것이다. 루터교 신학자인 피터 브룬너(P. Brunner)는 예배를 "중심점"과 "결정적인 때"를 말하는 Herzpunkt라고 부른다.[8] 개혁교회 신학자인 바르트(K. Barth)는 그것을 "공동체 삶의 중심"(Mitte der Gemeinde)[9]이라고 부른다. 만일 예배가 교회가 무엇인가를 표현하

---
7) S. C., N° 10.
8) *Op. cit.*, p. 115.
9) *Die kirchliche Dogmatik*, IV/2, p. 723 (*Dogmatique* IV/2, 3, p. 30); 1 역시 p. 790(p. 96).

는 것이라면, 사정이 전혀 다를 수 없을 것이다.

 아마도 우리는 예배가 결국 교회 공동체의 활동의 규준이라고 말하면서, 한 가지 사항을 명백하게 할 수 있을 것이다. 곧 자신의 자리를 예배 속에서 찾을 수 있고, 예배를 향하여 정위되어 있으며, 그 점에서 예배가 규칙적으로 결실을 맺을 수 있는 교회 공동체는 건전한 공동체이다. 반면에, 자리를 찾지 못하고 올바로 방향 정위하지 못하거나 결실을 내지 못하는 공동체는 불건전한 공동체라는 것이다. 예배를 위하여 모이기를 포기하는 복음 전도는 스스로를 파멸하는 복음 전도일 뿐이다. "아버지께서 찾고 계시는 예배드리는 이들"(요 4:23)인 신자들의 신앙을 강화시킬 의도를 갖지 않은 교리문답은 오히려 타락시킬 수 있을 뿐이다. 예배의식 안에서 자신을 발견하지 않고, 자신을 표현하질 않는 교회, 교구, 범주적인 공동체의 구조는 기생적인 것일 뿐이다. 성만찬 때 날인된 화해의 소식을 전하지 못하는 목사의 설교는 피상적이다. 가난한 이들과 낙오된 이들, 천대받는 이들과 절망한 이들을 위한 교회의 중보기도에 즉각적으로 응답하지 않는 집사는 그 본질적인 동기를 이루는 것을 순식간에 상실하고 말 것이다. 예배를 통하여 성찰되지 않는 공동체 활동은 참여와 선동, 경계와 불면증을 혼동하고 말 것이다.

 그러나 만일 예배가 진실로 그리스도교 공동체의 핵심에 있다면, 그것은 예배가 이 공동체 생활의 규준을 이루고 있다는 뜻이다. 뿐만 아니라, 만일 예배가 중지된다면, 교회 자체가 죽게 된다는 것을 뜻하기도 한다. 심장이 고동치는 것과 같이, 교회생활은 예배 안에서 고동친다. 교회생활이 예배 안에서 팽창과 수축으로 말미암아 고동치는 것이다. 살아 있는 동물의 심장과 같이, 예배는 교회생활을 위한 밀펌프와 빨펌프의 역할을 한다. 교회가 누룩으로 밀가루 반죽을 섞고, 세상을 거룩하게 하고, 그것을 유지하고, 세상에게 그 소금 맛을 주고, 그 빛으로 좀 더 밝은 것을 보도록 세상 속으로 흩어지게 하는 것은 바로 예배로부터-미사로부터!-다. 그리고 교회가 자신의 그물을 거두는 어부들로서, 자신의 수확물을 곡간에 저장하는 농부로서, 주님의 이름으로 하늘나라의 길을 튼 것을 기뻐하고 감사하며 예수께 돌아오는 일흔두 명의 제자들로서(참고. 눅 10:17 이하) 세상에서부터 되돌아올 때 그것은 바로 예배를 향해서-성만찬을 향해서!-되돌아오는 것이다. 사람들은 자주 수축 운동을 걱정한다. 그것이 마치 교회가 몸을 도사리고 있는 것처럼 여겨지고, 마치 그 예배가 그 사명을 망각하게 하는 것처럼 여겨진다는 것 때문이다. 설령 이 염려가 역사적인 몇몇 예들 때문에 부추겨지는 것일지라도 내게는 쓸데없는 일처럼 여겨진다. 우선 생리학적인 이유 때문에 그렇다. 곧 교회가 똑같이 미사로서의 예배가 아니라 단지 "성만찬"일 뿐인 예배만을 드린다면, 마치 생물체가 심장의 수축과 동시에 확장을 멈출 때 심장병으로 죽게 되는 것과 같이, 교회는 죽게 된다. 환언하면 선교는 예배가 선교의 짝을 이루는 것 같이 확실히, 필연적으로 예배의 짝을 이루는 것이다. 또한 예배라는 수축 작용 속에 있는 교회를 걱정스럽게 보는 것을 나는 다음과 같은 이유에서 대수롭지 않게 여기고 있다. 곧 무엇보다도 교회는 예전적인 모임이 되면서 결코 몸을 웅크리는 것이 아니기 때문이다. 교회는 세상을 사랑하시고 세상을 구원하시기 위하여 독생자를 세상에 보내신 그 하나님께 감사와 영광을 드리기 위하여 하나님께 나아가는 것이다. 예전적인 삶을 불신하는 것은, 예배에서 하나님의 현재를 불신하는 것이다. 마치 선교 행위를 불신하는 것이 세상에 대한 그리스도의 승리를 의심하는 것이듯이 말이다. 교회는 이것이냐 저것이냐 사이에서 선택할 수 없다. 교회는 둘 모두에 참여하지 않으면 안 된다.

두 번째 주목할 사항은 이것이다. 여기서는 우리가 말하였던 것을 가지고 자문해 보기로 하자. 예배는 교회의 표현이다. 예배는 하나님 백성의 모임이다. 예배는 하나님 백성이 모든 것의 새롭게 함 속에서 죄와 죽음을 넘어 모이는 장소이다. 예배는, 마치 그리스도께서 십자가 위에서 교회를 위하여 자신을 내어주셨듯이, 교회가 그분께 몸을 바치고 그분께 헌신하는 때이다. 예배는 하나님 사랑의 충만함과 세상 현실의 충만함이 함께 모이는 초점이다. 하늘과 땅이, 과거와 미래가, 사람들과 다른 모든 피조물들이 자유와 기쁨 속에서 다시 만나고, 세상을 위한 전대미문의 상상하기 어려운 가장 구속적인(délivrante) 약속이 표현되는 중심점이다. 예배는 희망과 평화를 필요로 하는 세상 속에서 삶의 요인으로서 그것을 그로부터 기다리는 것이 가능한 지고한 장소이다……. 사실 예배가 그런 것이라면, 사람들이 그것을 우유부단하고, 겁이 많고, 불안해하고, 귀찮아하는 작은 모임이라고 평가하는 것은 어리석은 일이 아니겠는가?

"일을 숨기는 것이 하나님의 영광"이라고 말하는 아름다운 잠언(25:2)이 있다. 그것은 지혜 있다는 이들을 부끄럽게 하시려고 이 세상의 어리석은 사람들을 택하셨으며, 강하다는 이들을 부끄럽게 하시려고 이 세상의 약한 사람들을 택하신(참고. 고전 1:27) 하나님의 정치를 지적한다. 분별력이 있는 사람은 가장 탁월한 예배의 때와 장소, 곧 나사렛 예수께서 세상의 국면을 변화시키고 모든 것을 회복시킨 예배를 생각할 수 있을 것이다.

그렇지만 교회는, 우리가 살펴 본 것을 자신의 예배에서 찾기 위하여 자신의 예배를 겉모습만이 아니라 좀 더 그 속을 투명하게 보지 않으면 안 된다는 점에서, 쉽게 위로받을 수 없다. 교회는, 만일 교회가 그렇게 하지 않으면 안 되는 예배에 대한 명령(impératif)으로서 지시를 이해할 때만, 위로받을 길이—기뻐할 수가—있을 뿐이다. "네가 되어야 하는 그것이 되어라!" 이것이 그리스도인들의 삶의 근본적인 준칙이다.[10] 그들의 예배에 대해서도 마찬가지이다. 예배가 교회를 표현한다고 말하는 것은, 마찬가지로 그것이 언제나 교회를 교회되도록 요청하고 도와준다는 말이다—그렇지 않다면, 우리는 그것에 대하여 그 어느 것도 말한 것이 아니다. 예배는 교회가 그 신비를 발견하는 거울만이 아니다. 그것은 교회를 순종으로 부르는 계획표이기도 하다.

---

[10] A. Gide는 *Robert*라는 작품에서 주인공을 통하여 이렇게 말한다: "내가 노래하는 것은 하나님에 대한 찬사들인데, 내가 어떻게 거짓된 것을 노래하겠는가?" 그에 대한 대답은 그가 하나님에 대한 찬사들을 노래하기 때문에 그는 거짓된 것을 노래할 수 없다는 것이다.

제3장
세상을 위한 예배의 중요성

우리가 위에서 살펴 본 바와 같이, 가장 탁월한 예배는 예수께서 성 금요일에 예루살렘 근처의 십자가상에서 자신을 내어주신 바로 그것이다. 그 자체가 지시하는 것은, 부활절 아침에 예수께서 부활하셨다는 사실이다. 실제로 예수의 부활 때문에, 그분의 고통과 그분의 죽으심은 다른 많은 고통과 죽음으로부터 구별된다. 사형 집행자들이 행한 것은 단순한 사형 집행이었다. 그러나 그것 때문에 세상 구원을 확립하는 최상의 행위를 한 것이었다. 사실 예수의 예배는—그리스도교의 신앙을 가장 근본적인 요소로 귀결시키며 확증하는—세상 역사의 절정 순간이기도 하다. 그것은 그리스도교 예배가 두세 개의 닫힌 문들 안에서 실행됨에도 불구하고, 세상과 관계하지 않을 수 없게 한다. 곧 그것은 신비스럽게 모든 역사를 자화(磁化)시키는 기념사를 행한다. 그것은 세상이—"이 세상"(마 12:32)—자신의 한계들을 발견하고, 또 하나의 세상이—"오는" 세상(마 12:32)—시작됨을 알리는 사건을 실행하는 그런 때와 그런 곳이다.

  그러나 그리스도교 예배가 전적으로 세상 역사의 주요한 사건 때문에 생겨났다고 해서, 세상과 관계하고 있는 것만은 아니다. 정확하게 말하면, 그리스도교 예배는 아직 예수 부활의 가치를 숨기고 있기 때문에, 세상과 단속적으로 관계된다. 그것은 아직 영속적인 것이 아니다. 그것은 그 다음 한 주간이 다시 시작되기 전에 끝난다. 따라서 그것은 세상을 향한 문턱 위에서 예배를 드리는 이들에게, 세상 안에서 그리고 세상을 위한 자신들의 존재이유와 자신들의 임무에 대하여, 다음과 같은 문제―곧 그들의 예전적인 모임이 도피나 영적인 교만의 동작이 아니라, 은밀하게 세상을 살리는 모임이 되려면, 무엇을 행하고 또 어떻게 처신해야 하는가―를 필연적으로 제기시킨다. 그리고 그들을 본디 자리에 다시 서게 한다. 따라서 그리스도교 예배의 의미를 밝히는 것은, 마땅히 세상을 위하여 뜻하는 것이 무엇인가를 알고자 하는 것이다. 바로 이것을 여기서 다루고자 한다.

  나는 이 장에서, 확실히 복음은 종교사와 종교철학에서 널리 수용되는 그런 의미의 "거룩한 것"(sacré)을 문제시할 것이다. 그렇다고 해서 그것이 모든 "거룩한 것"의 배제를 뜻하는 것은 아니다. 나는 이런 견해를 지지하면서, 오늘 상당한 논쟁의 대상이 되고 있는 거룩한 것의 문제에 관하여 약간의 예비적인 성찰을 하는 것으로 시작하고자 한다. 이것은 새롭게 변화된 "거룩한 것"을 사람들에게 돌려주는 것이다. 이어서 하고자 하는 것은, 이 새로운 "거룩한 것"이 세상에 자신의 독특한 경계들의 표시를 제시해 주지만, 보증 형식으로 이미 세상이 그것을 알도록 열렬히 갈망하며 초대하고 있다는 것도 증명하는 일이다. 이것이 이 장의 주된 요소이다. 끝으로, 하나님 백성의 예전적인 모임이라는 제한된 의미에서, 예배는 예배를 드린 뒤 하나님이 교회를 세상 속으로 보내는 것이기 때문에, 세상에서 교회생활과 교회임무를 저버리게 하는 것이 아님을 힘주어 말하는 일이 남아 있다.

내가 따르고자 하는 방법은, 우선 이미 "이 세상 타락"에서 벗어나 있으며, 벌써 "성도들은 광명의 나라에서 받을 상속에 참여할 자격을 받았고, 이미 흑암의 권세에서 구원받아 아들 나라로 옮겨짐을 받았다."고 사도와 함께 말하고(참고. 갈 1:4, 골 1:12 이하) 확신하는 그리스도인들의 교만한 설치물에 여기저기 함정을 만들어 놓는 일이다. 그런데 그리스도교 예배의 단속적인 특성, 그리고 예배에 대한 은혜의 지시와 예배에 대한 의무의 명령 사이의 변증법은, 예배를 드리는 이들에게 이미 예배 안에 접합된 구원의 미래가 아직도 여전히 심각하게 논쟁거리가 되고 있음을 일깨워 준다. 그러니까 교회는 교만해지지 않도록 치는 임무를 부여받은 사탄의 사자들 때문에 괴롭힘을 당하고 있는 것이다(참고. 고후 12:7). 그런데 그것이 그와 같은 것이라면 좋은 것이다.

1.
'거룩한 것'에 관한 예비적인 간략한 주

우리가 기론한 문제에 비추어 보면, 이 예비적인 주는 매우 단편적인 것일 수밖에 없다. 그 주제에 관한 최근의 참고문헌도 제시하지 못했다. 당면해 있는 다양한 주장들과 심도 있는 논의를 하지도 못하였다. 그 목적은, 정확히 말해서, 성찰을 위한 어떤 근거(pistes)를 제의하기 위해서이다.[1)]

사람들은 때로 신학이 거룩한 것의 마지막을 알리는 것이어야 한다고 생각한다. 그런 생각을 하는 몇몇 신학자들 가운데, 하비 콕스(Harvy Cox)는 『세속도시』에서 복음을 세상의 탈신성화(désacralisation) 기도(企圖)로서 제시하고자 하였다. 그들이 그런 성공을 거두었던 것은, 아마도 그 독자들이 무분별하였다는 증거가 아니라, 오히려 그 주장이 타당했다는, 어쨌든 부분적으로나마 타당성이 있었다는 증거이리라. 실제로 복음은 어떤 거룩한 것이 거기에 들어서는 것을 막기 위함이든지, 또는 그로부터 나가는 것을 막기 위함이든지 간에, 그에 대항하여 마주 서 있는 장벽들을 용인하지 않는다. 예수께서는 "이 산 위에서도 아니고 예루살렘에서도 아닌 데서 너희가 아버지께 예배를 드릴 때가 올 것이다······."(요 4:21 이하)라고 사마리아 여인에게 말씀하셨다. 또 그분은 성전이 "만민이 기도하는 집"(막 11:17, 참고. 요 2:13 이하)이 되도록 정화하셨으나, 이 성전을 떠나시면서(막 13:1 이하) 그것도 파괴될 것이라고 예고하셨다(막 13:2).[2)] 예수께서는 일을 하는 것이 신성모독자로 간주되는 그날에, 일하기를 특히 좋아하셨다(참고. 요 5:16, 막

---

1) O. Rabut, *Valeur spirituelle du profane*, Paris 1963; Y. M. J. Congar, "Situation du 'sacré' en régime chrétien," *La liturgie après Vatican II,* Unam Sanctam, n° 66, Paris, 1967, p. 385–403; *Das Sakrale im Widerspruch*, Gesammelte Aufsätze, herausgegeben von P. Th. Bogler, o.s.b., Maria Laach, 1967.
2) 내가 알기로, 그리스도인들은 예루살렘의 파괴된 성전의 유적지 위에 그리스도교 교회를 건축하려는 시도를 결코 하지 않았다. 그러나 그들은 버려졌거나 파괴된 이방인들의 예배 장소들 위에―그리고 그 재료들을 가지고―교회들을 건축하곤 하였는데, 그것은 거짓 신들에 대한 그리스도의 승리를 증언하려는 것이었다.

2:27, 마 12:5 등). 그리고 그분의 모든 일 가운데서 가장 놀라운 일은, 자신의 시신이 무덤 속에 안치되어 있던 안식일에 죽음과 지옥의 열쇠를 강탈하러 가서 그 일을 실천하신 일이다(계 1:18). 사람들은 예수께서 죽으시던 순간에 성전 휘장이 찢어진 것도 떠올릴 것이다. 이것은 예루살렘 성전의 지성소, 곧 최고로 거룩한 것에 접근하지 못하도록 막아 놓은 것을 꿰뚫어 길을 열어젖히신 것을 뜻한다(막 15:38).[3] 그리고 "종교적인 것" 또는 "거룩한 것"의 영역과 일반적인 영역 사이를 엄격하게 구분하는 것에 대한 복음의 항거를 보여주는 예들이 많이 있다. 우선, 영원한 하나님 말씀이 육신이 되어 거룩한 것의 한계를 넘어선 성육신 운동이 있다. 또한 복음을 이방세계의 구원을 위하여 거룩한 백성인 유대 사람들의 경계를 넘어서 이방세계에 이르게 하는 운동(참고. 행 10:9-16)[4]도 있다. 복음은 거룩한 것과 속된 것 사이에 장애물들과 금지 표지들을 세우는, "종교적인" 세상의 압제를 받고 있는 이들이나, 거룩한 것을 누그러뜨리고 또 그것이 속된 것에게 해로운 것이 되지 않도록, 또는 전율케 하는 거룩한 것의 무서운 욕구를 진정시키려고 속된 만물들을 봉헌하도록 따로 구별된 사람들을 해독시켜 준다. 이런 사실 때문에, 바울은 노예상태에서 해방된 이들이 다시 그것에 빠지는 것을 보고 번민하였던 것이다(참고. 골 2:20 이하). 이런 사실로부터, 신약성서에 나오는 일반적인 교역의 전문용어는 별로 성직자적인 그런 것이 아니다. 사람을 더럽히는 것, 다시 말하여 예배에 합당치 않게 사람을

---

[3] 같은 의미에서, 성전 파괴나(막 13:1 이하) 그의 몸으로 성전을 대신하시겠다는(요 2:18 이하) 예수의 말씀들을 이해해야 한다.
[4] 같은 의미에서, 베드로가 그 때 들었던 "어서 잡아먹어라"는 명령과 성령으로 거룩하게 된 이방인들을 하나님께서 기쁘게 받아주실 제물이 되게 하고자 한 바울의 "사도직"을 이해해야 한다.

만드는 것에 대한 그리스도의 분명한 말씀도 여하간 예전 규칙들을 준수하지 않는 것이 아니다(막 7:14-23 비교). 사실 "복음서 안에는 거룩한 것/속된 것을 양자택일할 만한 여지가 없다."5) 그리고 복음은 그 중요한 책 속에서, 라뷔(O. Rabut)가 "속된 것의 영적인 가치"(파리, 1963)라고 부른 바 있는, 그것을 찾아내고 또 사모하기를 바란다. 우리가 사는 세상에서 드려진 최고 예배가 거룩한 도시에서가 아니라, 그 장벽을 넘어서 이방인들과 부정한 이들이 있는 그곳에서 행해진, 언뜻 보아 별로 "종교적"이지 않고 아주 세속적인 예수의 사형 집행이었음을 상기한다면, 그와 다른 어떤 것은 있을 수 없을 것이다.

그렇지만 이것이 전부는 아니다. 사실 복음이 세상을 관통하고 부르는 것은, 세상을 속되게 하기 위한 것이 아니다. 오히려 새로운 지평을 열어 주고, 그 교만과 그 "거룩한 것"과 "속된 것"의 자기도취에 상처를 주기 위함이다. 또한 세상 속에 세상이 그 스스로는 생산할 수 없고, 무의식적으로든 그것에 저항하면서든, 그것을 향해서 탄식하고 또 그것 안에서 부름 받아 세상을 가득 채울 무엇을 찾아야 하는 그 어떤 것, 곧 하나님 나라의 현재를 끼워 넣고자 함이다. 이렇게 한번 복음이 선포되면, 모든 것은 무차별하게 속된 것이나 거룩한 것이 되지 않고, 선별과 심판과 선택이 일어난다. 예수께서는 "내가 세상에 화평을 주러 온 줄로 생각하지 말라. 화평이 아니요, 검을 주러 왔노라······."(마 10:34 이하)라고 말씀하셨다. 두말할 필요 없이 그분은 분열의 왕이 아니라 평화의 왕(사 9:5)이다. 그러나 그 현

---

5) "거룩한 것—속된 것이란 개념의 짝이 복음서 안에는 없다······." H. Kahlefeld, "Neutestamentliche Betrachtungen ze der Frage 'Profan oder Sakral'," *Das Sakrale im Widerspruch,* Gesammelte Aufsätze, herausgegeben von P. Th. Bogler, Maria Laach, p. 38.

재는 그것을 특징짓는 소원함(aliénité)과 가까움, 알려진 것과 알려지지 않은 것, 현재와 미래의 혼란 때문에, 새롭고 전혀 다른 모형(type)을 야기하기 위하여, 옛적의 종교적인 적대관계들을 제거하고 넘어서는 단절들을 불러일으킨다. 이것이 카르펠드(H. Kahlefeld)가 주목하는 바로 그것이다. "틀림없이 다음과 같은 주장을 하는 것은 가능하다. 곧 장소들과 시간들과 공간들, 그리고 물체들, 예배의식들과 거룩한 인물들 때문에 규정되는 거룩한 영역은 철폐되고 그리스도의 영역에 따라 대치되었다……. 거룩한 것이 문제가 되던 그곳에 이후로는 그리스도에 속하는가 하는 것이 문제가 된다. 그리고 '속된 것'이 문제가 되던 그곳에 차후로 그리스도에게서 멀리 떨어져 있다는 것이 문제가 된다."[6] 이후로는 신약성서가 일차적으로 또는 이차적으로 말을 건네는 사람들과 "외부의 사람들" 사이에 차이가 있다.[7]

이런 토대 위에서, 우리는 신약성서가 사용하고 있는 성스러운 것—saint, 특히 그리스도인들과 성도들(les saints)은 매우 자주 동일시되고 있다—거룩한 것(sacré, 마 23:17!),[8] 더럽히는 것 등의 용어들을 제시할 수 있고, 또 그런 용어 사용을 종교적인 세대교체(atavisme)로써가 아니라 확신을 가지고 하고 있음을 보여 줄 수 있다. 그러나 좀 더 신학적인 관점에서 문제에 접근하여, 어떤 맥락에서 신약성서가 이런 전문용어를 사용하는가를 살펴볼 필요가 있다.

---

[6] "우리는 다음과 같은 의견을 내세울 수 있다: 장소들, 시간들, 공간들과 성구들, 의식들과 성별된 사람들인 거룩한 것의 영역은 철폐되고, 그 자리를 그리스도의 영역이 차지하였다……거룩한 것이 문제되던 그곳에서 지금은 그리스도에 속하는가 하는 것이 문제시된다. 그리고 속된 것을 말하던 곳에서는 이제 그리스도에게서 멀리 떨어져 있음을 말하지 않으면 안 된다"(*op. cit.*, p. 40).

[7] Hoi Exo, 막 4:11, 고전 5:12 이하, 골 4:5, 살전 4:12 등.

[8] 마 15:11과 비교, 유다 23, 계 3:4, 행 15:20, 고후 7:1, 약 1:27, 벧후 2:20 등.

우선 주목해야 할 것은, 여기서 지배적인 나머지 다른 모든 것을 끌어넣는 예수의 인격과 그분의 운명이다. 서로를 위하여 자기 자신을 내어줄 수 없는 사람들에 비하여, 오신 그분은 탁월하게 '거룩한 분'이셨다.[9] 그분은 만물이 그 안에서 다시 시작되는 분이셨다. 자신을 위하여 더럽혀 지지 않은 순결한 이를 예비하셨던 분이다. 곧 그분의 어머니는 동정녀였다. 그 어머니는 성령의 신비로운 작용으로 아들을 임신하였다(마 1:18 이하, 눅 1:26 이하). 그분이 예루살렘에 입성하실 때 타고 간 어린 나귀는 "아직 아무도 타보지 않은" 어린 나귀(막 11:2)였다. 사람들이 그분 시신을 안치하고, 거기서 그분이 다시 살아 나오신 무덤은 "새" 무덤(마 27:60)이었다. 더구나 우리가 복음서에 따라 예수에 관하여 이야기하는 모든 것은, 한 사람의 역사 그 이상의 것을 증언한다. 그렇기 때문에, 그분의 처형은 한 사람의 유죄선고 받은 이를 사형 집행하는 것과는 다른 어떤 것이었다. 사람들은, "이 세상 통치자들"(고전 2:8)조차 그것을 결정하고 실행하면서도, 그것이 그들 자신의 사형선고를 각인하는 것임을 알지 못하였다. 그분을 배신한 유다에게 남은 것은 자살이나 참혹한 죽음밖에 없었다(마 27:3-8, 행 1:18 이하).[10] 예수께서 나타나시자마자 사람들의 삶과 세상 역사의 일상적인 차원들이 새로운 차원으로 가득 차게 되었다. "그러나 내가 하나님의 능력으로 귀신을 내쫓는 것이면, 하나님의 나라가 너희에게 왔다"(눅 11:20).

이렇게 예수의 오심 때문에 열려진 지평(l'aire) 속에서, 그리고 옛

---

9) 막 1:24, 요 6:68, 행 2:27, 3:14, 계 3:7 참조.
10) 그리스도와 그분의 생명을 거부한 이들이 뜻밖에 당한 또 다른 죽음들을 언급할 수 있다: 아나니아와 삽비라의 죽음(행 5:1-11), 헤롯왕의 죽음(행 12:20 이하), 성만찬에서 그리스도의 몸과 피를 분별없이 먹었던 어떤 고린도교회 교인들의 죽음(고전 11:30, 5:1-5을 참조).

것이 지나가고 이제 새것이 솟아나는 가운데(고후 5:17), 그에 참여함으로써 모든 사람들은 선택과 교회와 성령의 사람이 된다. 말씀과 물과 음식, 그리고 공동체와 행동은 옛 세상에서의 그것과 별 차이는 없지만, 전적으로 새로운 것이 된다.

예수 때문에, 예수의 명령에 의거하여 한 말씀은 "성령의 능력이 보여 준 증거"(고전 2:4)가 된다. 예수의 이름으로 드리는 단순한 기도는, 죽음의 권세를 물리치고 자유를 누릴 수 있게 한다.[11] 그 이름으로 드리는 예배는 찬송을 부르게 한다.[12]

예수와의 만남은 그분의 부르심을 들을 이들의 운명까지 변화시킨다(마 4:18 이하). 그리고 그들을 "살아계시고 참되신 하나님을 섬기도록 우상들로부터" 방향전환 시킨다.[13] 그분을 영접하는 이들은, 그 후 새로운 삶 속에 옮겨져, 언제 어떻게 될지 모르는 세상에서 강한 확신을 가지고, 죽음으로부터 그분과 함께 다시 살려고 그분의 죽으심으로 들어가는 삶을 다시 시작할 수 있다(롬 6:1 이하, 골 2:8 이하, 요한 3:1 이하). 사실 세례는 그 뒤 그리스도께서 고백되는 영역과 그분이 무시되거나 알려지지 않은 영역 사이에 있는 경계를 가리킨다.[14] 그리고 세례 받은 이들은 이제부터 다른 것들 같은 만찬이 아닌(참고. 고전 11:22), 특히 근본적으로 이방인들의 성스런 식사와 대조되는, "주의 만찬"(고전 11:20)에 초대받게 된다.

---

11) 행 3:16, 4:10 이하, 행 2:21, 참조. 롬 10:13, 고전 5:4 이하, 요일 5:13 또는 행 19:13-20 등.
12) H. Kahlefeld, *op. cit.*, p. 40 이하.
13) 살전 1:9, 그리고 행 14:15, 26, 17, 히 6:1을 참조.
14) 나는 거룩한 것과 속된 것 사이의 관계들에 대한 토의가 만일 세례에 대해서도 고려하고자 한다면 심각하게 수정되어야 한다고 확신한다. 예컨대, 원시 그리스도교 예배가 반예배적이고, 거룩한 것에 반대하는 특징을 갖고 있다고 강하게 주장하는 F. Hahn은 그 어느 곳에서도 세례에 대하여 실제적으로 언급하지 않는다. *Der urchristliche Gottesdienst*, Stuttgarter Bibelstudien, n° 41, Stuttgart, 1970, p. 37을 참조.

"여러분은 주의 식탁에 참예하고 또 귀신들의 식탁에 함께 참예할 수는 없습니다. '우리가 주를 질투하시게 하려는 것입니까? 우리가 주보다 더 강합니까?'"(고전 10:14-22)라고 사도 바울이 고린도전서에서 말씀하고 있다. 주님의 몸을 분별함이 없이 먹고 마시는 사람은, "자기에게 내릴 심판을 먹고 마시는" 것이 되기 때문이다(고전 11:29). 성만찬 제정에 대한 기사가 "예수께서 떡을 들고," 그 뒤에 "잔을 들고"(막 14:22)라고 말할 때, 이 "들다"(*prendre*)라는 말 속에는 그 행위에 필요한 몸짓 그 이상의 의미가 포함되어 있다. 곧 집어드는 단순한 몸짓 그 이상을 뜻하는 선별, 선택, 소명이 있는 것이다. 이 떡을 들고, 이 잔을 들고, 예수께서는 그것들이 내 몸이라고 말하고, 신약성서는 그분의 피라고 말하기 때문이다.[15] 사람들은 교회의 영역인 한 새로운 영역 안에 있게 된다. 그런데 "교회는 세상과 다른 어떤 것이고, 이 사실이 거룩한 것의 문제를 야기한다."[16] 실제로 사도서신들이 교회를 말하기 위하여 거룩한 것에 대한 전문용어를 사용하고 있는 것은, 종교적인 세대교체(atavisme) 때문이 아니다. 그들 자신의 독창적인 새로움에 적합한 용어들을 재빨리 찾지 못하였기 때문이다. 곧 교회는 하나님께 바쳐진 성별된 장소, 새로운 성전이다.[17] 그리고 이제는 그 성전 안에 있는 구성원들 몸마저 성전이 된다(고전 6:19). 그 때문에 그리스도인들의 성(性)과 결혼 윤리는 그만큼 혁신적인 계수(係數)를 얻게 된다(참고. 히 13:4). 역시 그것 때문에 교회 구성원이 되는 이들은 생활방식을 바

---

15) A. Aubry는 "그리스도께서 행하신 그것이 거룩한 것이다."라고 말한다. *Le temps de la liturgie est-il passé?* Paris, 1968, p. 98.
16) Y. Congar, *op. cit.*, p. 295.
17) 고후 6:14 이하, 고전 3:16, 엡 2:21을 참조.

꾸어야 한다. 필요하다면 죽어가면서도 이 새로운 생활을 부정하지 않고 그것을 지키고 드높일 수 있도록, 부름 받아 새롭게 부여받은 규율을 지키지 않으면 안 된다. 만일 우리가 새로운 "거룩한 것"의 현실을 제거한다면, 교회의 규율도 순교도 이해할 수 없다. 그런데 예수의 독자적인 특징과 그로부터 보냄 받은 이들의 특유한 특징 때문에, 극단으로 치닫는 복음서의 어떤 설화들은 유달리 미신적인 것을 전하고 있다. 곧 한 여자는 단순히 예수의 옷단을 만지기만 해도 자신이 나을 수 있다고 생각한다(마 9:20 이하, 역시 14:36을 보라). 또 다른 사람들은 사도 베드로가 지나갈 때 그 그림자 속에 들어가기만 하면(행 5:15), 또는 사도 바울의 몸에 닿았던 수건이나 옷들에 자신들의 몸을 대기만 하면 자신들의 질병이 치유되리라고 생각한다.[18]

그러나 이 "거룩한 것"의 부정할 수 없는 재출현과 동시에 "거룩한 것"과 "속된 것" 사이를 엄격히 대립시키는 복음서의 부정할 수 없는 의도를 존중하려면 어떻게 해야 할까?

내가 생각하는 것은 한 가지 가설이다. 곧 하나의 토론을 위한 단순한 기여로서, 무엇보다도 거룩한 것/속된 것의 이항식(le binôme)을 한정되고 천박하고 거짓된 정지 상태로부터 보호하고, 그것을 운동으로 또한 그것이 암시하는 진실한 것을 존중하고 동시에 그것을 순화시키는 활력으로 안내하는, 범주들 안에서 나타내는 것을 찾아보자는 것이다.

---

[18] 행 19:12―그렇기 때문에 사람들은 성소에 은을 내던지고 목매달아 죽은 유다의 은을 유다의 당국자들이 거두어들인 것을 말하는 본문에서 어떠한 놀람이나 세속적인 비난을 찾아볼 수 없다: "그것은 피 값이니 거룩한 금고―*ho korbanas*―에 넣으면 안 되는 것이었다"(마 27:6).

이를 위하여, 나는 "거룩한 것"과 "속된 것"에 대하여 계속 말하기 보다는—어쨌든 처음의 잘못된 문제들과 잘못된 해결책들을 배제하기 위하여—'찾아오신 이'(visité)와 '찾아가는 이'(visitable)에 대하여 말하고자 한다. 그리스도교 체제에서 "거룩한 것"은 다른 점에서 보면 하나님 나라로부터 오는 것이다. "속된 것"은 아직 이 심방(visitation) 때문에 영향을 받지 못한 것이거나, 그것을 아직 알아보지 못하고 영접하지 않는 것이다.

여기서 시사된 전문용어는 성서적이다. 사실 그 용어가 성서 안에서 자주 사용되는 것은 아니다. 그러나 그것이 지시하는 것은 근본적인 것이다. 곧 그것은 하나님께서 세상이 멋대로 살도록 내버려 두거나 단념하지 않고, 그 미래가 진정한 평화와 의와 생명의 미래가 되도록 배려하는 은혜와 관계된다. 또한 그것은—이것이 중요하다—강요보다는 오히려 부르심의 은혜, 다시 말하여 환대받고 싶은, 따라서 거부될 수도 있는 은혜와 관계된다. 우리는 거룩한 도시 예루살렘에서 우셨던 예수의 눈물을 상기할 수 있다. "오늘 네가 평화의 길을 알았더라면 얼마나 좋았겠느냐! 그러나 지금 너는 그 길을 보지 못하는구나. 그 날들이 너에게 닥칠 것이니, 너의 원수들이 흙언덕을 쌓고, 너를 에워싸고, 사면으로부터 너를 공격하여서, 너와 네 안에 있는 네 자녀들을 짓밟고, 네 안에 돌 하나도 다른 돌 위에 얹혀 있지 못하게 할 것이다. 이것은 하나님께서 너를 구원하러 오신 때를, 네가 알지 못하기 때문이다"(눅 19:42 이하). 여기서 다시 앞에서 예수에 대하여 탁월하게 거룩한 이라고 말하면서 주목하였던 것을 살펴보기로 하자. 곧 그분은 자신 안에 하나님께서 "오시고 자신의 백성을 속량하신(눅 1:68) 바로 그분이다. 하늘 높은 곳에 구원의 태양을 뜨게 하시어 우리에게 빛을 비추어 주시는"(눅 1:78, 참고. 7:16) 탁월한 심방자(visiteur)이시다. 사실—고넬료의 구원이 그 시작을 알리는 표시였지만—"하나님께서 이방 사람들 가운데서 자기 이름을 위하여 한 백성을 취하시려고 이방 사람들을 처음으로 돌보셨다"(행 15:14). 그래서 그 후로 모든 사람들이 기다리는 가장 진정한 미래는, "하나님께서 그들을 찾아오시는 날"(참고. 벧전 2:12)이다. 간단히 말해서, "거룩한 것"은 하나님께서 그리스도 안에서 오신 것이다. 세상의 구원역사를 위하여 끌어 모았던 그것이다. 좀 더 낫게 표현하자면, 하나님께서 예수그리스도 안에서 찾아오셨던 '사람들'이고, 그것을 영접하였던 '사람들'이다.[19] 이 개념을 좀 더 깊이 파헤치기 위하여 세 가지를 주목하고자 한다.

첫 번째는, 거룩한 것/속된 것의 이항식을—"속된 것"을 괴롭히고 실망시키며, 또 그가 언뜻 보아 자신을 거부하고 경멸하고 두렵게 하는 것처럼 보이는 "거룩한 것"에 대항하여 반항하도록 부추기는 좌절로부터 해방시켜 주는—찾아오신 이/찾아가는 이의 이항식으로 대체한다는 사실이다. 따라서 "속된 것"은 "거룩한 것" 앞에서 더 이상 두려워할 필요가 없다. 더 이상 거룩한 것의 마음에 들고자 아첨할 필요도, 그를 제거할 만큼 충분히 강하지 못하다는 것을 알고 그로부터 이익을 얻어내려고 그와 타협할 필요도 없다. 이제 더

---

[19] 그 때문에 얼핏 보기에 일상적인 용어로 단지 방문일 수 있는 것이 누가복음 1:39-56의 엘리사벳을 찾은 마리아의 "방문"이나 바나바 없이 "주의 말씀을 선포한 여러 도시들을 영적으로 강하게 하기 위해" 찾은 바울의 방문과 같이 하나의 종말론적인 사건으로 채색이 된다(행 15:35-41). H. Lahr와 W. von Rohden은 몇 년 전에 *Gottes Heimsuchung durch Wort und Sakrament*, Berlin, 1955라는 제목으로 교역에 관한 아름다운 논문 모음집을 펴내었다. 우리는 그보다 더 아름다운 정의를 내릴 수 없다.

이상 프로메테우스에게서 그 모델을 찾을 필요가 없다. 세상과 역사 안에 "속된 것"을 닮은 것이 있다면, 그것은 심방 받을 수 있다는 것이다. 따라서 그것은 찾아가는 이라고도 말한다. 이렇게 찾아오신 이는 아직 심방을 받지 못한 이에게 심판 곧 배척의 요인이 되기보다는, 오히려 심방의 약속이 되신다. 확실히 그것은 도달하고자 청하는 심방이 거절되어 위태롭게 된다 하더라도, "찾아오신 이"가 "찾아가는 이"를 문제 삼지 않음을 뜻하는 것은 아니다. 이것은 하나의 답변, 곧 긍정적인 답변을 불러낸다. "거룩한 것"은 심판으로서보다는 '약속'으로 "속된 것"에 이른다. 만일 심판으로서 그것에 이른다면, 그것은 그에게 약속이 되기 위한 능력의 기대 안에서이다. 그러므로 "거룩한 것"과 "속된 것" 사이에는 이제 근본적인 적대감도 상호적인 유혹의 시도도 없다. 거기에 있는 것은 대화이다. 그들은 하나가 다른 하나를 '대적하여' 있기보다는, 하나가 다른 하나를 '위하여' 거기 있다. "찾아오신 이"는 "찾아가는 이"가 죽음이 아닌 다른 미래를 갖도록 하기 위하여 거기 있다. "찾아가는 이"는 "찾아오신 이"가 몸을 도사리지 않도록 하기 위하여 거기 있다. 이는 두려움이나 교만으로 자신을 세상과 구별하지 않고, 오히려 세상을 향해 나아가는 일이다. 내가 여기서 거론하는 것은, 선택의 선교적이고 사도적인 특징에 대한 많은 실례들 가운데 하나일 뿐이다.

  두 번째 주목하고자 하는 것은, "찾아가는 이"와 구별되는 "찾아오신 이"의 신인(神人)협력적인 특징에 관한 것이다. 신인협력적인 특징 때문에, 두 가지 것을 말하지 않을 수 없다. 첫째로, 찾아오신 이는 자신을 구별하고 자신에게 특권을 주는 존재론적인 자격 덕택에 오신 것이 아니다. '그가 그 심방을 환대하였기 때문이다.' 그에게 이르고자 하는 그것에 따라 영향 받는 것을 승인하였기 때문이다. "거룩한 것"은 그것이 당도함 때문에 부요해진 "속된 것"에 속한다. 또 이 부요함을 승인한다. 만일 예수께서 파괴될 예수살렘에서 우셨다면, 그것은 정확히 말해서 이 파괴가 운명적인 것이 아니라, 예루살렘이 하나님께서 자신을 찾으신 때를 분간할 수 있었음에도 그렇게 하지 않았기 때문이다. 반면에, 마리아가 모든 세대로부터 행복하다 일컬음 받는 이가 되었던 것은, 능하신 분이 그녀에게 한 큰 일에 대하여 "예"라고 말하였기 때문이다(참고. 눅 1:46 이하). 또 삭개오의 집에 구원이 임한 것은, 인자가 찾고 구원하러 오신 그 잃은 이가 되기를 승인하였기 때문이다(눅 19:1 이하). 무엇보다도, 실제로 "거룩한 것," "찾아오신 이"는 사람들과 관계된다. 그것은 단지 찾아가는 이가 우선 찾아오신 분(Visiteur)이시기 때문이다. 그러나 신인협력적인 면에서 둘째로 "찾아오신 이"는—자신이 찾았던 것, 또한 자신을 찾으면서 의롭게 한 그것을 잃을 우려가 있기 때문에(참고. 마 5:13 이하, 비교. 마 25:14-30 등)—찾아가는 이가 자신을 변혁시키는 심방의 직무를 시작하게 한다. 따라서 찾아가는 이를 향해 돌아서게 한다. 또 아직 찾아진 바 없는 이도 그것을 바라도록 심방의 표시와 도구가 되게 한다.[20] 여기서 전개해야 할 것은, 교회의 벗어남과 참여의 운동, 곧 세상 참여를 목적으로 하는 벗어남과 함께, 세상에 있는 교회의 현재에 관한 모든 신학이다. 우선 선택이 있고, 교회와 밖으로의 부름(ek-kaleo)이 있다. 우선 회개가 있고, "비뚤어진 세대로부터 구원을 받으라"(행 2:40)는 명령과 부름을 들

---

[20] 여기서 제2차바티칸공의회의 교회에 관한 교리헌장인 *Lumen Gentium*은 교회의 성례전으로서 말한다. 곧 세상을 위한 구원의 표식과 도구라는 것이다. n° 1.

고 그에 답하고 결정적인 죽음을 피해서 모인 이들의 모임이 있다. 구원이 있게 된 것이다. 그러나 이 선택, 곧 그리스도의 나라로 옮겨지는 것(골 1:13)은 하나님의 심판이라는 큰 재앙으로부터 성공적으로 보호받은 악인들의 행운을 말하는 것만이 아니다. 그들을 환대하고 그들을 맞아들이는 장소가 그리스도의 몸이기 때문이다. 따라서 그리스도의 바로 그 생명에 참여하는 것이 되기 때문이다. 그런데 그리스도는 세상에 보냄 받은 바로 그분이다. 또한 그분은 자신 안에 있는 이들에게 바로 이 보냄으로 끌어넣는 분이다. 그분을 찾아간 이들이 다른 사람들을 위한 심방의 담지자가 된다. 마리아는 그녀가 맞아들인 그리스도를 출생하지 않고는 견디지 못했을 것이다. 반드시 "다른 사람들을 위한 교회"가 아니라면, 교회는 없다. 이것은 유명한 교회일치의 표어를 계승하는 것이다.[21]

그런데 심방이 있기 위해서는 심방의 수단들이 필요하다. 이것이 세 번째로 주목하고자 하는 것이다. 심방에서 결정적으로 주요한 수단은, 예수 그리스도 자신이다. 곧 그 사람됨과, 유일한 그분의 운명이다. 그분은 오셨고, 순종하셨고, 죽으셨고, 죽음을 물리치셨으며, 부활하여 영광 받으셨다. 그분이 자신의 성령으로 말미암아 자신의 심방을 지속시키신다. 그런데 우선, 그분은 자신 안에 있는 이들을 통하여 자신의 선교, 곧 자신의 교회를 계속하게 하신다. 그분은 그것이 계속되도록, 실제로 자신이 찾은 이들이 찾아가는 이를 효과적으로 찾아가도록, 자신 때문에 선택되고 선정된 수단들을 갖추게 하신다. 이 수단들은 다양하다. 그러나 처음에 그것들은, 말하자면 정확성을 보장하는 몇몇 수단들에 집중된다. 그것들을 선택하

---

21) *Vers une Eglise pour les autres*, Genève, 1966.

신 이는 예수 그리스도이시고, 그것들이 증언하고 현재화시키는 것은 하나님의 심방이기 때문이다. 그 때 사람들은 기꺼이 하나님의 구원 계획에 따른 세상 심방의 일상적인 수단들로서, 하나님의 말씀과 성례전들에 대하여 말한다. 그렇지만 나는 그 목록을 넓힐 필요가 있다고 본다. 하나님 심방의 일상적인 표시들과 도구들로서, 다음과 같은 실체들을 제안한다. 곧 교회, 그리고 교회 안에 있는 복음서, 세례, 주의 만찬, 신자들과 사도들 또는 그 계승자들이다. 열거 순서는 여러 가지일 수 있다. 하나님의 말씀으로부터 시작할 수도 있고, 사도들로부터 시작할 수도 있다. 그 대신, 중요하다고 여겨지는 것은, 아래의 세 가지 확증된 사실들이다.

  우선, 우리가 방금 열거한 모든 것은, 세상의 일부를 이루고 있는 것들이라는 사실을 말하는 것으로부터 시작해야 한다. 곧 공동체, 말, 물, 식사, 사람들, 책임 있는 사람들. 하나님은 세상이 알고 있고 지니고 있는 것의 도움으로 세상에 찾아오신다. 그렇지만 한 가지 분명한 차이가 있다. 사실 우리가 열거한 것은, 세상에서 그것들과 동일한 모든 것들을 위하여 새로운 의미로 가득 차 있는 이 세상의 사물들이다. 찾아가는 이는 방문 받을 수 있다는 증거이다. 또한 찾아오신 이는 찾아가는 이를 향하여 그 현재를 문제 삼고 그 미래의 가능성을 위하여 보냄 받았다는 증거이다. 인간 공동체들로서는, 사람들을 갈라놓는 시간, 공간, 세대들, 사회문화적인 조건들, 증오, 질투, 원한들이 자신들을 하나 되게 하는 것이 될 수도 있음을 보여 주려 애쓰는 이 새로운 공동체보다 더 비판적인 것이 없다. 사람들이 일상적으로 주고받는 말들로서는, 그들이 인정받고 사랑 받는다는 것을 선언하는 말씀보다 더 비판적인 것이 없다. 암중모색

하는 인간과 그것을 숙명으로 받아들이는 이로서는, 그에게 전혀 부조리하지 않은 삶을 위하여 새롭게 태어날 가능성이 주어졌다는 것보다 더 비판적인 것이 없다. 먹을 것을 찾고 나누는 일에서 드러나는 인간의 무능력으로 말하자면, 그 본질을 넘어서는 양식이 분배되는 식탁(l'*artos epiousios*, 마 6:11, 눅 11:3)보다 더 비판적인 것이 없다. 사람들의 절망이나 태만으로 말하자면, 그들이 의롭다 여김을 받았기 때문에, 존재이유를 찾았기 때문에, 그리고 거기에 동의하였기 때문에 얻게 된 평화보다 더 비판적인 것이 없다. 사람들의 교만과 야심으로 말하자면, 인간의 삶이란 섬기는 삶이 될 수도 있고 또 세상의 구원역사에 대한 대리자가 되는 것은 가장 큰 기쁨이라는 것을 깨닫게 되는 것보다 더 비판적인 것이 없다. 하나님은 세상을 구원하시고자 섬기는 이로 세상에 오셨다. 그리고 하나님은 세상 사람들을 선택하시고, 의롭다 여기시고, 거룩하게 하시고 영화롭게 하시어, 그들이 자신들만으로는 할 수 없었던 것의 담지자들이 되도록 하셨다.

계속해서 밝히고자 하는 것은—이것이 내가 두 번째로 확증하고자 하는 것이다—그리스도로 말미암아 일어난 결과들과 그것을 증언하는 모든 것이다. 교회와 복음서, 세례와 성만찬, 신자들과 교역자들은 바로 그리스도 안에서 시작되었다. 또 그 안에 있을 때 정당화된다. 그리스도 밖에서 이 모든 것은 어떠한 의미도 갖지 못한다. 우리는 하나의 단순한 문화 요인으로서 그리스도교를 가질 수는 없다. 우선적으로 그리스도를 가짐으로써만 그것을 가질 수 있다.

세 번째 확증은 이것이다. 교회, 복음서, 세례, 성만찬, 형제들, 그리스도로부터 보냄 받은 이들을 우리가 마음대로 가질 수 없다는 것이다. 엄밀하게 말하면, 그것들에 의미를 부여해 주는 것이 '없다면,' 우리는 그들 가운데 그 어떤 것도 마음대로 가질 수 없다. 그것들이 그런 의미를 갖게 되는 것은, 바로 그리스도께서 그것들을 자신의 은혜 수단들로 만드셨기 때문이다. 따라서 그것들이 포함되고, 있는 그대로 사용되게 된 것은, 단순한 조작(manipulation)이 아니다. 오히려 하나님의 행위로 말미암은 것이다. 우리는 지금 첫 장을 마무리 지으면서 말하였던, 성령임재의 기원이 필요한 이유를 다시 대하게 된다.

나는 거룩한 것의 문제에 관한 성찰에서 몇 가지 자취들(pistes)을 더듬거나 새로운 것을 제시하기 위하여, 우선 복음서 안에는 거룩한 것/속된 것의 양자택일할 만한 여지가 없음을 지적하는 것과 함께 시작하였다. 그렇지만 이것은 조잡하고 안이한 세속화를 말하는 것이 아니었다. 사실 여전히 한 가지 차이가 있다. 정확하게 말하면, 그리스도에게 속해 있는 것이 고백되는 영역과 그리스도로부터 멀리 떨어져 있는 영역 사이에 생긴 차이이다. 신약성서는 이런 구별을 하지 않았다. 그것은 아직 통용되는 종교적인 범주들을 벗어 던질 시간을 갖지 못했기 때문이다. 우리는 적어도 처음에는 거룩한 것/속된 것의 전문용어가 도움이 되기보다는, 오히려 당혹하게 한다는 것도 살펴보았다. 그래서 한 가지 가설을 제안하였다. 근본적인 신학 개념과 연결되는 것으로, '찾아오신 이'의 관점에서 "거룩한 것"을 이해하고, '찾아가는 이'의 관점에서 "속된 것"을 이해하려는 것이었다. 나는 이 가설을 세 가지 사항을 토대로 설명하고자 하였다. 첫째는, "속된 것"이 "거룩한 것"에 대하여 갖고 있는 열등감이나 공격성이나 절망을 이제 내던질 수도 있음을 증명하고자 하는 것이었다. 곧 찾아가는 이로서 그는 자신을 향하여 찾아오는 이를 기대할 수 있다. 그는 그런 자로 예정되어 있다. 두 번째는 이 형식의 이중적인 신인협력적인 특징을 강조하는 것이었다. 곧 찾아오신 것은 하나님께서 방문하시길 원하신 것 때문만이 아니라, 찾으시는 것에 대한 동의가 있기 때문이다(이것은 심방의 신인협동설의 첫 번째 양상이다). 또한 찾아오신 것은 그것을 수락한 이가 아직 방문을 받지 못한 이를 위하여 심방의 표시와 도구가 되게 하기 위한 것이다(이것은 심방의 신인협동설의 두 번째, 사도적인 양상이다). 세 번째로는, 이 심방이—그렇다고 해서 하나님이 그 안에서 제한하고 있다는 것은 아니다—"일상적인 것들"이라고 할 수 있는 어떤 수단들의 도움으로 이루어진다는 것을 주목하였다. 곧 교회, 복음서, 성례전들, 신자들, 교역자들은 세상에서 자신들과 연관된 모든 것을 위하여 심방 수단이 되도록—이 모든 것들을 있게 하신 예수 그리스도 때문에, 그리고 성령의 능력과 자유하심과 신실성으로 말미암아—그리고 육안으로 보이는 그 이상의 의미를 전달하기 위하여, 하나님의 뜻에 따라 의미부여된 것들이다.[22]

한 마디로, 거룩한 것은 하나님이 하시고자 원하신 것 때문에 세상에서 영향을 받게 된 것이다. 속된 것은 세상에서 아직 그 영향을 받지 못한 것이거나, 하나님이 하시고자 원하시는 그것 때문에 영향받기를 바라지 않는 것이다. 우리는 여기서 성례전(거룩한 것, 찾아오신 이, 이것은 성례전적이다)의 신학 핵심에 들어서 있다. 또한 그리스도교 종말론(거룩한 것, 찾아오신 이, 이것은 하나님 나라의 미래가 이미 현재한다는 것을 말한다)의 핵심에 들어서 있다. 그러

---

22) 이 모든 질문에 관하여 나의 책 *Prophétisme sacramentel*, Neuchâtel, 1964의 첫 장을 참조.

므로 이것을 부정한다는 것은, 거룩한 것과 속된 것(우리가 이해한 바와 같은) 사이의 모든 차이를 거부하는 것을 뜻한다. 결국 성례전을 도저히 이해할 수 없는 처지에 있음을 뜻한다.[23] 그것은 무엇보다도 예수 그리스도 안에서 이미 시작된 종말의 결정적인 의미를 갖는 미래도 잊어버리는 것을 뜻한다.[24] 환언해서 말하면, 만일 우리가 거룩한 것과 속된 것 사이에 있는 '그리스도교적인' 모든 차이를 거절할 경우, 그리스도교 예배는 가장 내적인 본질에서 벗어나고 말 것이다. 그것은 성례전적인 것도 종말론적인 것도 아닐 것이기 때문이다. 그것은 다른 많은 종교들 가운데 선택하고 싶거나 선택하고 싶지 않은, 하나의 종교현상에 지나지 않을 뿐이다. 그 반대로 만일 우리가 이 차이를 주장한다면—우리가 취했던 예방책들과 함께 (세속화의 경향이 어쨌든 그것을 따를 수 없던 이들에게서 이 예방책들을 야기했다는 것은 다행스런 일이다)—그리스도교 예배는 자신의 비판적인 가치를 되찾게 될 것이다. 곧 그것은 세상을 위한 그 독특한 경계들의 표시가 될 뿐만 아니라, 하나님께서 세상에서 약속하시고 제안하신 장래를 보증하고 약속하는 것이 될 것이다.

---

[23] 이런 견해를 거부하고 그리스도교 교의 속에 "거룩한 것"과 "속된 것" 사이의 구별을 그대로 남겨 놓은 신학 문헌은 이상하게도 세례의 의미와 필요성에 대해서는 침묵을 하고 있다. 또한 그것은 성만찬에서 예배의 이교적인 변화를 보는 것이 대세라고 하는데, 곧 성만찬은 그 출발에서부터 단지 애찬이었을 뿐이라는 것이다.
[24] 같은 신학문헌은 예수의 오심을 세상 역사의 전개에서 내적인 미래의 개화(開花)로서 이해하고자 하는데, 곧 예수의 오심이 세상의 역사가 전개하는 데 따른 정상적이고 불가피한 추진력에 따라 야기되었다는 것이다.

2.
그리스도교 예배-세상에 대한 위협

그리스도교 예배는 우선 세상에서 상처를 입거나 낙심한 이들이 피난하는 포근한 피난처가 아니다. 설령 이따금 그런 외양을 구슬프게 보여준다고 할지라도 말이다. 오히려 그리스도교 예배는 우선 세상의 의에 대한 항거이고, 마지막 심판의 전주곡이며, 비그리스도교 예배들에 대한 부인이다.

"십자가에서 예수의 죽으심과 함께 모든 것이 성취되었다. 피 흘리고 찢기신 예수의 몸 안에서, 하나님께서는 자신의 목적을 이루셨다. 원칙적으로 세상 역사는 그 종점에 이르게 된 것이다. 십자가상의 이 죽음은 엄청난 폭발력을 지닌 능력으로써 우리 세상 역사의 가장 깊은 토대들을, 그리고 왕권들과 초현세적인 권세들의 가장 높은 정상들을 뒤흔들어 놓았다. 그 효력으로 말미암아, 모든 역사는 관통할 수 있게 되었다. 그래서 마지막 날이 거기에 꿰뚫고 들어올 수 있게 되었다."[25] 교회가 예배를 드리고, "주의 죽으심을 선언하기"(고전 11:26) 위하여 모일 때마다, 세상의 마지막과 세상의 실패(échec)도 선언한다. 이같이 예배는 그 자체로 사람들에게 살고 죽는 것을 가능하게 하는 존재이유를 제공한다는 세상의 조잡하거나

---

[25] "십자가상에서 예수의 죽으심과 함께 모든 것이 성취되었다. 십자가에 달려 피 흘리신 예수의 몸 안에서 하나님은 자신의 목적을 이루신 것이다. 십자가에 달린 이 몸 안에서 세상의 역사는 근본적으로 그 마지막에 이르렀다. 십자가상에서의 이 죽음은 전능하신 그분의 능력을 세상 역사의 가장 깊은 토대들과 권세자들과 초현세적인 권세의 가장 높은 정상들에 이르기까지 널리 퍼뜨렸다. 그의 능력으로 모든 역사를 열어젖히고, 거기에 마지막 날이 들어오게 한 것이다"(P. Brunner, *op. cit.*, p. 149).

고상한 주장들을 반박한다. 그것은 자신에게 어울리는 방편들 속에서 자신의 구원을 찾고자 하는 세상에 자격을 박탈하는 것이고, 실격당한 이 세상을 포기하는 것이다.

예배 안에서 울려 퍼지는 영광송을 예로 들어 보자. 그것은 두드러지게 논쟁적인 함의를 지니고 있다. 주의 기도는 "나라와 권세와 영광이 아버지께 영원히……" 속한다는 것을 고백하며 끝맺음한다. 또 이렇게 선언하는 것도 있다: "오직 한 분이신 지혜로우신 하나님께, 예수 그리스도로 말미암아 영광이 영원무궁 하도록 있기를 빕니다. 아멘!"(롬 16:27), 다음과 같이 기록된 것도 있다: "우리의 주님이신 하나님, 주님은 영광과 존귀와 권능을 받으시기에 마땅하신 분이십니다. 주님께서 만물을 창조하셨으니, 만물은 주님의 뜻을 따라 생겨났고, 또 창조되었습니다"(계 4:11). 또는 "구원이 보좌에 앉으신 우리 하나님과 어린 양에게 있습니다."라고 선언하기도 한다.[26] 마찬가지로 '사도신조'를 암송하는 것도, 어떻게 보면 교회를 그가 세례 받던 때로 되돌아가게 하는 것이다. 그가 악마와 그 활동들을, 그리고 세상과 그 허식들을, 육과 그 탐욕들을 거부하고, 또는 적극적으로 어떠한 대가를 치르고서라도 그 삶을 아버지와 아들과 성령께 헌신하고 섬기겠다고 고백한 것을 그에게 상기시키는 것이다. "하나님께 영광!" 하고 말하는 것은 권력들과 권세자들을 찬양하는 것을 거부하는 것이다. 그들의 복수를 무릅쓰고 그들에게 예수께서 십자가 위에서 모든 주권과 권위의 무장을 해체하시고 공중 앞에서 구경거리로 삼아 끌고 개선 행진을 하신 것(골 2:15)을 일

---

26) 계 7:10, 딤전 1:17, 6:16, 유다 25, 계 1:5, 4:8, 5:9 이하, 12:13, 7, 12, 11:15, 17 이하, 12:10 이하, 15:3 이하, 16:7, 19:1 이하 등.

깨워 주는 것이다. 1968년 웁살라에서 모인 세계교회협의회 제4차 총회에서 채택된 예배에 관한 문서는 아주 정확히 그것을 주목하고 있다. "예배 안에서 우리는 인간을 자신의 창조주와 자신의 이웃들로부터 떼어놓는 이 세상의 악마적인 세력들에 대한 하나님의 전투에 참여한다."[27] 이런 의미에서 그의 유일한 의식의 집례로 말미암아―설령 닫힌 문 뒤에서 두세 명이 모여 드리는 예배일지라도― 그리스도교 예배는 근본적으로 정치적인 행위가 된다. 그것은 다른 지배자들을 제안하는 세상에 맞서서 사람들이 만일 구원받기를 바란다면, 다른 이름이 아니라 예수의 이름을 부르라는 주장을 내세운다. 그리고 이것은 예배를 드리는 한 지역교회가 소속된 이데올로기적인 성좌(constellation)가 어떠하건, 그리스도교 예배를 드리는 지역 안에서 권력에 속하지 않은 이들하고만 고의로 제휴하는 한에서, 정치적이고 논쟁적인 사건이기를 바라는 지나친 단순화를 피하게 한다.[28]

이같이 세상 만족과 세상적인 의에 대한 암묵적이고도 명백한 논쟁 특성 때문에, 그리스도교 예배는 이 세상 역사 속에서 마지막 심

---

27) 이 점에 관해서, J. M. R. Tillard는 그리스도교 예배의 제마(除魔)적인 가치에 대하여 당연히 말한다: "Le document d'Upsala sur le culte," *Nouvelle Revue Théologique*, octobre 1968, p.816. 또 C. Vagaggini, *op.cit.*, I, p. 247-298, 특히 p. 268을 참조.

28) 그러므로 그리스도교 예배는 논쟁의 여지가 있는 그 국면에서 직접적으로 또 자발적으로 소수파의 정치적인 선택에서 혁명적인 압력이나 종교적인 승화의 수단이 될 수 없다. 그것은 이 세상의 모든 것을 문제 삼을 수 있다. 그러므로 그것은 *Politiche Nachtgebete*와 같은 정치적인 예배의 표현 앞에서 주저하는 교회들의 브르즈와적인 공포에 따른 것뿐만 아니다. 예컨대, D. Soelle와 F. Steffenski가 편집한 *Politische Nachtgebete in Köln*, Berlin et Mainz, 1969를 참조. 그것은 또한 요한계시록이 "땅의 임금들의 머리"(1:5)라고 부른, 그리고 다른 모든 임금들을 문제 삼는 예수 그리스도를 따르는 대신에 가증스런 정치적인 지배자를 그와 똑같이 될 많은 가능성을 가진 정치적인 지배자로 교환하는 것을 염려하는 것이다.

판 표시들을 세운다. 그것은 마지막 심판에 대한 기념이며 예시이다. 그것이 기념인 것은, 그 안에서 세상에 대한 심판이 선언되었고, 그 안에서 옛것들이 종말을 맞이하였으며, 그 안에서 새것들이 이미 나타난 예수의 죽으심과 부활하심의 기념사를 행하기 때문이다 ─ 십자가와 열려진 무덤이 역사와 세상 사람들에 대하여 이미 내려진 하나님의 판결이 아니라면 무엇이겠는가? 또 그리스도의 부활에 근거하여 예배는 주일이 거듭될 때마다 세상을 끝장내는 사건을 예시하기도 한다. 곧 그것은 세상 속에 세상 마지막을 끼워 넣는 것이다. 그것은 특히 그 주된 요소들로써, 그 본질적인 구조로써, 그것을 행한다.

우리는 예배의 구성요소들에 관하여 좀 더 세부적으로 다룰 기회를 갖게 될 것이다. 여기서는 그 가운데서 단지 두 가지 것, 곧 하나님 말씀의 선포와 성만찬의 공동체만 살펴보고자 한다. 그 두 가지는 모두 종말론적인 사건의 정점에 있다. 위대한 경건주의 주석가인 벵겔(J. Bengel)은, 설교를 "보편적인 심판의 서곡"(Praeludium iudicii universalis)이라고 하였다.[29] 곧 설교란 하나님께서 사람들을 불러, 그들에게 하나님 자신에 관하여, 그들 자신들에 관하여, 또한 세상에 관하여 알리고 싶어 하신다는 사실을 전하는 것이다. 그것은 복음의 진리에 관한 묵상 그 이상의 것이다. 곧 그것은 "위태로운" 상황 속에서 그 말씀을 듣는 사람들을 자신들의 운명을 좌우할 선택 앞에 내어놓는 "효력 있는 하나님의 말씀"[30]이다. 그것은

---

29) *Gnomon Novi Testamenti*, ad 벧전 3:19.
30) O. Semmelroth, *Wirkendes Wort*, Frankfurt an Main, 1962; L. Scheffczyk, "*Von der Heilsmacht des Wortes*," München, 1966; P. Brunner, "Das Heilsgeschehen in der Wortverkündigung," *op. cit.*, p. 207—220; G. Wingren, *Die Predigt*, Goettingen, 1955, 이곳저곳; A. Niebergall, "Die Predigt als Heilsgeschehen," *Monatsschrift für Pastoraltheologie*, 1959, p. 1-16 등.

그 말씀을 받아들이지 못하는 이들과 주를 사랑하지 않는 이들을 선별하여 저주받게 한다[참고, 고전 16:22, 12사도의 교훈서(Didaché) 10:6, 고전 11:28 이하]. 이에 반해서, 그것을 받아들이는 이들에게는 그것만으로 주의 식탁에 초대하여 대향연이 베풀어지는 연회장에 들어서게 한다.

그런데 예배를 구성하는 마지막 심판에 대한 이런 예시는 두 부분, 곧 케리그마적인 부분과 성만찬적인 부분을 구별하는 전통적인 구조에 따라서도 특기할 수 있다. 첫째 부분에서, 예배는 사람들을 불러 자기 자신의 참 모습을 깨닫게 하고, 선택하게 한다(이것은 우리가 교리문답 수강자들의 미사라고 불렀던 예배의 때이다). 둘째 부분에서, 그것은 이 선택을 넘어 메시아적인 향연의 기쁨에, 그리고 하나님과 그 백성들과 나누는 교제에 참여하게 한다(우리는 이것을 신자들의 미사라고 불렀다). 옛 예배의식들에서는—특히 동방교회에서 오늘까지 보존되는—예배의 두 부분들 사이에 중간 휴지(césure)가 있다. 곧 "교리문답 수강자들의 미사"는 예전적인 소집에 응하는 모든 이들에게 개방되어 있다. 이어서 선별이 따른다. 설령 첫 부분 마지막에 있는 보냄의 공식구가 세월이 흐르는 동안에 저주에서 축복으로 현저하게 약화되었을 지라도, "신자들의 미사"가 시작될 때 교리문답 수강자들과 파문당한 이들을 내보내는 것은 그대로 남아 있다. 이것은 예배를 마지막 심판의 서곡으로 이해했다는 표시이다. 곧 그것은 그리스도교의 묵시(이것은 그리스도교의 종말론을 구성하는 한 요소이다. 그 그림은 틀림없이 비신화화되어야 할지라도 말이다)[31]를 고지하고 미리 나타내 보여주어 우리에게 마지막 사건을 깨닫게 해준다. 구원은 예배의 두 번째 부분을 위하여 남을 수 있는 이들에게 허락된다는 것을 보여주는 것이다. 따라서 예배로 말미암아, 마지막 심판이 신비스럽게 그곳에 있다. 예배 안에서 세상은 이미 자신의 종말에 직면해 있다. 곧 그 자신을 포기하고 도망쳐 나오도록 부름 받은 것이다.

그렇지만―그래도 우리가 그것을 너무 강조할 수는 없다―예배는 아직 세상 그 자체의 종말은 아니다. 그것은 그 예시 또는 서곡일 뿐이다. 우리가 예배의 본질을 이루는 것을 기억할 때, 특히 그것을 알게 된다. 아직 일시적이고 거부될 수 있는 특징을 가지고 있는 하나님 말씀의 선포와 주의 만찬을 기억한다면, 그것들은 단지 기도들에 따라서 가치를 지닐 수 있다. 만일 예배가 세상 자체의 종말이라면, 기도들 속에서 세상 종말을 조금이라도 기원할 필요가 없을 것이다. 그런데 비록 세상 종말을 내용으로 하는 기도들과 영광송들을 제외시킬지라도, 근본적으로 그리스도교 기도는 마지막 날을 고대하는 기도라는 것을 인정하지 않으면 안 된다. "주님, 은혜를 베푸시어, 이 세상을 사라지게 하옵소서"(12사도의 교훈서, 10:6). 나는 이런 의미에서 주의 기도를 해석하는 것이 좀 더 잘 해석하는 것이라고 본다. 곧 그것은 참 하나님이 결코 다른 신들과 혼동될 수 없는 그날이, 그분의 나라가 결코 반대에 부딪치지 않을 그날이, 그분의 의지가 이 땅에서도 이루어질 그날이 속히 오기를 간구하는 것이다…….[32] 그리고 종말에 대한 이 기원은 계속되는 교회의 기

---

31) K. Stalder, "Das Leben aus der Zukunft in der Sicht des Neuen Testaments," *Internationale Kirchliche Zeitschrift*, 1969, p. 155-181을 참조.
32) J. Jeremias, *Paroles de Jésus*, Lectio divina, n° 38, Paris, 1963, p. 49-79을 참조.

도에 선행된다. 곧 오늘 이미 교회가 벌써 맛을 본 하나님이 세상을 위하여 예비하신 장래 때문에 위로해 주시고 강해질 수 있게 해달라고 간구한다. 또 오늘 교회가 그 본질을 넘어서는 양식(au pain supersubstantiel)을 나누어 가질 수 있게 해달라고 간구한다. 또 죄가 더 이상 하나님과 사귈 때 장애가 되지 않게 해달라고 간구한다. 또 교회가 자신을 박해하는 이들까지도 사랑할 수 있도록 받은 용서를 이제는 사람들 앞에서 보여줄 힘을 달라고 간구한다. 또 사탄에게 예수 시험을 허락하신 하나님께서 이제는 사탄이 교회를 시험하지 못하도록 지켜 달라고 간구한다. 마찬가지로, 종말에 대한 기도가 앞서 있는 교회의 기도는 세상을 위한 중보가 된다. 곧 선교가 그 목적을 다하기 전에 세상이 분해되지 않게 해달라고 간구한다(참고. 살후 2:5 이하).[33] 또 하나님이 세상을 위하여 예비하신 평화와 정의와 자유를 엿볼 수 있게 해달라고, 교회가 세상 구원의 대리자로서 그 사명을 다할 수 있게 해달라고 간구한다(참고. 행 4:24-30). 교회가 기도하면서 아직 "마라나타, 주여, 어서 오시옵소서!"(고전 16:22, 계 22:20)라고 외치는 것은, 이미 그 싹은 돋아났지만 아직은 종말이 이르지 않았음을 증명하는 것이다.

이 종말의 현재는 아직 불안정하고 거부될 수 있는 그런 성격의 것이므로—현실적임에도 불구하고—우리는 세상 종말의 예견적인 특징에 대한 증거도 얻을 수 있다. 구원은 아직 잃어버릴 수 있는 것이다. 세례를 받아 살아 계신 그리스도의 영역으로 옮겨 간다는 것이 아직은 헛된 것으로 확인될 수도 있다. 신령한 음식을 먹고 신령

---

33) O. Cullmann, *Des sources de l'Evangile à la formation de la théologie chrétienne*, Neuchâtel, 1969, p. 51-75을 참조.

한 물을 마시는 것도―이스라엘 사람들이 사막에서 그랬던 것처럼―교회에서 확고한 구원을 보증해 주지 못한다(참고. 고전 10:1 이하). 구원에 대한 지시는 사실 아직 구원받은 이의 삶을 살고 그것을 보여 주라는 명령과 결합되어 있다. 만일 그리스도교 예배가 세상 앞에서 그 세상의 종말을 증언하는 것이라면, 그것은 교회가 벌써 그 활동을 멈추고, 교회가 무슨 일을 하더라도 거부할 수 없는 구원 안에서 편하게 쉬는 것을 허락하지 않는다. 그리스도인들에게도 스스로를 의롭다 칭하는 것이 현실적인 위협이 되기 때문이다. 곧 그들은 생성(生成)을 위한 성도들이고, 그리고 이 생성은 승리로부터 만들어지는 것이 아니다. 그리스도인들도 언제나 아직은 이 세상의 사람들이다. 따라서 그들이 드리는 예배가 문제 삼는 사람들이다. 설령 그들이 낡아져 가는 옛 사람이 아니라, 신비스럽게 자신들 안에 지니게 되고 또 성장시켜야 할 새 사람 일지라도, 그들은 자신들의 삶 속에서 교회와 세상 사이의 대립과 갈등을 인식한다(고후 4:16 이하, 엡 4:24, 골 3:9).

마지막으로, 세상의 자칭 의를 문제 삼고, 세상에 마지막 심판의 서곡을 끼워 넣으면서, 그리스도교 예배는 비그리스도교 예배들에 대하여 분명하고 단호한 입장을 취한다. 우리는 이것이 모든 것을 말한 것은 아니라는 것을 살펴볼 기회를 가질 것이다. 그러나 그것으로 시작하지 않으면 안 된다. "믿지 않는 사람들과 멍에를 함께 메지 마십시오. 정의와 불의가 어떻게 짝하며, 빛과 어둠이 어떻게 사귈 수 있겠습니까? 그리스도와 벨리알(악마)이 어떻게 화합하며, 믿는 사람과 믿지 않는 사람이 어떻게 한 몫을 나눌 수 있으며, 하나님의 성전과 우상이 어떻게 어울리겠습니까? 우리는 살아 계신 하나님의 성전입니다. 그것은 하나님께서 말씀하신 바와 같습니다: 내가 그들 가운데서 살며, 그들 가운데로 다닐 것이다. 나는 그들의 하나님이 되고, 그들은 내 백성이 될 것이다. 나 주의 말이다. 그러므로 너희는 그들 가운데서 나와서, 따로 떨어져 있어라. 부정한 것에 손을 대지 말아라. 그러면 내가 너희를 영접할 것이다. 그래서 나는 너희의 아버지가 되고, 너희는 내 자녀가 될 것이다. 나 전능한 주가 말한다."(고후 6:14-18).[34] 우선, 이집트에서 나오는 것 없이는 약속된 땅을 얻을 수 없었듯이, 단절과 죽음과 포기 없이는 그리스도교 예배에 이를 수 없다. 그리고 만일 예배가 세례를 받은 이들이 이르는 첫 번째 장소라면, 그것은 우상에게서부터 살아 계시고 참되신 하나님께로 돌아서 그분을 섬길 때(살전 1:9), 눈을 열어 "어둠에서 빛으로, 사탄의 세력에서 하나님께로 돌아설 때"(행 26:17, 참고. 히 6:1), 이를 수 있는 장소이다. 그리스도교 예배는 비그리스도교 예배들의 최종적인 꽃핌이라기보다는, 오히려 그것들에 대한 사형선고이다. 옛 계약 아래에서는 사람들이 우상들과 그것을 섬기는 이들에 대하여 타협이 없는 잔인하고 배타적인 전투를 생각하였다면, 새 계약 아래에서는 이교도들에 대하여 선교하는 사도들의 전투를 생각한다—"우리가 여러분에게 복음을 전하는 것은, 여러분이 이런 헛된 일을 버리고, 하늘과 땅과 바다와 그 안에 있는 모든 것을 만드신 살아 계신 하나님께로 돌아오게 하려는 것입니다……"(행 14:15). 그리고 그 후부터 극복되고 거부된 유대교에 대해서도 마찬가지이다. 곧 인간의 손으로 만든 예루살렘 성전은 더 이상 장래가

---

34) 고후 6:14-18. 바울은 여기서 일련의 구약성서를 인용 배열한다. 우리가 여자를 싫어하는 사람(misogyne)이라면, 사도가 삼하 7:14를 언급하며 "아들들"에 "딸들"을 덧붙인 것을 비난할 것이다.

없다. 설령 목숨을 잃는 한이 있더라도 그것이 '끝났다'는 것을 말하지 않으면 안 된다.[35] 복음 선포만이 "이 세상 왕"의 영역 안에서 종말론적인 갱신 장소들을 파헤치는 것은 아니다. 그리스도교 예배실천도 지배자들과 권세자들의 세상에서 똑같은 효과를 갖는다. 안디옥의 이그나티우스는 에베소교회 교인들에게 보낸 편지에서 이렇게 말하였다: "여러분이 자주 함께 모일 때, 사탄의 권세들은 무너지고, 여러분의 일치된 신앙으로 말미암아 그 파괴적인 활동을 종식시킬 수 있습니다"(에베소교회 교인들에게 보내는 이그나티우스의 편지 13:1 이하). 그렇기 때문에, 그리스도교 예배는 우선 필요나 상상이 문제가 되지 않는다. 순종이 문제가 된다. 곧 예배가 모든 우상숭배의 오염에 더럽혀지지 않도록 애써야 한다. 또 그리스도께서 제정하시며 바라신 뜻에 합당하도록 드려야 한다. 예수께서는 사탄에 대하여, "그는 나를 어떻게 할 아무런 권한이 없다"(요 14:30)고 말씀하셨다. 비그리스도교 예배들에 비하여, 그리스도교 예배도 그러해야 한다. 비그리스도교 예배들이 거기에 침투할 곳을 찾지 못하게 해야 한다. 또 그것들이 거기에 침투하였다면, 떨쳐내야 한다. 여기에 타협, 다시 말해서, 무궁무진한 영향력이나 부드러움이나 열정이라는 구성요소들을 지닌 교회 예배로 나아간다는 것은 용인될 수 없다. 따라서 예배의 순수성을 위한 투쟁에서 사도들은 거만하게 옳다고 고집하지 않았다. 그들은 예배를 드리는 이들의 구원이 사그라지지 않도록 싸웠던 것이다. 그들은 세례가 자기 자신들을 죽게 한다는 사실과, 자신들이 주의 만찬에 초대된 이들이라는

---

35) 나는 단지 히브리서의 주된 주제뿐만 아니라, 예수와 스데반, 바울의 소송에서 그들이 제기한 성전에 대한 자격박탈을 생각한다.

사실을 중시하였다. 교회의 책벌 가운데서 가장 무서운 판결이 주의 만찬으로부터 축출되는 것이란 것은, 우연도 터무니없는 것도 아니다. 바로 그리스도교 예배의 중심에 모여 먹고 마시는 것이기 때문이다. 그것은 어두움의 활동을 벗어 던지는 것이다. 또 하나님의 용서로 말미암아 언제나 새롭게 거듭나는 것 그 이상을 바라지 않는 것이다. 자신이 살고 행한 것에 대한 기념사를 행하라는 예수의 명령에 순종하여 떡을 떼고 잔을 들어 감사하는 교회는, 사람들이 자신들의 고통과 기쁨과 한숨의 열망에서부터 추출한 비참과 영화가 부딪쳐 좌초되는 방책을 세우고, 미리 마지막 심판의 윤곽을 그려 자신에게 속한 이들이 대비하게 한다. 뿐만 아니라, 참된 예배란 어떤 것인가, 만일 그것들과 함께 유죄선고 받지 않으려면 포기해야 할 예배들은 어떤 것들인가를 드러내 준다.36)

---

36) 그리스도교 예배와 유대교 예배 사이의 관계는 특별한 검토를 할 만한 가치가 있다. 그들은 서로 같은 하나님께 예배드리지 않는가? 이 검토에서 적어도 두 가지 주제들이 자세히 점검되어야 한다. 첫째는, 유대교 예배의 "그릇됨"에 관한 것이다. 그것이 거짓 신에게 말하기 때문에 거짓이 아니라, 그것이 이제 시대착오적이 되었기 때문이다. 그것은 영원하신 아들의 성육신이 아직 일어나지 않은 것처럼 하나님께 예배한다. 그리고 이 사실로부터 하나님께서 세상을 구하시려고 추구하신 역사와 갈등을 일으킨다. 유대 사람들의 죄는―만일 사람들이 내가 이런 용어를 사용하는 것을 묵인한다면―구원역사의 괘종시계가 울린 시간을 알지 못한다는 것이다. 역시 이런 연대기적인 관점에서 율법과 유대교 신자들에 대한 바울의 투쟁을 이해해야 한다. 그는 그들이 유대 율법의 행위들에 따라 의롭다 여김을 받기를 바라지 않기 때문에 질책한 것이다. 검토해야 할 두 번째 주제는, 예루살렘 성전이 파괴된 지금에도 참된 유대교 예배가 존재하는지에 대한 것이다. 사실 유대 사람들은 그들이 그들의 성전을 빼앗겼기 때문에, 그리고 그들의 회당의 모임들은 "최선의 부족"(Faute de mieux)이 아니라 대용품과 같은 예배(des cultes-ersatz)이기 때문에, 그들의 예배를 빼앗긴 것이 아닌가? 다른 말로 하면, 유대 사람들의 참된 예배는 그들을 기다리고, 그들을 부르는 교회 예배가 아니겠는가? 또한 참된 하나님께 말을 하지만 거짓 예배인 이슬람 신자들의 예배에 대해서도 알아볼 필요가 있다. 우리는 이슬람 신자들의 예배를 그리스도교적인 이교의 예배로 생각할 수 있다. 그렇지만 이것이 성례전을 알지 못하는 가장 드문 그리스도교적인 이교들 가운데 하나라는 사실을 지적하는 것은 중요하다. 코란은 예수에 대하여 많은 것을 말한다(H. Michaud, *Jésus selon le Coran*, Neuchâtel, 1960을 참조); 그러나 그것은 세례에 대해서, 그리고 성만찬에 대해서는 말하지 않는다.

3.
그리스도교 예배-세상을 위한 약속

예수 그리스도는 우리의 세상 마지막만은 아니다. 만일 세상이 그 안에서 스스로의 의를 기꺼이 포기한다면, 세상의 참된 운명을 다시 얻게 하실 분이 그분이다. 사도 바울은 "예수 그리스도는 우리의 희망"(딤전 1:1, 참고. 골 1:27)이시라고 말하였다. 그분은 유죄선고하시고 죽게 하시는 이만이 아니다. 그분은 용서하시고 다시 살게 하시는 분이기도 하다. 그리스도교 예배는 예수께서 드리신 예배 안에 근본적으로 근거하고 있다. 그렇기 때문에, 우리가 방금 살펴본 대로, 성금요일에 일어난 것만을 반향하지 않는다. 부활절 신비에 대한 기원이고 반영이며 찬양이기도 한 것이다. 그것은 간략하게 세 가지 방식에서 그렇다. 곧 세상이 결코 알지 못하거나 아직 행하지 못하는 것을 행하는 것에서, 세상 창조의 가장 본질적인 비밀을 드러내 주는 것에서, 비그리스도교 예배들을 용서하고 성취하는 것에서 그런 것이다.

"그 문화적인 형식 안에서 지금 여기서(hic et nunc) 드려지는 그리스도의 교회 예배는, 우주 전체의 근본적인 의미와 본질적인 태도의 구체적이고 대리적인 또는 대속적인 표현이다. 말하자면, 천지만물이 하나가 되어 살아 계신 하나님을 끊임없이 경배하는 표현이다."[37] 천지창조에 대한 첫 번째 이야기(창세기 1장에서 2장 4절까

---

[37] "……지금 여기의(hic et nunc) 결정된 형식 안에서 성취된 교회 예배는 우주 전체의 심오한 의미와 근본적인 태도의 구체적인 표현과 구현이다. 곧 모든 피조물들이 살아 계신 하나님께 드리는 영속적인 경배인 것이다……," O. Haendler, *Grundiss der Praktischen Theologie*, Berlin, 1957, p. 176; 역시 J. Ph. Ramseyer, "Signification de la création,"

지)에 따르면, 하나님의 창조 의도는 사람이 온 세상을 창조주를 경배하는 곳으로 이끌도록 하려는 데 있었다. 또 하나님을 경배하는 것에서 충만함과 평화를 찾고, 거기서 안식을 취하도록 하려는 데 있었다. 하나님의 창조 의도는 예전적이고 찬양받을 만하다. 이 이야기는 세상을 그리스도교적으로 이해하는 데 근본적이다. 그러나 이 의도는 사람으로 말미암아 거부되었다. 자신의 죄로 말미암아, 세상은 곁길로 나아갔다. 찬송이 아니라, 탄식을 하게 하였다. 하나님은 자기 피조물의 변질을 용납하지 않으시고, 자신의 완만하고 점진적인 계획 안에서 자기 피조물을 본대대로 돌이키시려고 일련의 심판과 용서를 계속하셨다. 곧 홍수와 무지개, 이집트의 노예생활이라는 유죄선고와 홍해바다를 건너게 하신 것, 사울의 제거와 다윗에게 행하신 약속들, 예루살렘의 함락과 바벨론 포로생활의 귀환 등. 그리고 그것에 대한 설명은 나사렛 예수의 죽으심과 부활하심에서 그 절정을 이룬다. 더구나 이것은 사람들과만 관계되는 것이 아니다. 모든 피조물이 이 용서와 구원의 운동 속에 속하게 되었다. 사실 우리는 예수의 오심이 사람들 말고 다른 피조물도 기쁘게 하고 평안하게 하는 것임을 자주 잊어버린다. 곧 들짐승들이 순해지고(막 1:13), 하늘의 새들도 하나님의 섭리에 속해 있다(마 10:29). 들에 핀 꽃에 대한 찬양은 솔로몬의 영광을 넘어선다(마 6:28). 풍랑이 잠잠해진다(마 8:23 이하). 바다는 발로 건널 수 있는 길이 된다(마 14:22 이하). 떡과 포도주가 넘쳐난다(마 14:13 이하, 15:29 이하, 요 2:1 이하). 예수를 경배하러 온 이방인들은 황금과 유향과 몰약을 그분에게 드린다(마 2:11)……. 만일 "예수께서 우리의 희망"이시라

Verbum Caro, 1952, p. 97-107을 참조.

면, 그분은 또한 모든 피조물의 희망이시다.

그렇지만 이런 예수 그리스도의 오심과 활동 때문에 생기는 모든 피조물의 방향전환은, 아직은 매우 부분적이고 감추어져 있을 뿐이다. 그것이 가장 명확히 드러나는 장소가 교회 예배이다. 예배는—우리가 그것의 가장 깊은 의미까지도 조사한다면—세상에서 사람들과 그들을 둘러싸고 있는 피조물들이 자신들의 삶의 제일가는 목적을 다시 찾고, 자신들의 궁극적인 운명이 하나님의 영광을 찬양하는 것임을 발견하는 그런 때와 그런 곳이다. 이렇게 예배는 사람들을 의도된 바대로 다시 한 번 현실적으로 되돌려 놓을 수 있는 그런 때와 그런 곳이다. 다만—여기서 특히 강조되어야 하는 것은 이것이다—그리스도교 예배는 그것을 의식하고 살아가는 이들만을 위한 그런 때와 그런 곳은 아니다. 그들 안에서 그들로 말미암아, 그것은 세상을 위하고, 세상을 대표하고, 세상을 대신하는 그런 때와 그런 곳이 된다. 그것은 모든 피조물과 모든 사람이 마땅히 행해야 할 것과 마땅히 처신해야 할 것을 성취해 준다. 그러므로 그것은 대리적인 특징을 갖고 있다. 곧 그것은 그리스도 때문에, 그리고 그 안에서 세상이 더 이상 할 수 없고 또 아직 행할 수 없는 것을 성취하기 위하여 세상을 대신한다. 또 교회는 하나님만을 위한 예배를 드려서는 안 된다. 교회는 세상을 위한 예배도 드려야 할 의무가 있다. 이것은 세상이 결코 잊어서는 안 되는 과거와, 자신에게 약속된 미래를 보여 주는 것이다. 그리스도교 예배의 부재는 세상으로부터 가장 심오한 신비를 빼앗는 것이다.

나는 여기에 두 가지 견해를 덧붙이고 싶다. 첫 번째는, 유명한 "만인사제직"과 관련이 있다. 하나님 백성의 왕적인 사제직은 우선

교회 '안에서의' 교역 문제와 관계되지는 않는다.[38] 그것은 세상 안에서 교회'의' 교역에 대하여 말한다. 그것은 신약성서가 네 번씩이나 인용하고 있는(벧전 2:5, 9, 계 1:6, 5:10) 오래된 약속(vétéro-testamentaire)의 공식구(출 19:6)에 따른 것이다. 그러므로 이 "만인 사제직"은 모든 그리스도인들이 개별적으로 사제들(성직자들!)이라는 말이 아니다. 하나님과 그분의 은혜에 나아가기 위한 중보자들이 필요 없다는 말도 아니다.[39] 그것은 오히려 교회가 옛 계약 아래에 있던 이스라엘 백성과 같이 세상에서 대속적이고 중보적이고 대리적인 기능을 분명하게 떠맡았다는 말이다. 곧 교회는 하나님과 세상 사이에서 이 둘을 묶는 끈이 되어, 하나님을 향해 세상을 열어젖혀야 한다. 세상이 하나님과 그분의 은혜를 만나게 해야 한다. 세상 곁에서 하나님의 현재를 그리고 하나님 앞에서 세상의 현재를 있게 해야 한다. 그런데 이 사제적이며 대리적인 기능은 교회가 자신의 예배를 드릴 때, 다시 말해서, 교회가 최고 대제사장이신 그분 때문에 성취된 화해의 대사역에 관한 기념사를 행할 때 훌륭하게 수행

---

38) 나는 우선적인 관련을 말한다. 교회에서 평신도와 목회자들의 사제직 사이에는 분명히 관련이 있기 때문이다. 무엇보다도 사제의 직은 맡은 목회자들이 없더라도 교회에는 교회를 돕는 사제적인 백성이 있기 때문이다.

39) 1973년 4월 29일부터 5월 1일까지 Grande Motte에서 개최된 프랑스 개혁교회의 제66차 총회는 "우리는 '모든 신자들이 사제'라고 말한 종교개혁자들의 근본적인 신념을 가지고 있다. 그들은 복음 전파를 위하여 위험을 무릅쓰고 세례에 따라 성별된 이들이다. '그러므로 거기에는 더 이상 거룩한 것이란 없다.' 그리스도의 임재는 어느 한 사람에게 임하는 것이 아니라, 설령 그가 목사일지라도, 전체의 공동체에게 임하는 것이다······."(Le Monde, 1973, 5월 3일)라고 분명히 말하나 그다지 잘못된 것은 아니었다. 그러나 다른 이유로 사람들이 내세우는 종교개혁자들의 근본적인 이런 확신은 여전히 고증될 필요가 있다. 하나님 백성의 왕적인 사제직을 말하는 신약성서의 본문들이 실제적으로 19세기의 개혁교회와 루터교 문서들에 따라 전혀 인용되지 않았다는 것은 흥미 있는 일이다. 그들이 그렇게 하였던 것은 목사직의 특수성과 필요성을 무효화하기 위함이 아니라, 이 직무가 "만인" 사제직에 근거한 것이 아니라ㅡ교역의 원천은 교회가 아니다!ㅡ그리스도에 따라 제정된 사도직ㅡ교역의 원천은 예수 그리스도이다!ㅡ에 근거하고 있음을 강조하고자 함이었다.

할 수 있다.

두 번째 견해는, 이 사제적인 대속에 깃들어 있는 예언자적인 특징과 관계된다. 교회는 예배를 드리라는 그리스도의 명령에 순종할 때, 희망과 계획을 가지고 사는 이들에게는 더 이상 관심거리가 될 수 없는 과거를 향하여 떨며 뒷걸음치지 않는다. 예배를 드리면서, 교회는 세상의 미래를 향하여 돌아서서, 이 미래를 탄원한다("나라가 임하옵시며!"—마라나타!). 세상을 위하여 교회는 이미 맛본 그 나라에 대한 담보가 된다. 교회는 가장 아름답고 가장 어려운 역할을 한다. 곧 야고보서의 찬란한 표현을 따르면, 피조물의 첫 열매(*aparche ton ktismaton*, 약 1:18)가 된다. "종말의 관점에서 볼 때, 하나님 찬양은 —교회 안에서 그리스도인들의 예배로 시작되는— 하나님께서 바라시는 것이 지속되는 결정적인 사건이다. 곧 종말론적인 효력이 낙인찍힌 사건으로, 그것에 따라 영속적이고 반석 같은 영원한 하나님 나라가, 사라지고 소멸되는 이 세상 속으로 돌진하게 된다."40)

그리스도교 예배는 이미 세상을 대신하여 세상이 아직 예배하지 못하는 것을 예배하기 때문에, 부활절 신비에 대한 기원과 방향과 찬양만이 아니다. 둘째로, 그것은 창조의 신비를 표현한다. 나는 "창조의 표현과 신비!"라는 이 현란한 공식구 앞에서 약간 주저하였다. 그러나 나는 심사숙고 끝에, 그것이 반드시 말해져야 하는 것임을 알게 되었다. 곧 사람의 죄 때문에 방향을 잃은 이 세상에서, 그리스도의 죽으심으로 말미암아 발효된 화해의 토대 위에서 또 그 화

---

40) "종말의 관점에서 고려할 때, 교회 안에서 그리스도인들의 예배로 시작되는 하나님에 대한 찬양은 결정적인 사건, 곧 하나님께서 미리 원하신 종말론적인 가치로 낙인찍힌 사건이다. 그 안에서 영속적이고 반석과 같은 영원한 하나님 나라가 사라지는 이 세상 속에 들어오는 것이다……"(P. Brunner, *op. cit.*, p. 167 이하).

해 덕택에, 교회 예배는 창조의 신비가—사람의 신비와 사물들의 신비—하나님 나라의 발현 이전에 얻을 수 있는 가장 진정한 표현을 찾는 장소가 된다. 실제로 하나님 아들의 삶은 "세상의 생명을 위하여"(요 6:51) 제공되었다. 이 선물의 기념사는 온 세상이 신비스럽게 방향전환하고, 자신의 의미를 다시 찾고, 그 자신이 전과 같이 되는 그런 곳이요 그런 때이다.41) 그렇기 때문에, 예배는 이 점에서 문화의 초점이고, 행동의 동기이며, 예술의 원천이다. 그 안에서 "첫 번째의 그리고 마지막과 영원한 피조물의 의미가 나타난다. 곧 하나님의 영광을 받아들여, 이 영광이 천지만물을 빛내고 영향을 끼치고 가득 채우도록 피조물의 거울이 된다."42) 이렇게 깨어지고 산발적이고 모호하나 그럼에도 불구하고 현실적인 예배는, 종말론적인 변화가 일어나기 시작하는 그런 때와 그런 곳이다. 그것에 대하여, 사도는 "우리는 모두 너울을 벗어 버리고, 주님의 영광을 바라봅니다. 이렇게 해서, 우리는 주님과 같은 모습으로 변화하여, 점점 더 큰 영광에 이르게 됩니다"(고후 3:18)라고 말한다.

창조의 신비를 표현하는 예배는, 우선 다른 피조물들을 대표하여 사람들을 부른다. 그들은 거기서 완전히 다시 자기 자신이 된다. 그들은 거기서 용서를 가져다주는 자유 안에서 다시 나타난다. 거기서 그들의 참된 목적, 그들의 참된 소명을 다시 찾게 되기 때문이다. 칼 바르트가 지적하는 것도 마찬가지이다. "……예배 가운데, 단지

---

41) A. D. Mueller는 "교회 예배는 자신의 본질에 충실할 때 조직의 전체적인 원칙에 대한 의의를 얻는다……."고 지적한다. *Grundriss der praktischen Theologie*, Gütersloh, 1950, p. 159; 또한 P. Brunner, *op. cit.*, p. 245; H. D. Wendland, *Gottesdienstliche Gemeinde und weltliche Christenheit*, Zürich, 1958, p. 5를 참조.
42) "그때 피조된 모든 현실의 첫째의, 마지막과 영원한 의미가 나타난다. 곧 하나님의 영광을 받아들여 그것이 모든 만물을 빛내도록 피조물의 거울이 되는 것이다……" *op. cit.*, p. 267.

여기서만 직접적으로—예수 그리스도 안에서 성화된 인간성을 잠정적으로 표현해야 할 교회의 임무는 정말 중요하다."[43]

그러나 우선 예배로 말미암아 다시 발견되는 것이 사람들이라면, 그들은 거기서 자신들이 창조의 나머지 부분들과 서로 굳게 맺어져 있다는 사실도 발견한다. 창조는 예배에서 이 세상에서 가능하게 될 수 있는 그 자신에 대한 가장 진정한 표현을 찾기도 한다. 그리고 이것으로 말미암아, 이 세상 사물들은 교회 예배에서 자신들의 선 자리를 찾는다. 거기서 그들은 하늘과 땅에 하나님의 영광이 가득 차 있다(사 6:3)는 사실을 증명한다. 거기서 그들은 자기 자신의 예배 방법을 발견할 것이다. 세상을 인도하고 예배드리게 해야 할 자신의 역할을 하지 않은, 인간의 책망 받아 마땅한, 포기(démission)—타락설화에서 이야기되는 포기—는 세상 노래를 탄식으로 격하시켰다. 그러나 예배 안에서, 사람은 우주의 머리(tête-kephale) 되시는 그리스도 안에서 첫째가는 기능과 최종적인 목적을 다시 찾았다. 그렇기 때문에, 탄식하는 피조물들로 하여금 다시 노래 부를 수 있는 말더듬을 하게 한다. 그리스도교 예배의 문을 세상을 위하여 열기를 거절하면서, 세상을 사랑해서도 안 되고, 그것을 동정해서도 안 된다. 만일 교회 예배에서 피조물의 형태와 빛깔과 악센트와 리듬, 그리고 물과 떡과 포도주가 차지하는 한 자리, 그들의 자리를 되찾아 주는 것을 금한다면, 이것은 마르시온적인 이원론에 근거하여 그것을 멸시하는 것이다. 또 하나님의 말씀과 기도의 거룩하게 하는 능력, 곧 은총의 행위 안에서 모든 피조물들을 변화시키는 능력(참고. 딤전 4:4 이하)을 의심하는 것이다. 우리가 자주 들어왔던 것

---

43) *Die Kirchliche Dogmatik*, IV/2, p. 791.

과는 달리, 그것은 사람이 우주의 축제에 통합되는 것이 아니다. 그와 반대로, 그것은 성령으로 거듭난 이들이 드리는 예배 안에 사람 이외의 피조물이 통합되기를 요구한다. 그렇기 때문에, 우리가 앞에서 예배를 마지막 심판의 서곡이라고 말하였던 것에 머문다는 것은 불가능하다. 예배는 세상을 위한 영원한 생명의 서곡이기도 하다. 그것은 세상에 대한 위협만이 아니다. 그것은 세상을 위한 약속이기도 하다. 확실히 변증법적인 요술 때문이 아니라, 그리스도의 죽으심과 부활하심이라는 사실의 신비 중심에서, 하나님이 정죄하신 것을 파멸시키기보다는 구원하고 싶어 하시고, 나아가 세상을 구원하신 그 명백한 사실 때문이다.

  우리는 그리스도교 예배가 비그리스도교 예배들에 대하여 항거하고 있다는 사실을 주목한 바 있다. 그들 사이에는 마치 진리와 거짓 사이에 있는 것 같은 부조화가 있다. 따라서 다른 쪽에 들어서려면, 한 쪽은 포기해야 한다. 여기서 우리는 그 때 지적하였던 것을 잊어서는 안 된다. 그러나 동시에 이 항거는 사랑으로 말미암은 것이라는 사실도 잊어서는 안 된다. 교회는 자신의 믿음에서도, 자신의 삶에서도, 자신의 예배에서도, 정죄를 위한 정죄를 해서는 안 된다. 포기를 위한 포기를 해서도 안 된다. 드러내고 호소하기 위하여 유죄선고가 있고, 포기가 있다. 그것은 유죄선고 받는 것의 종말을 드러내기 위해서이다. 또 자기중심적인 의에 움츠려든 그런 세상에게는 파멸이라는 미래밖에 없음을 나타내기 위해서이다. 그리고 바로 이 세상의 미래가 보장되어 있는 교회 안에서, 그 자신을 넘어 있는 의와 충만함 속에서, 자신을 다시 찾도록 호소하기 위해서이다. 따라서 그리스도교 예배는 단순한 항거, 곧 비그리스도교 예배들에 대한 철저한 항거만이 아니다. 동시에 자기를 버린 채 위험을 무릅쓰고 세례의 고행과 활력화의 여정으로 들어서도록 권유하는 그들을 위한 약속이기도 하다.44) 세례는 죽이는 것이고, 동시에 다시 살리는 것이기 때문이다. 또 그것이 다시 살리는 것은, 그것이 죽였던 것이기 때문이다. 세례는, 예수께서 성금요일 저녁에서부터 부활의 아침을 거치면서 그 동일성을 상실하지 않은 것처럼, 그것을 받은 이의 동일성을 없애지 않는다. 이것은 사람들에게 뿐만 아니라, 그들이 표현하는 문화, 민족, 시대에서도 마찬가지로 사실이다. 그렇기 때문에, 복음은 문화를 부정하기보다는, 오히려 정당화한다. 그렇기 때문에 어떤 문화, 어떤 민족, 어떤 시대의 그리스도인들을 상징하는 한 무리, 그들의 첫 열매들은 단지 권리만이 아니라, 그들 자신들을 용서받은 이로서 나타낼 의무도 가지고 있다. 그로부터 다음과 같이 특별히 강조할 수 있다. 곧 복음에 대한 응답은 그 자체의 문화로부터, 그 자체의 시대로부터 나와야 한다. 곧 종교적인 예술, 독특한 기질(génie), 그들이 몰두하고 있는 관심사들로부터 응답해야 한다. 그뿐만 아니라 세례의 죽음과 부활을 통하여 보존되는 이 동일성 때문에, 그 이상을 말할 수도 있다. 곧 이 죽음에 따라 정죄 받고, 이 부활에 따라 의롭다함을 인정받는 것은, 같은 교리의 근거 위에 다양한 신학들이 설 수 있다는 뜻이다. 또 같은 제도의 근거 위에 다양한 교회 조직들이 설 수 있다는 뜻이다. 또 같은 성례전의 근거 위에 다양한 예배의식들이 설 수 있다는 뜻이다. 여기에 근거을 둔 그리스도교 예배들의 합법적인 다양성은, 자신과 다른 것을 비교하여

---

44) 예컨대, J. Dournes, *L'offrande des peuples*, Paris, 1967, 또는 Y. Congar, "Les religions non-bibliques sont-elles une médiation de salut?," *Annales de l'Institut œcuménique de recherches théologiques*, Jérusalem 1973을 참조.

모든 그리스도교를 동일화하는 다양성이다.

이런 일반적인 고찰에 좀 더 분명한 세 가지 사항을 추가하고자 한다. 우선, 그리스도교 예배는 비그리스도교 예배들에 대한 '용서' 임을 말해야 한다. 그들을 용서하면서 그들을 배제한다. 용서는 죄를 정당화하기 때문이 아니라, 그것을 제거하기 때문이다. 따라서 이것은 일단 그리스도인이 되면, 이전의 이교 예배를 완전히 거부해야 한다는 뜻이다. 그리스도와 벨리알 사이에 타협이 불가능하기 때문이다(고후 6:15). 비록 예수 그리스도께서—십자가 위에서 그들을 이겨내신 이후로—하나님께만 드려야 하는 찬양을 자기 자신들을 위하여 그릇되게 인도한 악마들을 제압하셨을지라도, 이 악마들은 패배는 하였지만, 아직 죽은 것은 아니다. 그들은 설욕하려고 한다. 그들과 함께 즐기고자 하는 것, 민속적인 숭배 형태로 두는 것은,[45] 너무 위험한 놀이이다. 우리는 이스라엘 사람들이 싸움터에서 이겨 돌아올 때, 그 포로들 가운데서 아리따운 여자들을 취할 권리가 있었음 알고 있다. 그러나 악귀를 내쫓는 의례로 자신들의 머리를 밀고 자신들의 손톱을 자를 것을 조건(참고. 신 21:10 이하)으로 달고 있다. 그러나 그들의 머리는 다시 자랄 수 있고, 그들의 손톱도 마찬가지이다.[46] 성서가 이교 예배로 다시 떨어지는 것을 간음 행위로 여기고 있음은 무지나 소심함 때문이 아니다. 하나님께 속하는 헌신을 뜻하는 진정 종교적인 참여 말고, 더 이상의 어떤 권리도 없는 다른 헌신들이 있기 때문이다.

그러나 그리스도교 예배는 비그리스도교 예배들을 용서—따라서

---

45) Gelase Ier, *Lettre contre les lupercales*, S. C. N° 65, Paris, 1959를 참조.
46) A. Labhardt, "Sur une page de saint Jérôme," in *Hommage et reconnaissance à K. Barth*, Neuchâtel, 1946, p. 56 이하를 참조.

제거―만 하는 것이 아니다. 동시에 완성시키기도 한다. 그들을 나쁜 길로 빠지게 한 것은, 정화되고 교정되어 다시 태어날 것이다. 또한 그들의 좀 더 깊은 운동인 그들의 탐색, 그들이 제멋대로 맡긴 헌신, 그들이 예술과 문화에 봉사하도록 부른 세상의 재료들처럼, 이 모든 것이 깨끗해지고, 다시 나고, 마침내 자신들의 참 목적을 향하여 방향을 수정하는 일이 일어나게 될 것이다. 이런 것들을 다 말하려면, 논문 한 편은 족히 써야 할 것이다. 그러나 나는 세 가지 짤막한 암시만 하는 것으로 만족할 것이다. 첫 번째 암시는, 성서에서 자명한 종교적인 향수를 이루는 것이다. 오래된 약속들의 증거들과 마찬가지로, 신약도 거의 필수적으로 자신을 표현하기 위하여 종교적인 재료를 사용한다는 것이다. 율법 아래서처럼, 복음 아래서 사람들은 종교적인 범주 속에 살아가지만, 그러나 논쟁적으로, 게다가 또 반어적으로(ironiquement), 종교적인 재료를 사용한다. 이를테면, 창세기 기사들이 근동 우주론들의 기본 사상들을 재사용하기 전에 깨부수는 것이나, 바울이나 요한의 서신들이 뇌관을 뽑은 영지주의적인 주제들을 사용하는 것들이 그것이다. 주께서 웃음으로써 스스로를 높이는 모든 시도들을 받아들이신다는 것은, 성서 전체를 통하여 이해되고 드러난다(참고. 시편 2:4 이하).[47] 계속해서 중요한 문제에 대한 암시를 하고자 한다. 이것은 반어적인 방식으로 이를 수 없는 문제이다. 이 가능성들이 전혀 없다고 분명히 말할 수 없다.[48] 여기서 그리스도교 믿음이 관대해진다고 하더라도, 그 어느 것도 잃

---

47) J. Sanders, "God is God," *Annales de l'Institut œcuménique de recherches théologiques* 1972/73, Jérusalem, 1973을 참조.
48) H. Küng, *Christenheit als Minderheit*, Die Kirche unter den Weltreligionen, Einsiedeln, 1965, 그리고 선교론에 관한 많은 출판문들을 참조.

는 것은 없다. 그렇지만—세 번째 암시—비록 비그리스도인들의 구원 가능성이 현실적일지라도, 복음 없이도 구원받을 수 있는 이들에게 구원의 능력으로서 복음을 전할 선교적인 의무가 있는 교회의 책임을 면제시켜 주는 것은 아니다. 그것은 단순하게 아직 없는 그곳에서 고립된 몇몇 그리스도인들에 따라, 마치 교회가 그들의 구세주 이름으로 구세주 이름을 받아들이는 회개(*metanonia*)로 이끌 책임이 없는 것처럼, "인간적인" 향상을 위하여 있는 것만으로 만족하는 인류의 현실적인 종교 배분을 법적으로 인정하는 교회의 의무를 거론하는 것은 아니다. 그 어느 것도 이제 교회 모임이 복음을 아직 모르는 이들에게 선포하기보다는, 오히려 본질적으로 그리스도인들의 아이 낳기 때문에 행해져야 함을 가정하지 않는다. 설령 비그리스도인들의 종교가 구원의 길일 수 있다 하더라도, 그것들은 방향을 상실한 것일 수 있기 때문이다. 또 교회도 복음을 전파하라는 명령과 의무에서 자유로워질 수 없기 때문이다.[49] 게다가 사도들의 서신서 주음(主音)은, 비그리스도인들이 하나님께서 나사렛 예수 안에서 세상을 사랑하신 그 사랑을 몰라도, 자신들의 영생을 위하여 본질적으로 그 어느 것도 잃을 것이 없다는 주변적인 희망만 담고 있는 것이 아니다. 오히려 가서 모든 민족에게 복음을 전파하라는 명명백백한 명령을 담고 있다. 신약성서는 복음을 듣지 못한 이들의 영원한 운명에 관하여 사색만 하고 있지 않는다. 차라리 그들에게 가서 복음을 전하라고 말한다.[50]

---

49) 신약성서에 나오는 선교의 명령은 부활하신 분에 따라 주어진 명령이다. 현대신학의 모든 분야에서, 예수 부활의 사실성에 의문을 제기하는 것과 선교활동에 미온적인 태도를 보이는 것 사이에 있는 깊은 관련들은 탐구할 만한 가치가 있다.
50) 그리스도에 대하여 확신이 없는 그리스도인들은 자주 그 말씀대로 사는 것을 수치스럽

그리스도교 예배는 비그리스도교 예배들을 용서하고 성취하는 것이다. 분명 이 말은 참되다. 그러나 종말이 하나님의 능력과 더불어 임하지 않는 한, 위험스럽다. 하나님 나라 안에서만 나라들과 그 영광을 받아들이는 것은 아무런 위험이 없겠기 때문이다(계 21:24). 사실 이스라엘 역사는 교회 역사처럼, 용서와 성취가 대리적인 것에서 그렇다는 사실을 증명하고 있다. 곧 아직 용서와 성취를 인정하지 않는 이들과 함께, 자신들로부터 그리고 자신들 안에서, 비그리스도교 예배들이 용서받을 수 있고 성취될 수 있음을 증명하고 있다. 아리따운 여자 포로들의 머리와 손톱을 밀고 깎는 것으로! 그렇기 때문에, 교회는 탐욕스런 기원(secrète)을 하고, 또 그리스도에 대한 사랑이 식어버려 이교에 새로운 가치를 부여해 주어야 할 때에는, 그 엄격함을 다시 찾고 그것에 대하여 아니라고 말할 수 있는, 권리와 자유와 의무를 지니고 있다. 예배의식은 그 자체로는 충만하지 않다. 그것은 금욕이기도 하다. 우리는 아직 하나님 나라 속에 있는 것이 아니다.

4.
예배는 세상 안에 있는 교회의 삶과 의무를 저버리는 것이 아니다.

그리스도교 예배는 보통 주일에 드린다. 그리고 교회는 월요일에서 토요일까지는 지난 주일예배에 대한 반향과 다음 주일예배의 서

게 생각하고 자신들의 삶 속에서 그분께 거역하는 삶(contretémoignages)을 살았던 적이 많이 있다. 이런 삶에 회개가 따라야 한다.

곡 역할을 소홀히 함이 없이, 좁은 의미의 예전적인 것과는 다른 일에 참여하며, 성서에 대한 묵상과 다른 구성원들에 대한 기도생활 등, 매일의 직무를 한다. 그것은 교회가 세상에게 왜 주일에 모이는 것이 세상과 관련되어 있고, 또 왜 그것이 세상에게 유익한 것인가를 나타내도록 부름 받은 증거와 봉사의 시간이다. 이것은 증거와 봉사가 예배 자체 안에 없다는 뜻이 아니다. 예배는 증거와 봉사가 그 고유한 실천 장소보다는 오히려 그 기원과 그 목적을 찾는 그런 곳이요 그런 때이다. 그렇기 때문에, 예배는 하나님을 찬양하고 그 안에서 기뻐하는 것 말고, 다른 유익을 찾거나 구할 필요가 없다. 이것은 세계교회협의회 제4차 총회에서 채택한, 예배에 관한 보고에서 "예배는 사랑에 따른 것 말고 그 어느 것에 따라서도 정당화될 필요가 없다."[51]고 분명히 말한 것을 좀 미숙하지만 밝히고 있는 것이다. 교회는—교회가 월요일부터 토요일까지 선교의 의무와 봉사의 참여를 의식하고 있는 한—주일에 하나님 말씀에 몸을 맡기고 예수 그리스도의 사역을 회상하는 일 이외에, 다른 것을 하지 않는다고 해서 주저할 필요가 없다.[52] 게다가 교회는, 그로부터 나오고 그리로 돌아갈 세상이 하나님의 은총 행위와 그분의 관여 안에 없다면, 그것을 행할 수도 없다. 그러나 지금부터 그리스도의 재림 때까지 교회가 할 수 있는 것이 오로지 예배만이—제한된 의미에서—아니기 때문에, 예배를 드릴 때 마음을 딴 곳에 두지 않고 오직 하나님께만 드린다면, 그것을 행할 수 있다. 예배를 드리는 것으로, 교회는

---

51) "예배는 사랑 이외의 것에 따라 정당화될 필요가 없다"(N° 5, *op. cit.*, p. 78).
52) K. Barth, *Gottes Erkenntnis und Gottesdienst nach reformatorischer Lehre*, Zollikon-Zürich, 1938, p. 186을 참조.

'세상에서' 자신의 본질적인 의무들 가운데 하나를 완수한다. 설령 닫힌 문들 뒤에 몇몇만 모여 있더라도, 설령 교회가 현명하게 전도 모임을 행하거나 텔레비전을 등장시킨 장관을 연출하지 않을지라도 말이다.[53] 모든 초대교회는 정당하게 예배에 대하여 결혼의 비전을 가지고 있었다. 예배는 그 자체만으로 신중하게 세상 면전에서, 마치 신부가 자신의 신랑을 만나고 난 뒤 문들이 다시 닫히듯이, 예배를 드리는 이들을 위하여 영광스럽게 있는 것이다.[54] 만일 그리스도교 예배가 세상을 위한 중요성을 갖는다면, 이것은 호기심 많은 이들이나 '대중매체'(mass media)를 다루는 이들의 희생물이 되는 것이 아니다. 예배가 세상 안에서 그리고 세상을 위하여 행해진 가장 중요한 것에 대한 기념사를 행하는 것이기 때문이다. 또 이 기념사는 자멸하지 않는 한, 그것을 행한 이들을 소금과 빛이 되라고 세상 속으로 보내기 때문이다.

---

53) 우리는 그리스도교 예배가 공적인 예배가 되려면, 무엇보다도 교회의 공식적인 예배의 식을 존중하고, 이것을 위하여 위임받은 합법적인 목사가 집례하는 예배여야 한다는 견해에 대하여 L. Maldonado와 함께 논박할 충분한 근거를 가지고 있다(L. Maldonado, *Vers une liturgie sécularisée*, Paris, p. 10 이하 참조). 예배의 공적인 특성에 대한 이런 정의는 단지 예배에로 나아감이 모두에게 열려져 있는가에 따라 예배가 공적이라고 하는 견해에 종속되어 있지 않다. 우리는 초대교회가—이에 대해서는 J. 예레미야스의 견해가 설득력이 있다고 본다(J. Jeremias, *Die Abendmahlsworte Jesu*, Goettingen, 1960^3, p. 118-130을 참조)—모두에게 자신의 예배에 접근하는 것을 허락하지 않았으며, 또한 이런 신중함은 선교와 봉사의 직무를 방해하지도 않았다는 사실을 너무 망각하고 있다.
54) 마 25:10, 요 20:19-26, 행 12:12-14을 참조, 그리고 계 21:25와 비교.

제4장
예배의 표현양식

그리스도교 예배는 구원의 역사의 요약이다. 또 교회의 자기 표현이다. 또 세상의 종말과 미래에 대한 증거이다. 이것이 우리가 지금까지 살펴 온 것들이다. 지금 대답해야 할 문제는, 이 예배가 즉흥적이고 임의적인 방식으로 그 모든 것이 될 수 있는가 이다. 또 그 모든 것이 되려면, 형식을 취할 뿐만 아니라 정확한 형식을 따라야 하는가이다. 우리는 우선, 예전적인 형식들의 필요성에 대하여 말할 것이다. 이어서, 예전적인 표현 범위의 여러 국면들에 대하여 말할 것이다. 세 번째로는, 예배의식의 형식화에서 엄격함과 자유에 대해 말할 것이다. 마지막으로는, 거기에 덧붙여, 예전적인 형식화의 대가(récompense)라고 부를 수 있는 것, 다시 말해서, 예배와 문화 사이의 관계를 거론할 것이다.

1.
예전적인 형식의 필요성

성육신하심으로 예수 그리스도는 세상에 오시어 세상을 구하셨다. 거기에 그리스도의 탄생과 그분의 고난 그리고 그분의 부활이 있고, 승천과 영광이 있다.

만일 우리가 예배는 사람들이 일정한 날과 일정한 시간에 확정된 장소에 모이는 것이란 사실에서, 또 그것이 어떤 형식들을 취하지 않으면 공동체의 생활이나 예배의식이 불가능하다는 사실에서, 따라서 단순히 교회의 "사회학적인" 견지에서 예전적인 형식들의 필요성을 말하는 것으로 만족한다면, 여기서 말하고자 하는 것의 본질을 파악하지 못한 것이다. 그리스도교 신학에서 형식들은 필요악이 아니라 모든 기억해야 할 것들의 총합이다.[1] 승천의 운동이 있기 전에 예배가 찬양하는 복음은 실제로 세상과 하나 되고 그를 관통하고 거기서 형식을 취하기 위하여 자신을 낮추는 운동이다. 단지 그 형식을 일단 취하고 난 뒤에 이 형식 안에서 그것과 함께 그 방향은 다시 오르기 위하여 뒤바뀌어진 것이다. 성육신 운동과 성육신되신 이의 승천 운동은 하나님께서 단지 영혼만을 구원하시고자 하신 것이 아니라 사람들과 세상 전체를 구하시고자 하신 것에 대한 실례이다. 아스무쎈(H. Asmussen)은 "말씀이 육신이 된 메시지를 들은 사람은 결코 그리스도인이 무엇인가를 무형(無形)의 것 안에서 알려

---
1) P. Brunner, *op. cit.*, p. 269를 참조.

고 하지 않는다."고 말하였다.[2] 예배의식은 성육신을 반영하는 것이기 때문에 형식화되어야 한다. 물론 예수께서 사마리아 여인에게 말씀하신 "영과 진리로"(요 4:23) 드리는 예배는 옛 계약의 범주들을—예루살렘의 성전과 관련된 율법에 따라 희생제의들을 드려야 한다는 표현과 함께—깨트린다. 그러나 하나님께서 원하시는 예배를 드리는 예배자들의 새 예배도 형식화할 수 있고 형식화된다. 성만찬 제정은 하나님께서 자신을 믿는 이들을 기다리신다는 새로운 예배의 중요한 형식이다.

그렇지만 예배가 반영하는 것은 단순히 성육신만이 아니다. 역시 그리스도의 승천과 그분의 영광이 예전적인 형식화의 필요성을 야기하고 요구한다. 하나님께서 우리의 죄짐을 떠맡으러 찾아오실 때 가장 덜 수치스러운 방식은 성육신하지 않는 것이었다. 사실 영지주의는 성탄의 메시지보다는 우리의 꿈과 욕망을, 따라서 우리의 죄짐의 상태를 더 많이 따르고 있다. 그러나 아니다. 하나님께서는 자신의 창조와 자신의 피조물을 다시 되찾고, 세상과 자신의 연대를 보여 주시고, 세상이 참다운 방향을 다시 찾도록 부르시기 위하여 성육신하셨다. 만일 형식들이 필요하다면, 그것은 승천에서 하나님께서 세상과 사람들이, 창조와 피조물이 하나님을 만날 수 있다는 것과, 그것들이 하나님 앞에 나타나기 위해서는 그들의 육체가 아니라 그들의 죄를 포기해야 함을 보여 주셨기 때문이다. 따라서 예배의식의 형식들을 포기하거나 불신하는 것은 그리스도교 신앙의 핵심을, 곧 나사렛 예수 안에서 주님이 찾아오시고, 십자가와 부활과 승천으로 세상을 구원하신 것을 논박하는 것이다. 그러므로 예배가

---

[2] *Op. cit.*, p. 101 이하.

형식들, 그것도 정확한 형식들을 통하여 표현되는 것은(avènement) 자신의 창조를 변화시키려는 하나님의 의지 때문에 필수적이다. 곧 예배는 하나님 나라를 예시한다. 실제로 성령은 만물을 새롭게 하고 자신이 도달한 것을 변화시키는 분이지(고후 3:18, 롬 12:2), 혼돈을 불러일으키는 분이 아니다. 성령은 평화의 영(고전 14:33)이시며, 질서의 영이시다(고전 14:40). 오는 세상의 세력들이 이 사라질 세상 속으로 돌입해 들어올 때, 그 충돌 지점이 혼돈이나 와해의 장소로 변하는 게 아니다. 그 때 일어나는 것은 새로운 탄생과 새로운 창조이다. 성령께서 탁월하게 이루시는 일은 종말론적인 변형, 곧 인간 예수의 인격 안에서 활동하시는 성령은 예수 그리스도께서 부활하실 때 죽은 이 가운데서 예수를 다시 살리신 영이시다(롬 8:11). 그런데 이 성령은 결코 무형의 영성을 낳지 않는다. 그분이 다시 창조할 때 의도하시는 것은 영적인 육체(corporalité pneumatique)이다.[3]

2. 예전의 표현 범위

예배에서 하나님은 사람들을 만나고 싶어 하신다. 하나님은 그들에게 자신을 내어주시고 예배 안에서 그들을 받고 싶어 하신다. 이 만남을 위하여 부름 받은 범주들은 어떤 것인가? 어떤 범주들에서 하나님은 우리를 구하시고자 하신 "성만찬"과 은총의 행위에 대한

---

[3] P. Brunner, op. cit., p. 270; H. Asmussen, op. cit., p. 99-126; K. Barth, *Gotteserkenntnis und Gottesdienst*, p. 190-193, p. 190-193; W. Hahn, op. cit., p. 5 이하. J. Baumgartner, "Liturgie und Leiblichkeit," *Heiliger Dienst*, 1977, p. 143 이하를 참조.

응답을 기다리시는가?

우리는 사람들을 위하여 그리스도께서 행하신 기적들에 근거하여 대답할 것이다. 예수께서는 더디게 이해하는 이들의 마음을 열어 지혜를 주셨다(눅 24:25 이하, 45, 참고. 요 12:16 등). 그분은 귀머거리의 귀와 벙어리의 입과 소경의 눈을 열어 주셨으며, 중풍병자의 마비된 손과 발을 풀어 주셨다. 그분은 병자들과 불구자들의 몸을 만지셨고, 그들이 자신을 만지는 것을 허락하셨다. 이러한 구원에 접촉된 이들의 "인간학적" 근거들에 대한 목록은 동시에 예배의식의 기쁨에 내맡겨진 범위들에 대한 목록이다. 이 모든 범위는 같은 중요성을 갖고 있는 것이 아니다. 중풍병자나 소경은 귀머거리나 벙어리나 분별력이 없는 사람보다는 하나님을 예배하는 데 덜 어려울 수 있다. 그래도 구원이 자신의 온 존재에 영향을 미치지 못한다면 절단되는 것과 같이, 예배도 온전한 사람이 자신을 예배로 표현하도록 은혜를 주지 못한다면 절단 나고 말 것이다. 예수께서 치유한 모든 이들은 구원을 찬양하도록 부름 받았다. 간단히 말해서, 예배를 위하여 부름 받은 범위들은 언어적이고, 청각적이고, 시각적이고, 동작적인 표현의 범위들이다.

1) 언어적인 표현의 범위

우선 '언어적인' 표현의 범위, 다시 말해서, 사물들을 알기 쉽게 합리적으로 만드는 형식화의 범위이다. 따라서 그것은 자음에 모음을 주는, 곧 소리를 말로 바꾸기 위하여 구조를 맞추고 배치를 하려는 노력을 필요로 한다. 그리고 용어의 정확한 뜻과 그것들의 문법적이고 문장론적인 관계들을 파악하려는 노력을 필요로 한다. 이어서 이전의 노력들을 기억하거나 고정시키며 따라서 이 형식화를 전통 속에 끌어들이고 그것을 풍부하게 하거나 제한하거나 순화하려는 노력을 필요로 한다. 우리는 이 첫 번째 범위를 일상 언어에 대하여 말하는 "논리화"(logolalie)의 범위라고 부를 수 있다. 예배를 드리기 위해서는 그것을 말하지 않으면 안 된다. 이 "논리화" 없이는 하나님의 말씀(성경봉독, 설교, 용서의 선언, 축복 등)을 선포하는 것이 불가능하고, 동시에 기도와 찬송과 신앙고백 등도 불가능하다. 구어(口語) 없이는 하나님과 그 백성 사이의 대화가 불가능하다.[4] 이 "논리화"가 소리의 형식 아래에서 자신을 나타내는 예배는 부득이한 경우에는 그것이 예배하는 것이 무엇인가를 추측케 할 수 있으나,[5] 그것은 말씀하시는 하나님과 그것에 응답하는 사람 사이의 만남이라는 것을 보여주는 필수적인 매개물이 없는 것이다. 그것을 역설하는 것이 무익한 일이라는 것은 자명하다.

여기서 방언(glossolalie)의 문제를 생각해 보는 것이 좋을 것이다.[6] 이것은 소리나 노래 또는 종말론적인 황홀의 상태에서 나오는 신음의 일종이며, 때로 영성생활이 절정에 올랐을 때, 예컨대, 개종의 때(참고. 행 19:6 이하, 10:46)에 나타난다. 사람들이 그 때 표현하는 것은 때로 사랑에서나 공포에서 또는 고통에서와 같이 자음의 법칙(police)을 벗어난 소리나 울부짖음이나 노래, 또는 말더듬이나 조리가 없는 비명이다. 따라서 방언은 그 자체로 성령의 창조가 아

---

4) E. J. Lengeling, *Liturgie, Dialog zwischen Gott und Mensch*, herausgegeben von Klemens Ritchter, Freburg-Basel-Wien, 1981을 참조.
5) 우리는 찰리 채플린이 "독재자"에서 표현한 울부짖음을 생각할 수 있다.
6) 성령강림절의 현상(행 2:4-11)처럼 황홀하기까지 한 외국어(xénolalie)는 그 유사성에도 불구하고 방언과 동일한 것은 아니다. 방언에 관해서는 다음의 좋은 논문을 보라—GLOSSA de BEHM, *ThWbNT*, I, p. 721-726.

니다. 그것은 단순히 성령이 환희를 권장하기 위하여 사용할 수 있는 인간적인 한 현상이다. 이것은 성령 이외의 다른 수단들에 따라서도 가능한 정신현상이다. 곧 고문, 애무, 증오, 개인적이거나 집단적인 최면상태에 이르게 하는 기술들은 우리 자신을 초월해 있는 언어, 곧 방언을 가능케 한다.

신학적으로는 이 점에 관하여 세 가지를 주목할 수 있다. 우선, 방언은 이 세상의 언어들, 그들의 혼잡성, 그들 상호간의 불투명성, 그 많은 수들 때문에 서로 듣고 이해하는 데 적합하지 않는 것에 대하여 문제를 제기한다. 다음과 같이 말할 수도 있다. 곧 그것은 하나 되게 하는 대신에 서로 나누고 분리시키는 이 세상 언어들의 "악마적인" 특성들을 문제 삼는다. 그러므로 방언은 말하는 것 자체를 반대하는 것이 아니라, 히브리어, 희랍어, 라틴어로 말하는 것을 반대한다(골고다에서 유다인의 왕이라 선언한 세 언어를 비난하기 위해, 참고. 요 19:20). 그렇지만 인간의 언어들에 문제를 제기하는 방언은 바벨론의 혼란을 극복하는 기적적인 것은 아니다. 방언은 통역해야 할 필요가 있는 "언어들"을 말한다는 일반적인 규칙이 있기 때문이다(고전 12:10, 14:2, 9, 11, 13, 18 이하 등).

두 번째로, 방언이 영적인 은사일 수 있음을 부인하지는 않지만(바울은 고전 12장과 14장에서 우리가 그것을 부정하지 못하게 하였다), 사도 바울이 방언을 공중 예배의식에서 특별히 바람직한 요소라고는 평가하지 않았음을 알아야 한다. 바울에게 방언이 가치가 있다고 여겨진 것은 개인적인 경건에서이다. 또 고린도교회 외에 다른 교회들(예루살렘, 가이샤라, 에베소)이 방언을 할 줄 알았지만, 오직 고린도교회만이 방언을 예배의 일상적인 요소로 만들었다고 지적한 것은 흥미 있는 일이다. 바울에게는 고린도교회의 방언 편애가 교회의 건강한 상태라기보다 오히려 병적이고 위험한 현상이라고 생각되었던 것이다. 만일 방언이 실제로 축복의 표시일 수 있다면, 인간의 탐욕 대상이 되어서는 안 되기 때문이다. 천사의 말로 표현하는 능력과 이 말로 자기 자신을 표현하려는 것 사이에는 차이가 있다. 전자는 개인적으로 겸손하고 사려 깊게 기뻐할 수 있는 은혜(참고, 고전 14:18)이나, 후자는 공동체의 건덕(édification)을 손상시키는 탐욕이다.7)

그렇지만―세 번째 견해―교회는 분해된 언어, 상징적인 언어가 아니라, 성령에 따라 변형된 언어, 여전히 이해할 수 있는 언어, "열광적인 기쁨"을 말하는 황홀한 언어를 알 권리가 있다. 그것은 예컨대, 에베소교회 교인들에게 보낸 편지에서 끓어 넘치는 찬송과 찬가들이며, 또 동정녀 마리아가 아직 자기 아들이 태어나지 않았지만 "주께서 그 팔로 권능을 행하시고 마음이 교만한 이들을 흩으셨으니 제왕들의 권력을 낮추시고 낮은 사람들을 높이시고 주린 사람들을 좋은 것으로 배부르게 하시고 부한 사람들을 빈손으로 떠나 보내셨도다."(눅 1:51 이하)라고 기뻐 뛰며 노래 불렀던 바로 그것이다. 찬가와 영광송들과 이런 종류의 것들에서 제한된 말은 참 예전적인 언어이고, 자신의 신랑을 찬양하는 교회의 혼례의 언어이다. 그리고 이 언어는, 예컨대, 복음전도나 교리교육에서 사람들에게 말하는 교회의 언어와는 다르고 또 마땅히 그래야 한다.

---

7) 방언은 교회의 삶에 관한 복음의 약속의 일부가 아니다. 그 반면에 예수에 따라 시행된 치유들은 자주 우리가 지역교회를 세울 때 만나는 풍족한 기쁨을 예고하는 기쁨의 폭발을 불러일으켰다.

2) 음성적인 표현의 범위

예전의 두 번째 범위는 '음성적인' 표현의 범위이다. 그것은 구어와 노래하는 말과 예전적인 침묵의 범위이다.

예배의식에서 우리는 말을 한다. 우리는 기도서를 읽고, 복음을 선포하고, 사도신조와 주의 기도와 시편과 교독문을 암송한다. 저마다의 수준에서 말은 그 말을 알아들을 수 있도록 또 예배의 공동체적인 특성을 위하여 저마다의 음색과 저마다의 리듬을 찾아야 한다.

예배에서 우리는 노래한다. 노래는 젤리노(P. Gélineau)가 말하였듯이, "공동체적인 표현의 정상적이고 대치될 수 없는 형식"[8]이다. 그리스도교 예배에는, 설령 이 노래들의 스타일이 수세기 동안 매우 다양해졌다고 하더라도, 그 공동체의 노래가 깃들어 있다. 그러나 공동체의 노래 외에도 역시 성직자의 노래 또는 단지 그들만의 노래가 있다. 나는 여기서 두 가지 점만 거론하려고 한다. 물론 노래를 전달하는 음악은 노래에 따라 표현되는 감정까지 전달한다. 그러나 그것은 특히 노래의 말들에 따른 것이다. 노래는 본질적으로 말해진 것의 매개물이다. 따라서 노래를 전달하는 음악에는 본질적으로 봉사적인 기능이 깃들어 있다. 그렇기 때문에 최고의 예배음악은 본문 그대로의 시편이나 찬가 등 예배의식에 허용된 노래이다. 그러므로 그리스도인의 노래를 담은 최상의 음악은 그레고리안 성가와 비슷한 형태일 것이다.[9] 이것은 다른 시대에서 교회생활을 나

---

8) "백성의 노래: 그 필요성과 그 아름다움," *La Maison-Dieu*, n° 60, 1959, p. 136.
9) Fr. Buchholz, *op. cit.*, p. 33; P. Brunner, *op. cit.*, p. 325. 또한 찬송가학의 문제를 다룬 *LEITURGIA*, vol. IV를 참조. 그레고리안 성가가 다른 성가들에 속하듯이, 성화상은 다른 형상들에 속한다고 말할 수 있을까?

타내는 또 다른 성가들, 곧 위그노 신자들의 시편, 루터교 합창, 여기에 내가 덧붙이고 싶은 것은 '흑인영가'의 "나는 저편에 내 집이 있네!"와 같은 "요단적인"(jordaniennes) 멜로디들이다. 그러나 나는 앵글로색슨 부흥사들의 노래는 덧붙이고 싶지 않다. 그것은 전부가 그리스도교 예배의 문화적인 책임을 포기한 것들이다. 다른 하나는, 한 가지 질문을 던지는 것이다. 곧 예배의식을 노래로 해야 하는가 말로 해야 하는가 하는 문제이다. 우리가 아는 대로, 그리스도교 예배의식의 전통에서 중요한 부분은 노래로 되어 있다. 이런 방식을 정당화하기 위하여 많은 논의가 있었다. 우리는 교회가 언제나 자신의 기도를 위한—유대교 예배의 유산인—영창을 알고 있었음을 기억한다. 신학적으로는 예배에서 음악의 주된 기능은 그것이 지시하는 힘이 된다는 것, 다시 말해서, 음악적인 음색에 따라 이해된 말은 말해진 말보다 훨씬 더 지시하는 힘(puissance ordonnatrice)이 있다는 것이다.[10] 목회적인 관점에서는 예배의식이 노래로 될 때 목사는 그것이 말로 될 때보다 자기 방식대로 그것을 수식하는 일이 좀 어려울 수 있다. 또한 개혁교회 신자들이 회중 앞에서 노래하는 것보다는 말하는 것이 더 쉽다고 생각하는 것에 대해, 그것은 그들이 오해한 때문이라고 말하는 것도 타당하다.[11] 그러나 노래로 드려지는 예배의식이든 단지 말로만 하는 예배의식이든 비난하는 것은 잘못이다. 양쪽 모두가 배타적이 되지 않는 한에서 타당하다.

예배 안에서 우리는 침묵한다. 예전적인 침묵 역시 그리스도교 예배에서 그 자리를 갖는다. 곧 하나님의 평화 안에서의 묵상, 오시

---

10) P. Brunner, *op. cit.*, p. 321을 참조.
11) H. Asmussen, *op. cit.*, p. 146을 참조.

는 하나님 앞에서의 침묵이다.12) 이것은 '교회 안에서 여자의 침묵'(taceat mulier in ecclesia)과는 아무런 관계가 없다. 실제로 이 침묵은 '여신도들'을 침묵하게 하는, 곧 예배의식의 전통들에서처럼 성직자들이 '구별된 소리'(voce secreta)로 예배를 집례할 때 평신도들을 침묵하게 하는, 그런 침묵도 아니다. 마치 다른 회중들은 처음부터 끝까지 예배의식에 참여할 수 있는 권리가 없다는 것처럼 말이다. 이 침묵에서는 받아들이려는 태도와 마음을 가라앉히려는 태도, 그리고 마치 빛깔들이 빛의 분산인 것처럼 말하는 말과 노래로 된 말은 침묵을 분산시키는 것이라 생각하는 그런 충실한 태도가 문제다.13)

3) 시각적인 표현의 범위

예전의 형식화 세 번째는 시각적인 표현의 범위이다. 이것은 예배 장소에 대하여 말할 때 다시 다루어야 할 문제다. 언어적인 표현의 범위와 음성적인 표현의 범위에 비하면 '시각적' 표현의 범위는 확실히 부차적이다.14) "그가 듣는 동안 보지 못한 이는 중요한 어떤 것을 포기해야 하는 것"이 사실이지만 말이다.15) 게다가 그리스도 안에서 하나님이 성육신하신 것은 단순히 듣게 하시려는 것 때문이 아니었다. 단지 이것을 위해서라면 성육신하실 필요가 없었을 것이다.16) 그 이상으로, 성육신하신 것은 자신을 볼 수 있도록 하기 위

---

12) 시편 37:7, 사 41:1, 애 3:26, 히 2:20, 습 1:7, 막 4:39, 계 8:1을 참조.
13) 예컨대, W. Bieder, "Zur Deutung des kirchlichen Schweigens bei Inatius von Antiochien," *Th. Z.* N° 1/1956, p. 28-43. 또한 O. Haendler, *op. cit.*, p. 163을 참조.
14) "구원의 사건을 위하여 시각적인 요소는 청각적인 요소만큼의 중요성을 갖지 않는다."(P. Brunner. *op. cit.*, p. 328.)
15) H. Asmussen, *op. cit.*, p. 150. 역시 R. Paquier, *op. cit.*, p. 21을 참조.
16) 마 17:5, 눅 3:22, 막 9:7, 눅 9:35, 23:8-28을 참조.

함이셨음을 뜻한다.[17] 예수께서는 단지 하나님의 말씀만이 아니다. 그분은 보이지 않는 하나님의 형상이시기도 하다.[18] 그리고 소경들을 볼 수 있도록 하신 것도 잊어서는 안 된다. 그렇지만 시각적인 범위는 하나님이 행동하시기 위하여 단지 말씀뿐만이 아니라 성례전적인 요소들과 같은 표시들과 그 요소들을 설명하고 정확히 해주는 상징적인 행위들을 사용하시기 때문에 교회가 하나님의 은총 행위에 응답하려고 예전적인 행위들을 비축하고 있다고 말할 수는 없다.

4) 동작적인 표현의 범위

'동작적인' 표현의 범위는 자세와 동작과 운동의 범위로 여기서 거론하려는 네 번째이자 마지막 범위이다. 예배에서 신앙은 동작으로 표현이 되어야 하는데, 그것은 영적인 겸손이라기보다는 도케티즘적인 경향이다. 1671년 율리히(Jülich)와 베르그(Berg)의 교회 법령은 "공중기도는 매우 특별하게 마음을 모아 해야 한다."라고 말하고, 거기에 덧붙여서 "무릎을 꿇든지 똑바로 서든지 또는 겸손을 밖으로 내보이는 다른 행위들로"[19] 해야 한다고 말했다. 피터 브룬너가 엎드림—이것은 모든 동작의 범위와 관계된다—에 대하여 말하면서 "사람의 몸은 사람이 계시의 사건에 따라 행하는 영적인 응답 속에 맡겨져 있다."고 지적한 것은 타당하다.[20] 이런 가정이 등한시되어서는 안 된다. 물론 자세, 동작, 운동은 그 내용이 없을 수 있다

---

17) 막 16:14, 눅 2:26, 19:3, 23:8, 요 6:40, 12:21-45, 14:9, 20:20:29, 요일 1:1 등
18) J. Ph. Ramseyer의 훌륭한 저서, *La Parole et l'image*, Neuchâtel를 참조.
19) *Apud*, W. Niesel, *op. cit.*, p. 319.
20) *op. cit..*, p. 266.

(마치 신앙이 없는 교리가 있을 수 있듯이). 그러나 자세와 동작과 운동이 없는 교회 예배의식은 그 내용을 상실할 위험이 있다. 그것은 더 이상 내용을 담는 그릇이 아니거나 내용을 거스르는 그릇이기 때문이다(만일 신앙이 교리에 따라 제한되고 지탱되지 않는다면 고갈되어 버리는 것과 같다). 따라서 예전적인 감각(신앙, 회개, 감사의 행위, 기원, 경배)과 이 감각의 동작적인 표현 사이의 일치와 조화는 필연적으로 위선의 원천이 아니라(분명히 이런 동작적인 표현들이 위선처럼 보일지라도), 예배의식에 필수적인 것이다.[21] 이 동작적인 표현의 범위를 어떻게 더 세분할 수 있는가?

우선, 예전적인 자세의 범위가 있다. 이것은 일어서거나 앉거나 무릎을 꿇는 것이다. 우리는 주님께 간구하고, 복음을 듣고, 신앙을 고백하고, 성만찬 제정에 영광을 돌리고, 부활의 기쁨에 동참하여 찬송을 부르려고 일어선다. 우리는 읽고(복음서 봉독을 제외하고), 설교할 때 앉는다. 그리고 예배의 다른 때는 무릎을 꿇는다. 무릎 꿇는 일을 다시 찾지 못하는 한, 자세들의 활동과 리듬은 언제나 인위적인 어떤 것일 수밖에 없을 것이다. 예전적인 자세들에서 우리는 예배를 집례하는 이의 위치도 생각할 수 있다. 곧 용서를 선언하고, 읽고, 설교하고, 성만찬을 베풀고, 축복을 베풀려고 사람들과 마주선다. 또 사람들을 대표해서 기도할 때는 그들을 등지고 선다.

두 번째로, 예전적인 동작의 범위가 있다. 그것은 다양하다. 기도

---

21) "회중이나 어떤 신자들의 무릎 꿇기가 거의 모든 종교개혁교회에서 잘못된 행보로서 고려되고 있음을 주목하는 것은 흥미 있는 일이다. 그렇지만 많은 신자들은 무릎을 꿇기를 간절히 바라고 있다. 우리는 잘못된 점잖음, 곧 공개적으로 신앙을 고백할 수 없다는 사실에서 그 근원을 갖는 점잖음의 포로가 되었다"고 H. Asmussen은 정확하게 지적한다. *op. cit.*, p. 162. 또한 P. R. Musculus, *La prière des mains*, Paris, 1938, p. 191 이하 참조.

를 위하여 손을 한 데 모으거나 팔을 벌려 위로 쳐드는 것이 있고, 떡을 떼고 잔을 들어 축사하고 겸손하게 받아먹는 성만찬적인 동작이 있다. 그리고 축복기도의 동작이 있다. 또한 개혁교회 신자들인 우리들은 십자가 표시도 언급하지 않으면 안 될 것이다.[22]

마지막으로, 운동 곧 이동의 범위가 있다. 성직자들이 들어오고 나가는 행렬, 성만찬상에서 성경봉독대나 강단으로 가는 운동, 헌금을 걷기 위한 행렬(분병과 배잔을 위한 행렬), 성만찬을 위한 사람들의 움직임, 예배가 시작되기 전과 끝나고 난 뒤의 묵상도 빠뜨릴 수 없다. 이 모든 것들은 하찮은 것이거나 형식적인(géométrique) 것이 아니다. 그것들은 예배의 일부를 이루고 있는 예전적인 표현들이다. 여기에 절대적인 기준이 있는 것은 아니다. 그러나 이것은 우리가 하기로 결정한 방식을 신학적으로 정당화할 수 있어야 함을 뜻한다.[23]

3.
예전적인 표현에서 엄밀함과 자유

지금 제기되는 문제는, 예배의 성격이 수많은 형식들의 예배로 보호되고 표현될 수 있는지, 또는 한 가지 형식의 예배만이 예배의 성격을 표현하고 보호할 수 있는지, 또는 예배의 표현과 보호는 준수

---

22) D. 본회퍼는 *Résistance et soumission*, Genève 1963, p. 70에서 "나는 아침과 저녁 기도 드릴 때에 십자가 표시를 함으로써 하나님의 도우심을 아주 자연스럽게 느낀다."고 말한다 —물론 그 혼자만이 그렇게 말하는 것은 아니다.
23) 이 문제에 관해서는 S. Walter/J. Baumgartner, *Tanz vor dem Herrn*, Zürich, 1974을 참조.

되어야 하는 정확한 규범들 안에서 다양한 방식들을 합법적으로 만들 수 있는지를, 알고자 하는 것이다. 이 질문에 답하기 위하여, 먼저 예전적인 표현 규범들을 검토하고, 이어서 예전적인 창조성 (créativité)의 가능성과 한계를 검토할 것이다. 이것은 예배란 개혁될 수 있음을 뜻한다.

그리스도교 예배는 인간의 필요에 근거한 것이 아니라 하나님의 뜻에 근거한다. 그것은 호소(appel)라기보다는 순종이다. 그렇기 때문에 그것의 형식화는 우리가 예전적인 규범들의 필요성과 한계들이라고 한 그것을 준수해야 할 어떤 규범들을 따르는 것이다. 이 규범들은 어떤 것들인가?

첫째로 가장 중요한 것은, 다른 것들을 지배하고 정당화하는 것이다. 그것은 성서적인 충실성이다. 확실히 신약성서는 일반적으로 생각하는 그 이상으로 많은 예전적인 본문들을 담고 있지만, 사도적인 교회[24]의 예배의식을 확장하려고는(*in extenso*) 하지 않았다. 그러나 신약성서는 예배가 그리스도교 예배답게 드려지도록 그 내부에 다소간 적절하고 순종적인 경계표를 세우고 있다. 이 한계들은 다음과 같다. 우선, 예수 그리스도의 이름으로 모여서 그분의 승리를 축하하고 그분의 임재를 기원해야 한다. 따라서 예배 집례자의 의도는 그리스도교 예배를 집례하는 것이어야 한다. 둘째로, 이 예배는 신자들을 사도들의 가르침 안에 있도록 해야 한다. 셋째로, 신자들이 떡을 뗄 때 그리스도의 몸과 교통하도록 해야 한다. 넷째로, 교회의 기도들을 모아 하나님께 바쳐야 한다. 마지막으로, 그냥 나

---

[24] 이 모든 문제에 관해서는, P. Brunner의 주목할 만한 글인 "Die dogmatische Begründung der Gestalt," *op. cit.*, p. 268-283을 참조.

란히 앉아 있는 남자와 여자들의 모임이 아니라 그들을 공동체 삶으로 끌어들이고 증언할 수 있도록 해야 한다. 나중에 말한 이 네 가지 특징들이 첫 번째 특징을 가능하게 한다. 그리스도인이 되려면 예배는 이 한계들과 이 한계들 안에 합법적으로 놓여 있는 모든 것 사이에서 진행되어야 한다. 이런 것들에 반박당하지만 않는다면 모두 [25] '그리스도교적인' 예배의식이라고 표현할 수 있는 권리가 있다.

그러나 이것으로 모든 것을 다 말한 것은 아니다. 그것은 기초적인 것이다. 그리고 이 토대는 예전적인 표현을 위하여 끌어온 세 가지 형식들을 적용하고 정당화하고 통제할 수 있게 하는데, 그 첫 번째가 전통에 대한 존중이다. 예배를 드릴 때, 우리는 언제나 도처에 있는 교회와 함께 하며, 이 공동체에 참여한다. 예전적인 전통을 존중한다는 것은, 다음 네 가지를 뜻한다. 우선, 과거에 하나님께서 교회를 가르쳐 주시고, 영감을 주시며, 교회를 인도하신 것에 대하여 '감사'하는 것이다. 그 때문에 예배와 예배의 순간들 속에서 고전적이라 할 수 있는 형식들, 곧—핸들러(O. Haendler)의 말을 빌리자면—교회가 끊임없이 사용함에도 불구하고 결코 그 진액이 마르지 않는 신학적인 충만성, 인간학적인 충만성, 그리고 기념비적인 예배의식의 중요성을 지닌 형식들이 있을 수 있다.[26] 우리는 모든 예배

---

[25] 그것들은 표현의 효능뿐만 아니라, 보호의 효능, 논쟁적인 측면도 갖고 있기 때문이다. 이렇게 예배가 교회에게 사도들의 가르침을 비난하도록 한다거나 또는 그들이 알지 못하며 또 그들의 가르침에 모순되는 교리들을 지지하라고 할 때, 떡을 떼는 것이 없거나 또는 평신도들을 성만찬에 참여하도록 하지 않을 때, 예수 그리스도 안에서 완전하게 계시된 하나님께 기도하는 것이 아닐 때, 예배에 참여하도록 하는 허락이 세례 이외의 다른 조건들, 예컨대, 인종적이거나 사회적인 조건 등에 종속될 때, 예배는 자신의 규범들에서 벗어나 타락하고 그리스도교의 정신을 상실하게 된다.

[26] *Op. cit.*, p. 118; 또한 W. Hahn, *op. cit.*, p. 41을 참조.

의식에서 그것들을 되찾는다. 그것은 전통에 대한 존중(piété filiale)이나 상상력의 결핍 때문이 아니다. 그것들의 포기가 해방을 가져다주는 것이 아니라 상실을 가져오기 때문이다. 두 번째로, 예전적인 전통을 존중하는 것은 이 전통에 관하여 '자유롭게 되고자' 하는 것을 뜻한다. 만일 고대 그리스도교의 아름다운 송영이 황금이라면, 그것은 황금사슬이라기보다는 황금조각이다. 말하자면, 예전적인 전통에 대한 존중은 예전적인 형식화에서 옛것의 모방이 아니다. 그와 반대로, 교부들이 그리스도인의 구원을 찬양하기 위하여 모였을 때 말한 그것을 오늘 새로운 방식으로 다시 말하도록 하는 것이다.[27] 그것은 다른 것을 말하거나 다른 것을 행하는 문제가 아니다. 또 만일 예배가 다른 세상에 접근하는 것을 허락한다면, 그것은 지나간 세상이 아니라 장차 올 세상이다. 예전적인 전통을 존중하는 것, 곧 전통 규범에 예배를 종속시키는 것은 세 번째로 '예배를 그리스도교 일치의 관점에서 이해하는 것'이다. 그러므로 사랑의 관점에서 이해하는 것을 뜻한다. 따라서 문제는 개혁교회 예배나 동방정교회 예배, 또는 로마가톨릭교회나 루터교 예배, 또는 영국성공회 예배를 형식화하는 것이 아니라, 그리스도교 예배를 형식화한다는 사실이다. 예배의 신앙고백적인 측면에 대한 연구들은 희망이 없는 연구들이다. 물론 지금 여기서(hic et nunc) 예배를 드리는 이들을 고려하지 않고 예배를 형식화하기를 바라는 것은 불가능하다. 그러므로 분열 속에서는 한순간도 예배를 드릴 수 없다는 사실을 고려하지 않고는 예배를 형식화하는 것이 불가능하다. 그러나 예배를 전통 규범에 따르게 하는 것은 모든 신앙고백들 속에서 예배가 그리

---

[27] H. Asmussen, *op. cit.*, p. 116을 참조.

스도교 일치의 호소이고 기다림이 될 수 있도록 결정적이고 규범적인 교파주의로부터 해방시키려는 것이다. 이것은 예배가 다른 신앙고백에 대하여 비판할 권리가 없음을 뜻하는 것이 아니다. 하지만 우리가 대적하는 예배들로부터 예배를 구별해야 한다는 것은 그 예배들 속에 있는 그리스도교적인 것을 포기하는 것이 아니다. 그 예배들 안에 있는 이교적인 것이거나, 적어도 신앙의 순수성을 위협하는 것을 포기하는 것을 말한다. 남용은 사용을 배제하는 것이 아니다!(*Abusus non tollit usum!*) 예컨대, 성만찬을 베푸는 로마가톨릭적인 방식이 성만찬 그 자체에 관하여 의심케 하는 것은 아니라는 사실이다. 마지막으로, 예전적인 형식화의 규범으로서 전통의 중요성에 관하여 말하고자 하는 것은 이것이다. 곧 이 규범이 존중되는 곳에서 예배의 성직제도화는 틀림없이 피할 수 없으나, 그것은 어떤 성공의 기회들과는 겨룰 수 있다. 예배를 집례하는 목사는 예배를 자기 멋대로 형식화할 수 없고, 그것을 성직자적인 백성인 교회가 이해하도록 집례해야 하기 때문이다. 전통적인 예배, 다시 말하여, 교회 예배의식의 상실은 틀림없이 예배 집례자의 주관적인 독단과 변화의 증가를 저지하려는 칼빈의 제한에도 불구하고 예배의 철저한 성직제도화를 야기했다.[28]

그러나 그리스도교 예배의 성서적인 규범들 안에서 그리스도교 예배는 단지 교회의 과거, 곧 전통과 관련해서만 규정되는 것은 아니다. 교회의 미래인 하나님 나라와 관련해서도 규정된다. 하지만 이 점이 지나치게 강조될 수는 없다. 예배 안에서 하나님 나라의 현재는 예전적인 형식화를 위하여 절대적으로 꼭 필요한 규범이다.

---

[28] C. W. Maxwell, *op. cit.*, p. 115, 루터교와 개혁교회들에서 예배의식의 발전.

예배는 미래가 현재 속에서 싹을 내기 바라는 탁월한 장소와 때이어야 한다. 그 형식 속에서 신약성서가 아주 자주 말하는 그 기쁨(AGALLIASIS, 행 2:46, 16:34 등 참조)이 넘쳐날 수 있어야 한다. 드니 드 루즈몽(Denis de Rougemont)은 이렇게 표현하였다: "오, 춤을 추자! 영혼이 깃든 동작을 밖으로 표현하자!"[29] 이것을 풀어 설명하면 이렇게 말할 수 있을 것이다: "오 예배하자! 하나님 나라를 형식으로 드러내자!" 예전적인 형식화의 규범인 이 하나님 나라의 제시는 무엇보다도 예배의 혼례적인 특성에서 드러난다. 사실 사람들은 거기서 메시아적인 식탁에 나아가고 화해하게 된다. 다시 말하면, 이 세상에서 그들을 갈라서게 했던 것들을 넘어서서 모이게 하는데, 그것은 나중에 좀 더 상세하게 다루게 될 모든 예전적인 상징들을 사용함으로써 그렇게 된다. 여기서는 예배 안에서 상징들이 예배의 종말론적인 특성을 그럭저럭 표현할 기능을 가지고 있고, 상징들을 불신하는 예배는 틀림없이 그 희망의 차원을 상실할 위험이 있다는 것, 곧 미래를 더 이상 받아들일 수 없는 위험이 있음을 지적하는 것으로 충분하다. 사실 우리가 예배를 어린 양의 혼인잔치로 인도하지 않는다면, 그것은 상징들이 지니는 분명한 모호성을 두려워하기 때문이다. 이렇게 말해도 좋을지 모르지만, 그것은 교회가 신부의 예복을 입는 것을 다시는 허용하지 않는 것을 말한다. 거꾸로 말하면, 이것은 교회의 종말론적인 차원에 대한 새로운 의식의 각성이 자동적으로 예전적인 상징들을 끌어들였다는 사실에서 나타난다.

우리는 신약성서의 예전적인 규범을 따른 예전적인 표현이 교회

---

29) D. de Rougemont, *Le paysan du Danube*.

의 과거와 미래 때문에 규정된다는 사실을 살펴보았다. 결국 현재도 파생적으로 예전적인 형식화의 규범임을 말하지 않으면 안 된다. 교회는 그 예배 때문에 그 순례를 지금 여기서(*hic et nunc*) 고백한다. 그러므로 교회는 자신에게 언제나 새롭게 영감을 불어넣어 주시는 하나님의 영 때문에 기도와 찬송과 상징들로써 자신을 표현할 권리와 의무를 갖는다. 그러나 여기서 다시 한 번 고려되어야 할 것은 실행되는 예배의 신앙고백적인 특징이다. 이것은 한 민족이나 한 시대의 재능(génie)이 교회 예배 안에서 받아들여져 스스로를 재발견하고 표현하도록 하는 일이다. 그렇기 때문에 교회가 드리는 예배의 깊은 통일성에도 불구하고, 예배는 획일적이어서는 안 되고 또 그럴 수도 없다. 따라서 마다가스카르의 예배는 스칸디나비아의 예배와 다른 방식으로 형식화되는 것이 바람직하다. 또 20세기의 예배는 3세기의 예배나 11세기의 예배와 다른 방식으로 형식화되는 것이 당연하다. 오토 핸들러의 다음과 같은 지적은 정확한 말이다: "기도하는 사람은 그 자신이 의례적인 주문(呪文)에 따라서 표출되는 어제 속으로 되돌아가는 것이 아니라, 자신의 '오늘' 속에서 질문받는다는 것을 안다."[30]

4.
예전적인 형식화의 조건

예전적인 형식화가 단지 어떤 규범들만 따르는 것은 아니다. 비록

---
30) O. Haendler, *op. cit.*

필요불가결한 것(sine qua non)은 아닐지라도, 그래도 무게 있는 어떤 조건들을 따르기도 한다. 이 조건들은 명료성과 단순성과 아름다움이다.

1) 명료성

예배는 공동체적이기 때문에 모든 회중은 예배 안에서 무엇이 일어나는가를 알아야 한다. 예배의 이런 '명료성'은 세 가지 면에서 고려되어야 한다.

먼저, 사람들이 예배 안에서 일어나는 것을 이해해야 한다. 우리는 예배의 필수적인 단순성에 대하여 말할 때 이 문제를 다시 다룰 것이다. 여기서는 다만 예배가 신앙교리교육(catéchèse)을 실행하는 최상의 자리일 수 있다는 것만 지적하고자 한다. 기도하는 법칙은 믿음의 법칙이다(Lex orandi, lex credendi). 바로 이 예배를 설명함으로써 우리는 구원의 역사와 교회의 성격과 세상에서 교회의 선교를 설명할 수 있다. 이것은 우리가 앞의 세 장에서 말한 것들을 상기시킨다.

다음으로, 사람들은 예배의 언어를 이해해야 한다. 다시 말해서, 예배가 예배드리는 이들의 일상 언어로 드려지도록 고풍스런 형식들을 벗어 버리려고 애써야 한다. "그러므로 거룩한 모임에서 낯선 언어를 사용해서는 안 되고, 모든 것을 통속적인 언어로 진행하여 그곳에 모인 모든 회중이 알아들을 수 있도록 해야 한다."[31] 우리는 예전적인 언어로 시간과 공간 속에 있는 구원의 일치를 나타내려는 의지와, 예전적인 언어로 드려지는 예배가 참으로 그것을 실행하

---

31) Calvin, *op. cit.*

는 모임의 예배가 되도록 의미를 부여하려는 의지 사이에 어떤 갈등이 있을 수 있음을 안다.[32] 하지만 사도들의 시대에 교회가 어떤 거룩한 언어—예컨대, 히브리어—가 따로 있다고 생각하지 않았고, 오히려 모든 인간의 언어가 복음의 담지자가 되어 거룩해질 수 있음을 확증하였기 때문에, 예배를 드리는 이들의 일상 언어로 예배가 드려져야 한다는 것은 형식화의 중요한 조건으로 주장되어야 한다.

세 번째, 사람들은 예배 안에서 말해지는 것을 들어야 한다. 우리는 9세기 이후부터 사제가 어떤 기도들을 침묵으로 드리기 시작하였음을 알고 있다. 목사를 포함하여 저마다 예배 가운데 사적으로 묵상하는 기회를 갖는 것은 정상이다. 그러나 정상이 아닌 것은, 사람들이 교회의 기도 일부를 이루는 어떤 기도들에서 배제되는 것이다. 사실 그런 배제를 통하여 사람들은 자신들이 받은 세례의 자격을 박탈당한다. 따라서 그것은 그들의 예전적인 자격을 박탈하는 것이나 마찬가지다. 곧 그것은 세례 받은 사람들을 모독하는 것이다.

2) 단순성

예전적인 형식화의 두 번째 조건은 '단순성'이다. 물론 도시사람의 예배가 시골사람의 예배보다 형식적인 면에서 더 세련되고, 또한 지역사회에 살고 있는 신자들의 예배가 도시교구에 살고 있는 신자들의 예배보다 더 많은 요소와 상징들을 포함하고 있다는 것은 옳은 말이다. 그래도 역시 단순성은 예전적인 형식화의 중요한 조건이다. 단순성은 무미건조함이나 형식적인 태만, 또는 형식에 관한 도

---

32) Vatican II를 참조.

케티즘적인 초조함과 혼동되어서는 안 된다. 그것은 오히려 그 중심을 향하고자 하는 예배의 방향정위적인 의지이고 집중이다. 또한 우리는 예배란 만물을 요약하시는 하나님 안에서 바로 그분의 사역을 진솔하게 요약하는 것임을 밝히는 것이라고 말할 수도 있다. 여기서부터 모든 이상한 것들(baroquisme)에 대하여 질서를 세우고, 추려내고, 잘라내는 일이 가능하다. 또 상징들에 관해서도 큰 주의를 가지고 대하게 된다. 그들의 중요성과 능력을 우리가 알기 때문이다. 예전적인 단순성은 우선 예전적인 복잡성에 대한 반대가 아니라, 예전적인 분산에 대한 반대이다. 다른 말로 하면, 예전적인 형식화의 두 번째 조건은 예배 요소들 사이의 관계를 조정하는 질서(hiérarchie)를 존중하는 것이다. 예배는 그 절정의 때를 향하여 진행하는 것을 나타내도록 형식화된다. 그리고 그 "정점"에서부터는 그 절정의 지점에 이르러 세상에서의 증거를 목적으로 편히 쉬고 양분을 취하는 것을 나타낸다. 그런데 이 예배의 "정점"은 성만찬이다. 따라서 예배가 좀 더 나은 성만찬을 준비하고 또 성만찬이 좀 더 기쁘고 좀 더 생생한 것이 되게 하려면, 더욱 더 "단순한 것"이 되어야 할 것이다.

3) 아름다움

예전적인 형식화의 마지막 조건은 '아름다움'이다. 나는 아름다움이 올가미(겔 16:15, 28:17)가 될 수 있다는 것 때문에, 그리고 그것이 초자연적인 세력들에 대한 탐욕을 야기하며, 심미주의와 예배의식 사이에 결탁이 있을 경우 위험한 것이 될 수도 있기에, 이 조건을 제안하는 데 약간 주저하였다. 그렇지만 나는 예배의 형식화가 반드시 아름다움을 추구해야 한다고 생각한다. 예전적인 형식화가 혼례의 준비과정 속에 자리 잡고 있기 때문이다. 또 교회의 자기 표현인 예배에서 교회가 자신의 주님 앞에 "티나 주름이나 또 그와 같은 것들이 하나도 없이 영광스럽게"(엡 5:27) 나서도록 부름 받았기 때문이다. 다만 이 아름다움이 예배의 명료성을 위하고 예배의 단순성을 표현하기 위한 것이란 사실을 이해해야 한다. 라뮈즈(C. F. Ramuz)는 어떤 곳에서 낭만적인 심미주의를 비난하였다. "아름다우려면 풍부해야 한다"고 생각하였기 때문이다. 예배를 아름답게 한다는 것은, 그것을 풍부하게 하는 것이 아니라 정결하게 하는 것을 뜻한다. 참 아름다움은 정화의 수련장(école)이다. 그것은 자신을 의롭다하는 모든 것과 싸운다. 그것은 육체적인 향락과 심미적이고 기형적인 성장에 대하여 엄격한 우아함과 조화를 갖추는 것이다. 그렇기 때문에 그것은 예배를 아름답게 하려고 애쓰지 않는다. 오히려 예배가 참된 것이라면, 아름답지 않을 수 없음을 가리키려고 애쓴다. 그러나 예전적인 아름다움이 단지 모든 심미적이고 자기중심적인 의에 대해서만 항거하는 것은 아니다. 그것은 또한 무관심과 조잡함, 그리고 난잡함과 예전적인 "몰염치"(bonne franquette)에 대해서도 반대한다. 예배 안에서 주님께서 말을 걸어오시는 방식(tutoiement)은 등 뒤를 탁 치며 말을 거는 그런 방식이 아니다. 격을 갖춰 진실로 친밀하게 말을 거는 방식이다. 게다가 예배가 주님과 교회 사이의 만남이라는 바로 그 사실이 이 만남을 고상하게 하고 현재하시는 주님을 영화롭게 할 것을 요청한다. 내가 말하고자 하는 것은, 아름다움이 예전적인 형식화의 조건이 된다는 사실이다. 내가 말하는 예배는, 그것이 믿음과 소망과 사랑으로 드려진다면 아름다움을 낳게 되는 예배이다. 또한 그 자체를 목적으로 하는 심미주의에 관해서 뿐만이 아니라 저속한 것에 관해서도 비판할 줄 아는 예배이다. 예배가 끊임없이 아름다워지려면 아주 가난해질 수밖에 없다. 예배가 풍요해지는 것을 동경한다면 아마 아름다워지기를 멈추고 말 것이다. 가난한 것은 초라한 것도 아니고 슬픈 것도 아니고 값싼 것도 아니다. 가난은 형식이나 상징들이 아니라, 겉치레와 자기 정당화를 벗어던지는 것을 뜻한다.

5. 예전적인 형식화에서 자유의 한계

예전적인 형식화는 엄격한 동시에 자유롭다. 엄격한 것은 그리스도교 교회 예배이기 때문이고, 자유로운 것은 예배의식이 종말론적인 놀이, 곧 사람들이 이 땅 위에서 놀도록 초대된 모든 놀이 가운데서 최고로 아름다운 놀이이기 때문이다. 그러나 놀이가 방종이나 난장판이나 싸움판으로 변질되지 않도록 규율을 따르는 자유가 필요하다. 원시 그리스도교 예배와 제1세기 예배가 그러하였다. 이것은 오늘 예배를 레일을 벗어나 대파국을 일으킬지도 모르는 기차의 모습을 떠올리며 이해하는 이들에게는 놀라운 일이다. 더 정확히 말하면, 그들은 예배를 마치 자동차로 대초원을 제멋대로 탐험하는 것이라 생각한다. 피터 브룬너의 훌륭한 표현을 따르면, "복음에 얽매인 이들의 '자유'와 동시에 복음이 자유케 한 이들의 속박을 진솔하게 받아들이는 것이 필요하다."

우리는 지금까지 예배가 그리스도교적인 것이 되려면 어떤 규범들과 어떤 조건들을 따라야 하는지를 살펴보았다. 예배 형식은 그것이 표현해야 할 내용과 긴밀하고 필수적이고 자동적으로 연결되어 있기 때문이다. 이제 여기서 강조하고자 하는 것은, 이 규범들과 이 조건들이 죄수복이 아니라는 것이다. 그것들은 자유와 상반된 것들이 아니다.

그러나 어떤 한계들 속에서 이 자유를 나타낼 수 있고 또 나타내야 하는가? 우선 그것은 장소와 시간이라는 허용된 변화 속에서 나타나야 한다. 이것은 단지 예전적인 언어의 수준에서만이 아니다. 감사와 중보의 행위 속에서 나타나는 관심사의 수준에서, 그리고 예배가 지속되는 내내 음악에서 나타나는 취향(goût)의 수준에서 그렇다. 그레고와르 델비르(Grégoire d'Elvire)가 요셉의 옷과 예수의 옷을 놀랍도록 비교한 것을 인용한다면, "예식"에 관한 이 방대한 문제는 재봉하지 않은 옷의 다양한 색깔들을 망가뜨리지 않고 나타내는 일이다.[33] 설령 종교개혁이 때로 과도하게 "예식"의 자유를 강조하고, 때로 형식과 이 형식으로 표현되는 내용이 서로 뗄 수 없게 연결되어 있음을 의심한다고 할지라도, 관심사들이나 취향들이나 한 장소와 한 시대의 문화는 예배의 형식 속에서 그 자체를 드러내야 할 파기할 수 없는 권리를 가지고 있음을 말하지 않으면 안 된다. 그 때 이 자유의 한계들은—언제나 그리스도교의 예전적인 형식화의 규범들과 조건들을 존중하는 일에서—교회일치의 한계들이다. 그러나 이 일치는 획일성이 아니다.

흥미로운 것은, 예전적인 형식화에서 이 자유가 성직자의 개인적

---

[33] H. de Lubac, *Catholicisme*, Paris, p. 254에서 인용.

인 특성과 관련이 있다는 사실이다. "실제적으로, 영적으로 강요당한다"[34]고 느낄 때만 합법적이라고 말하는 빠끼에르(R. Paquier)의 말이 과장이기는 하지만, 그래도 많은 기도들이 성령의 감화에 따르기보다는 오히려 목회적인 교만과 성직자적인 과시에서 비롯되는 것임을 말하지 않으면 안 될 것이다. 물론 그것들이 사실 검토에 앞서서(*a priori*) 배제되어서는 안 된다. 예배 인도자는 자신이 인도하는 것이 교회의 기도임을 잊어서는 안 된다. 그렇기 때문에 자유로운 기도시간을 예배순서 속에 넣지 싶지 않을 경우, 규칙을 따라서 교회에서 받아들인 예배서에 따라 규정된 기도들을 드리고자 고수할 것이다. 그러나 규칙에서 예배 인도자는 교회가 공식적으로 받아들인 예배모범을 따라 예배를 집례해야 한다. 사실 예배를 위하여 모인 그리스도인들은 교회의 공식적인 예배에 참여할 권리가 있기 때문이다.

6.
예배갱신의 가능성

그리스도교 예배는 통째로 개혁될 수 없다. 우리는 성경봉독을 그 자체로서는 개혁할 수 없다. 우리가 개혁할 수 있는 것은 성서일과집이다. 예컨대, 삼위일체 하나님을 부르지 않거나 물을 사용하지 않고 세례를 베풀자고 결정할 수 없고, 그런 식으로 세례예식을 개혁할 수도 없다. 우리가 개혁할 수 있는 것은, 그 예식을 둘러싸고

---
[34] *Op. cit.*, p. 82 이하.

있는 세례의 상징체계이다. 예컨대, 떡과 포도주가 아닌 어떤 것을 선택함으로써 성만찬을 개혁할 수는 없다. 우리가 개혁할 수 있는 것은, 성만찬 기도나 예식의 진행이다. 말하자면, 예배에서 갱신 가능한 요소들과 그럴 수 없는 것들이 있다는 사실이다. 예배에서 갱신할 수 있는 것은, 우리가 예배의 희생적인 요소라고 부를 수 있는 것이다. 그것 때문에 교회는 은혜를 받고 또 받은 은혜에 응답하게 된다. 예배의 성례전적인 요소는—이것 때문에 교회는 은혜를 입게 되는데—주님께서 은혜 곧 말씀과 성례전을 전달하기 위하여 제정하신 것으로 갱신할 수 있는 것이 아니다. 그러므로 예배의 갱신 가능성은 존중되어야 할 예전적인 사건에 따라 제한된다. 그러나 이 제기된 범위 안에서 예배의 갱신 가능성은 주장되고 끈기 있게 수호되어야 한다. 물론 예전적인 시도들을 증가시키려는 것이나 예전적인 불안을 조장하려는 것이 아니다. 이것은 예배가 반드시 그래야 하는 것이 되도록 하기 위해서다. 곧 예배갱신의 가능성은 우리가 앞서 거론한 예배의식의 형식화 규범들과 조건들을 엄격하게 따르는 것이다. 성서적인 충실성, 전통의 존중, 예배의 종말론적인 특성에 대한 존중, 일정한 문화의 시간 속에 있는 교회의 지금 여기에 대한 깊이 있는 존중, 명료성과 단순성과 아름다움의 조건들에 대한 존중이 그것이다. 그런데 이 예배갱신의 가능성은 개개인의 일이 아니다. 그것은 교회에 맡겨져 있다. 그리고 교회는 이런 확신을 감당해 내야 한다.

7.
예전적인 형식화의 대가

"너희는 먼저 하나님의 나라와 그분의 의를 구하여라. 그리하면 이 모든 것을 너희에게 더하여 주실 것이다"(마 6:33). 하나님 나라에 대한 탐구이기도 한 예전적인 형식화에는 은혜의 대가처럼 거저 주어지는—선하고 아름다운 대가로서 받게 되는—풍성함(surcroît)이 있다. 이 풍성함은 문화를 자극하고 영감을 불어넣어 주는 예배의 능력이다. 그 예로서, 이 문제가 지닌 세 가지 양상만 거론하기로 한다.

1) 취향의 수련장

우선, 예배는 취향의 수련장이다. "막스 뚜리앙(Max Thurian)이 지적하였듯이, 예배의식을 베푸는 곳은 복음주의적인 단순성이 제시하는 차원들 안에서 그리스도교의 심미적인 표현을 만들어 내는 특권적인 장소이다. 참으로 그리스도인들에게 은혜의 행위로써 경험되는 예배의식만이 말과 동작과 형식과 색깔을 통하여 행동의 자유로운 영역 안에서 심미적인 생활을 할 수 있게 한다. 그리고 그들에게 끊임없이 영감을—단지 종교적인 영감뿐만 아니라 보편적이고 우주적인 영감을—불어넣어 주고 풍부하게 한다. 따라서 예배의식에서 빛과 그늘을 가진 모든 피조물은 그리스도 안에서 찬미의 희생제물을 통하여 연합되고 가치를 지니게 된다. 그렇기 때문에 예배의식은 교회에서 심미적인 생활의 발전을 허용하는 은혜의 행위이다. 예술이란 본질적으로 아름다움의 모습을 지닌 헌신(don de soi)이기 때문이다."35) 그러나 만일 예배가 신자들의 취향을 형성하는 것이라면, 그것은 간접적으로 교회 밖에 있는 세상의 취향도 형성한다. 예술의 역사가 교회의 역사와 맺고 있는 부단한 관련을 떠나서 생각할 수 없다는 것이 그 증거이다. 그것이 그리스도 중심이기 때문이다. 또 예배는 인간 문화의 비틀어곱새겨진 것과 스스로를 정당화하는 것과 그 혼돈이나 부조화를 정화시키는 만물의 비밀을 증언하기 때문이다. 예배는 문화적인 집합 장소이다. 그리고 교회가 자신이 드리는 이 예배의 대가를 받아들이길 거부할 때, 또는 세상이 복음에 따라 도전을 받고 고무되는 것을 더 이상 원하지 않을 때, 무질서가 자리 잡는다. 말은 기도의 매개체와 담지자가 됨으로써 정화된다. 음악은 찬송과 시편송과 영광송과 찬양이 됨으로써 정화된다. 빛깔들은 복음이라는 찬란한 빛의 상징적인 굴절이 됨으로써 정화된다. 건축은 하나님과 그 백성 사이의 살아 있는 만남의 장소가 됨으로써 정화된다.

여기서부터 예배가 역시 가장 나쁜 취향의 특권적인 표현의 장소도 될 수 있는가 하는 질문이 나온다. 그것에 대한 대답은 분명하다. 나쁜 취향은 예배를 두 개의 상황으로 내몬다. 곧 교회의 공동체적인 신앙을 신자 각 개인들의 서로 대립되는 신앙, 다시 말해서, 고립과 교만에서 비롯되는 요구들로 메마르게 한다. 또는 예배의식이 세상의 탄식들을 사랑으로 받아들인다는 것을 구실삼아 주변 문화를 감당하기 위하여 그것을 형성하는 것을 포기하게 한다. 이 경우에 신앙은 더 이상 여과기가 아니라 깔때기이다. 만일 나쁜 취향

---
35) *L'Eucharistie...*, p. 100.

이 예배 속에서 자리를 잡는다면, 그것은 공동체적인 결속력을 상실하였기 때문이든, 자기 자신을 죽이지 않고는 교회에 나아갈 수 없음을 잊어버렸기 때문이든, 그 예배가 처음부터 잘못되었기 때문이다.

2) 예술의 정당화

다음으로, 예배는 예술을 불러들이고 정당화한다. 우리는 여기서 예술에 대한 그리스도교 철학의 근거를 놓으려는 것이 아니다. 그러나 예술은 그 근본을 파헤치면 자신들이 창조된 것을 찬양하는 데서 자신들의 존재이유를 찾으려는 예전적인 자기표현을 위한 그 어떤 것들의 호소가 아니겠는가? 예배는 예술들이 심판을 받는 장소이고, 따라서 그들의 존재와 그들의 기능의 현실성을 다시 찾을 수 있는 가능성의 장소가 아닌가? 예술이 모든 방식으로 예배 안에서 주장하는 자리는 인간이 아닌 모든 피조물을 주님에 대한 교회의 찬양으로 통합시키는 끈이라고 할 수 있다! 예배에서 예술은 예배가 종말론적으로 인간이 아닌 세상 피조물의 예배를 영접하는 표식, 곧 하나님의 자녀들과 나머지 피조물 사이의 깊은 연대성에 대한 표식이라고 이해해야 할 것이다.[36] 예배 안에서 그 참된 소명을 되찾게 되는 예술을 예배에서 제외하는 것은 세상을 사랑하지 않는 것이다.

그러나 예배가 단지 예술을 불러들여 그 진정한 기능을 재발견하도록 하는 장소 역할만 하는 것은 아니다. 그것은 예술이 자신의 정당성과 자유를 찾게 되는 신비이기도 하다. 이것은 예술이 예배를 위하여 "종교적"이 되는 것을 만족스럽게 여긴다는 것을 뜻하는 것

---

36) P. Brunner, *op. cit.*, p. 179 참조.

은 아니다. 곧 찬송이 아닌 시들, 성가가 아닌 다른 음악들, 예배장소가 아닌 다른 건축물들, 예배의 행렬이 아닌 다른 무용술, 성화상이 아닌 다른 그림들이 가능하고 또 필요한 것이다. 마치 일요일 다음에 월요일, 화요일, 수요일이 있고, 주일예배 외에도 인간의 일과 기쁨과 싸움과 탐구가 있는 것처럼. 그러나 이것은 마치 이 일들과 기쁨들이 예배 때문에 정당화되고 거룩하게 되는 그런 것이다. 마찬가지로 한 주간의 날들은 일요일 때문에 그렇게 된다. 또 그와 같이 다른 모든 예술적인 표현들은 예술들이 예배 안에서 자신들의 약속된 땅과 참 근원과 참 목적을 되찾았기 때문에 정당화되고 거룩하게 되는 것과 같다.

3) 정치사회적인 봉사

마지막으로, 예배는 정치적인 생활과 사회적인 생활에 영감을 주기 때문에 문화에 대한 형성자가 된다. 예배는 질서와 자유, 정의와 평화가 참고해야 할 사항(point de référence)이다. 그것이 만물의 참된 계급질서를 찬양하기 때문이고, 그리스도의 주권을 고백하기 때문이다. 또한 그 주권은 모든 것을 삼켜 버리는 것이 아니라, 자유를 근간으로 그것을 존중하는 전대미문의 은혜라는 것을 증명하기 때문이다. 그로부터 서로가 서로를 위하는 다양하고 질서 있는 소명들이 있을 수 있는 가능성이 생긴다. 그로부터 약자들에 대한 배려가, 인간의 참된 권리의 발견이, 인간적인 이해와 화해의 기회들이 생겨난다. 권세자들과 평화, 약자들과 병자들을 위한 교회의 중보를 내포하는 참여의 결과들은 이루 다 헤아릴 수 없을 것이다. 이렇게 예배는 세상을 위한 질서와 자유, 그리고 정의와 평화의 요인이 된다. 여기에 꽤 괜찮은 요인이 있다고 말하는 것으로는 충분치 못하다. 그것은 결정적인 요인이다. 분명히 세상은 교회 예배에 도전하면서도, 그것이 세상을 보전하고 보증하는 바로 그것을 훼손하는 것이란 사실은 알지 못한다. 그러나 교회는 그것을 알 권리가 있다. 그것은 그 사실을 자랑하거나 거기서 이득을 얻기 위해서가 아니다. 교회가 감사함으로 중보역할을 하여, 직간접적으로 세상이 정치적이거나 사회적인 봉사를 싫증내지 않고 기쁨으로 할 수 있도록 하기 위해서이다.

제5장

예배의 요소

사도행전 저자가 발아(發芽)하는 교회생활을 특색 있게 표현한 사도행전 서두에서, 우리는 예루살렘의 그리스도인들이 "사도들의 가르침에 몰두하며, 서로 사귀는 일과 함께 음식을 먹는 일과 기도에 힘썼다."(행 2:42)는 것을 읽는다. 그에 대한 응답으로 하이델베르크 교리문답은 신자들이 주일에 "하나님의 말씀을 배우고 성례전에 참여하고 공중(公衆) 앞에서 주님을 부르며 그리스도교적으로 가난한 이들을 돕기 위하여 모여야 한다."[1]고 말한다. 우리는 일상적인 주일예배가 내포하고 있는 네 가지 요소들, 곧 하나님의 말씀 선포, 주의 만찬 실행, 기도의 봉헌, 형제애의 나눔 같은 고전적인 주제들을 확인하는 것으로 만족할 것이다.

---

1) *Le catéchisme de Heidelberg* 1563, Question 103, J. J. von Allmen 옮김, Neuchâtel, 1963, p. 49. 또한 *La confession helvétique postérieure*, 1566, Neuchâtel, 1944, p. 126 등을 참조.

1.
하나님의 말씀 선포

모든 그리스도교 전통은 하나님이 자신의 백성을 하나 되게 하고 인도하고 경고하며 강화시키고 살게 하시는 말씀으로 거기에 함께 하시지 않는다면 예배가 아니라는 것을 증언한다. 우선 예배가 암중모색이나 탐욕이나 경건한 환상의 추구가 아니라 살아 있는 만남일 수 있게 하는 것은 바로 이 말씀이다. 주일에 교회는 대부(Godot)를 기다리는 것이 아니다. 자신의 백성이 모일 때 하나님께서 말씀하신다. 또한 사람들이 거기에서 말을 한다. 그러나 그것은 하나님이 그들에게 말씀하시는—언제나 새롭게 말씀하시는—것에 대한 응답이다. 그리고 응답이 참된 말일 수 있는 것도 바로 하나님의 말씀 덕택이다.[2]

간단히 말해서, 이 말씀의 선포는 다음과 같은 세 가지 서로 다른 형태를 따라 행해진다. 하나님 말씀의 성서적인 선포, 예언자적인 선포, "제사장적인" 선포가 그것이다.

1) 하나님 말씀의 성서적인 선포

하나님께서 하시는 말씀은 하나님의 말씀이신 예수 그리스도 안에서 완전하고 충분하게 하시는 말씀이다.[3] 이 말씀은 예수 그리스도에 대한 직접적이거나 간접적인 증거들 때문에 알려졌다. 교회는 그것들 가운데 교회가 모일 때 읽고 또 읽어야 할 가치가 있는 것들

---

[2] E. J. Lengeling, *Dialog zwischen Gott und Mensch*, herausgegeben von K. Richter, Freiburg, Basel, Wien, 1981을 참조.

[3] L. M. Dewailly의 아름다운 책, *Jésus-Christ, Parole de Dieu*, Paris, 1969를 참조.

을 성별해 놓았다. 교회는 그것들에서 자신의 주님과 구세주의 진정한 목소리를 알고 싶어 한다. 성별하는 이런 "경전화의 과정"―우리가 알듯이, 이 과정은 많은 세월을 거쳐서 되었다―을 통해서, 교회는 자신의 신앙과 예배와 생활을 위하여 규범이 되는 것으로 간주한 것들을 고백하였을 뿐만 아니라, 예수 그리스도의 이름으로 모일 때 읽어야 할 문서들을 결정하기도 하였다. 무엇보다도 이것은 경전화 과정을 통해 성서를 가진 교회에 대한 교의학적인 근거를 주려는 것만은 아니다. 역시 이것은 예전적인 근거를 주기 위함이었으리라.[4]

변함없이 의견일치를 보여 온 그리스도교 전통은 예배를 드릴 때 하는 하나님 말씀의 '성서적인' 선포를 성경봉독에 따른 말씀선포라고 알고 있다. 이것은 그리스도교 전통이 유대교 전통을 그대로 이어받았음을 뜻한다.[5] 이렇게 처음부터 옛 계약의 책들을 읽는 것은 교회의 예전적인 습관이었다. 교회는 이스라엘의 상속자임을 주장하면서, 역시 이스라엘의 거룩한 책들―여기에 초대 그리스도교 문서들인 복음서들과 사도서신들이 공적인 봉독에 포함되었다―이 교회에 속한다는 것도 주장하였던 것이다.[6] 이것을 맨 처음 있는 그대로 명백히 증언해 준 사람은 저스틴(기원후 165년)이었다. 그는 변증론 67장에서 교회에 모일 때 사람들은 "사도들의 기억들―복음서들을 말한다―과 예언자들의 글들을 시간이 허락되는 한" 우선 읽기 시작해야 한다고 말하였다. 그 관습은 비록 그리스도 자

---

4) I. H. Dalmais는 "성서는 무엇보다도 선포와 공동체의 청취 결과로 구성되었다."고 말한다. "La Bible vivant dans l'Eglise," *La Maison-Dieu*, n° 126, 1976, p. 7.
5) Ch. Perret," La lecture de la Bible dans les synagogues du premier siècle de notre ère," *ibid.*, p. 29-41을 참조.
6) 예컨대, C. F. D. Moule, *La genèse du Nouveau Testament*, Neuchâtel, 1971.

신에게까지는 아니더라도 저스틴 이전의 사도들에게까지는 거슬러 올라간다(참조. 눅 24:44 이하). 우리는 또한 바울이 예배를 위하여 모인 교회에게 자신의 서신들을 읽도록 하였음을 알고 있다. 곧 바울은 교회들이 자신의 서신들을 서로 주고받으며 공중 앞에서 낭독하라고 하였다(골 4:16). 게다가 모든 서신들은—어떤 지역교회에 보낸 것이든, 서로 돌려보도록 한 것이든—일상적인 예배모임 장소에서 읽혀져야 했다. 우리는 하나의 사도서신이 단지 디모데나 디도, 빌레몬에게만 해당하는 서신이라고는 생각하지 않는다. 언제든지 모든 곳에서 교회는 성서를 봉독하는 것으로 하나님 말씀을 선포하였다. 저스틴이 증언하는 대로, 가장 보편적으로 통용되는 유대교 전통과 같이, 예배를 위하여 모인 교회는 경전적인 증거를 갖는 두세 가지 유형의 봉독을 들었다. 이것은 상당한 개연성이 있는 말이다.

우리가 성서를 봉독할 때 어떤 근본적인 것이 이루어진다. 곧 말씀을 읽기 위하여 단 위에 올라선 증거자는, 만일 성령께서 함께 하신다면, 문자들 속에 파묻혀 있던 증거를 들추어낼 수 있다.[7] 그렇기 때문에 성경봉독에 앞서 성령임재의 기원이 있어야 한다. 실제로 하나님 말씀 안에서 일종의 성서의 부활이 가능하게 되는 것은 바로 성령 때문이다. 따라서 성서는 그 봉독 때문에 교회 예배 안에서 정당성과 자리를 차지하게 된다. 사실 성경봉독을 통하여 증거자는 증언하는 이가 되고, "교육적인"(anagnose) 것은 "기념사"(anamèse)가 되며, 다른 시대 다른 장소에서 말해졌던 것

---

7) H. Asmussen, *Dei Lehre vom Gottesdienst*, München, 1937, p. 24 이하 참조; P. Brunner, *Zur Lehre vom Gottesdienst der in Namen Jesu versammelten Gemiende*, Leiturgia, vol. I, Kassel, 1954, p. 196.

은 지금 여기서 생생하고 새롭게 다시 말해진다. 바움가르트너(J. Baumgartner)는 이것을 아주 훌륭하게 표현한다: "성서를 읽는 것은 부활절의 역학과 관련이 있다."[8]

어떤 것들이 읽혀져야 하는가? 전통적인 대답은 분명하다. 성서 안에서 봉독할 것들이 선택되어야 한다. 물론 하나님은 성서의 중재를 통해서만 자신의 백성에게 말씀하실 수 있는 것은 아니다.[9] 만일 성서 안에서만 봉독할 것을 인용해야 한다면, 그것은 구약과 신약의 책들 속에서 하나님 말씀인 예수 그리스도에 관하여 본디적이고 제일가는 경전적인 증거를 승인한 교회의 결정에 대한 존경심 때문이다. 이 결정이 교회를 영원히 묶고 있다. 그 결정은 그리스도의 증거자들로 예언자들과 사도들을 파견하고 공인하신 분이 하나님이시라는 신앙의 확신으로 동기부여된 것이기 때문에, 전혀 자의적인 것이 아니다. 성서를 읽을 때마다, 교회는 이 증언들의 중개로 언제나 새롭게 말씀을 들려주시길 하나님께 요구한다. 또 이 증거들 안에서 하나님이 교회에 말씀하시고자 하는 듣고 이해하고픈 기대를 품고 있다. 또한 우리가 말할 수 있는 것은, 만일 예배 때 읽어야 하는 것이 성서 본문들이라면, 그것은 교회의 신앙핵심에 하나님 말씀인 예수 그리스도의 인격과 사역이 있기 때문이라는 사실이다.

그러면 어떤 성서 본문들을 선택해야 하는가? 여기서 예전적인 전

---

8) "성서를 읽는다는 것은 부활절의 역동성 속에 들어간다는 것을 말하고자 하는 것이다." "Locus ubi Spiritus Sanctus floret." *Freiburger Zeitschrift für Philosophie und Theologie*, 1976, p. 130. 또한 J. Y. Hameline, "Passage de l'Ecriture," *La Maison Dieu*, 1976, n° 126, p. 80: 쓰여진 문서들에 다가서는 것, 복음서들에 의지하는 것은 무덤을 찾는 여인들의 방문과 어떤 관계가 있다.
9) P. Bony, "La Parole de Dieu dans l'Ecriture et dans l'événement," *La Maison Dieu*, n° 99, 1969, p. 94-123을 참조.

통은 아주 다양한 형태를 보이지만,[10] 대강 두 가지 유형을 선택할 수 있다. 곧 연속적인 낭독(lectio continua)과 선택적인 낭독(lectio selecta)이다. 우선, 연속적인 낭독은 주일마다 한 권의 성서를 이어서 통독해 가는 방식이다. 이것은 경전화된 성서에 대하여 가장 경의를 표하는 방법이다. "모든 성경은 하나님의 영감으로 된 것으로, 교훈과 책망과 바르게 함과 의로 교육하기에 유익합니다……"(딤후 3:16). 이 방법은—읽는 본문을 가지고 설교를 하는—옛 교회에서 일반적인 것이었다. 또 개혁교회도 확신을 가지고 받아들인 방법이다.[11] 두 번째 방법은, 좀 더 조직적이고 좀 더 교리교육적인 방법인데, 곧 선택적인 낭독이다. 이것은 예배력의 제정과 관련하여 5세기 이후 일반화된 것이다. 이 방법들에는 둘 다 장점과 단점이 깃들어 있다. 따라서 이 두 가지 모두가 그리스도교 예배생활에 적용되어야 할 것이다.

제2차바티칸공의회의 예배의식에 대한 규정에는(N° 51),[12] "하나님의 말씀 목록을 더욱 풍성하게 신자들에게 제시하기 위하여 우리는 좀 더 폭넓게 성서의 보고들을 열어서 정해진 햇수 안에 사람들이 성서의 가장 중요한 부분을 읽을 수 있도록 해야 한다."고 되어 있다. 이 일을 위해서는 세 가지 유형의 성서적인 증거들을 고려해야 한다. 곧 예언자들의 유형(구약성서)과 사도들의 유형(서신서,

---

10) J. A. Jungmann, op. cit., vol. I, p. 501-629; G. Kunze, Die Lesungen, Leiturgia, vol. II, Kassel, 1955, p. 87-180을 참조.
11) H. O. Old, The Patristic Roots of Reformed Worship, Zürich, 1975, p. 194-202을 참조. 루터교와 성공회에서는 일반적으로 서방교회에서 전통이 된 선택적인 성서일과(lectio selecla)의 낭독을 고수하고 있다.
12) 이 "정해진 햇수"는 로마교회에서 3년으로 고정되었다. La Maison-Dieu, n° 99에서 A. M. Roguet와 C. Wiener의 논문을 참조. 많은 개혁교회의 성서일과가 이런 관습을 답습하였다.

사도행전, 요한계시록)과 주님의 유형(복음서) 등이다. 우리는 세 가지 독본을 가지고 있다. 서신서와 복음서를 읽는 것은 문제가 없다. 그러나 구약성서를 규칙적으로 봉독하는 것은 어떤가? 그것은 그리스도인도 아니었던 이들이 결정해 놓은 본문들이 아닌가? 구약성서의 규칙적인 봉독을 정당화하기 위하여, 나는 세 가지 논의를 진전시킬 것이다. 첫 번째는, 전통을 참조하는 것이다. 교회는 바울이나 베드로의 기원뿐만 아니고, 더욱 마태나 요한의 기원 아래서만 아니라, 이스라엘 백성과 함께 언제나 신앙과 영성을 체험하였다. 우리는 신약성서의 문서들 안에 오래된 약속들(vétérotestamentaires)이 인용되고 있음을 안다. 또한 우리는 교부들이 옛 계약의 책들 전체를 가지고 설교를 하였다는 것도 알고 있다.[13] 그러나 그보다 더 우리는 "마르시온주의"를 통하여 교회가 만일 구약성서를 '교회의' 거룩한 책들의 일부로 주장하기를 거부한다면, 교회는 영지주의화되어 버린다는 표상을 갖고 있다. 더구나 구약성서는 끊임없이 교회에게 하나님의 백성이 백성으로서 불성실하였다는 것과, 그래서 그것을 다시 손에 넣을 필요가 있음을 일깨워 준다. 만일 구약성서가 교회 안에서 살아 있어야 한다면, "그것들이 기록된 것은, 말세를 만난 우리에게 경고가 되게 하려는 것"임을 증언하기 때문이다(고전 10:6 이하). 구약성서와 함께 사는 것을 거부하는 교회는 더 이상 이스라엘 역사를 '자신의' 역사로 간주하지 못할 것이다. 그런 교회는 교만과 자기만족에 빠져 확립된 하나님 나라를 혼동하게 될 가능

---

13) 때로 유대 정경의 구분에 구약성서의 세 가지 강독이 있었다. 곧 율법과 예언서와 성문서 강독이다. 야곱파(Jacobites)들이 그런 경우였다. I. H. Dalmais, "La Bible vivant dans l'Eglise," *La Maison-Dieu*, 1976, n° 126, p. 14 이하를 참조. 또한 P. Jounel, "La Bible dans la liturgie" in *Parole de Dieu et Liturgie*, Paris, 1958, p. 18 이하를 참조.

성이 많다.

하나님 말씀에 대하여 성서적인 선포를 할 책임이 있는 이는 누구인가? 원칙적으로, 여전히 유대교 전통과 함께, 예배에 합당한 하나님 백성의 모든 구성원들이 자신에게 읽도록 요청된 구절들만 읽는 조건으로, 그래서 자신이 그 구절들을 선택하지 않고 교회가 제시한 예들을 따라 선택을 하는 조건으로, 성경봉독을 하도록 부름 받을 수 있다.14) 만일 주일마다 예언자, 사도, 주님을 뜻하는 세 개의 본문을 읽는 좋은 실천을 채택한다면, 서로 다른 세 명의 봉독자들에게 말씀선포를 위임하는 것이 바람직하다. 물론 봉독자들이 읽어야 할 말씀을 무게 있고 진지하게 봉독하는지 지켜보아야 한다. 그것은 봉독자들이 그 직무에 합당한 이들로 훈련되어야 하기 때문이다.15) 그런데 봉독서들에는 예언자에서 사도, 그리고 그 너머 주님에 이르는 어떤 등급이 정해져 있기 때문에 봉독자들도 등급을 정할 필요가 있을까? 일반적인 전통이 보존하고 있는 것은, 복음서 봉독을 집사가 맡았다는 것이다. 이 전통은 사도 바울이 예배 모임에서 지켜야 한다고 말한 "바람직한 질서"에 따라 요구된 것이지(고전 14:40), 질 나쁜 "교권주의"에 따라 명령된 것이 아니다.

예배의식에서 성경봉독은 또 다른 문제를 제기한다. 곧 어떤 번역판을 사용할 것인가? 주요 전통에서는 교회가 "권위 있는" 번역

---

14) 새로운 로마교회의 규정에 따르면, 그가 여자일 수도 있다. "...quando vir aptus ad exercendum munus lectoris non adsit"(*Ordo Missae*, Institutio generalis missalis romani, n° 66)

15) P. A. M. Rouguet는 당연히 "하나님의 말씀은 낭독되지 않고 선포되어야 한다."고 말한다. "La présence active du Christ dans la Parole du Dieu," *La Maison-Dieu*, n° 82, 1965, p. 23. 봉독자들의 훈련에 대해서는 "la formation des lecteurs"에 관한 J. Labigne의 논문을 참조할 수 있다—설령 그것이 좀 오래된 것일지라도 말이다. *La Maison-Dieu*, n° 60, 1959, p. 118-135.

판을 사용하도록 권장한다. 이 전통은 로마가톨릭교회의 특징이 아니다. 우리가 생각하는 것은 16세기 루터의 성서, 쥐리히의 성서, 자크 왕의 성서이다. 또한 우리는 18세기 초에 오스테르발드(J. F. Ostervald)가 기존 것보다 더 나은 대중적인 번역판을 당시 통용하는 언어로 번역하여 불어권 개혁교회 신자들 품에 안겨 주고자 주목할 만한 노력을 했던 사실을 상기해 본다.16) 19세기 들어, 이 전통이 약해진 것은 불행한 일이다. 불행한 것은, 이 다양성이 이 교회를 깨뜨리는 데 기여하기 때문이다. 특히 불행한 것은, "단 하나의 유일한 번역이 회중의 봉독을 위하여 사용되는 것이 매우 바람직한" 것인데도, "하나님 말씀이 서로 다르게 끊임없이 갱신되는 모양으로 신자들에게 제시됨으로써 그 말씀이 기억 속에 전혀 남아있지 못하기 때문이다."17)

하나님 말씀의 성서적인 선포에 관한 이 첫 번째 항목에서 아직 언급해야 할 사항이 남아 있다면 이것이다. 이 봉독을 엄숙하게 예전적으로 해야 하는가, 그렇다면 다른 방법이 있는가? 여기서 채택해야 할 두 가지 원칙이 있다. 우선, 예전을 위한 예전이 되어서는 안 된다. 만일 우리가 공중 앞에서 하는 성경봉독을 의례를 갖추어 한다면, 그것은 성경봉독이 그 자체로 예전적인 것이기 때문이다. 또 그것이 본디 격식대로 행해지기를 요구하기 때문이다. 우리는 성경봉독의 신비를 살펴보았다. 성경봉독의 신비란 그리스도의 증인들의 삶이 되게 하는 데 있다. 말하자면, 그들이 교회 한가

---

16) *L' Eglise et ses fonctions d'après J. F. Ostervald*, Neuchâtel, 1947, p. 87에 관한 내 논문을 참조. E. Lombard, "Ostervald, traducteur de la Bible," *in Jean-Frédéric Ostervald, 1663-1747*, Neuchâtel, 1948, p. 54 이하.
17) F. Louvel, "Les lecteurs," *La Maison-Dieu*, n° 60, 4e trimestre 1959, p. 112.

운데 있게 하기 위해서다. 주넬(P. Jounel)은 그것을 하나님의 현현(théophanie)과 관련해서 말한다.[18] 그 때에 우리가, 예컨대, 불타는 떨기나무 이야기와 비견할 수 있는 한 사건이 일어난다. 예언자 호세아, 사도 바울, 복음서 기자인 성 요한에 대한 아주 인간적인 증언을 뜻하는 그 나무는 불타 없어지지 않지만, 하나님 말씀의 불꽃은 그 나무속에서 그래도 타오른다. 이 신비에 사로잡힌 사람들은 그것이 어떻게 작용하는가를 알아보려고 우회하기보다는, 자신들의 신발을 벗으라는 요청을 받은 이들이다. 공중 앞에서 성경봉독을 엄숙히 행해야 할 것은, 그것이 그 말씀을 듣는 이들에게 신발을 벗으라고 요청하기 때문이다. 구체적으로, 이것은 다양한 방식으로 행해질 수 있다. 그러나 한 가지 잊어서는 안 되는 것이 있다. 곧 "하나님의 현현"이 일어나게, 다시 말해서, 하나님께서 자신의 자유 안에서 자신의 말씀을 자기 증인들의 말과 일치시키시는 일이 일어나게 기도를 드려야 한다. 그러므로 성령임재의 기원은 교회가 성경봉독을 시작하기 전에 드려야 하는, 존경과 감사와 희망을 나타내는, 최상의 동작이다.[19] 다른 한편으로, 개혁교회의 훌륭한 예배의식 전통들 가운데 하나는 목사가 성서를 읽고 설교를 하기 전에 "하나님께 성령의 은혜"를 간구하는 것이다. 곧 그분의 말씀이 존귀하신 그분의 이름과 교회의 교화를 위하여 충실히 진술되고, 교회는 그 말씀을 겸손함과 순종함으로 받아들이게[20] 하려는 것이다. 그

---

18) La Bible dans la liturgie," in *Parole de Dieu et liturgie*, p. 44
19) 나는 여기서 새롭게 J. Baumgartner의 중요한 논문을 참고하고자 한다. "Locus ubi Sanctus floret, Eine Geistepiklese im Wortgottestdienst? ," *Freiburger Zeitschrift für Philosophie und Theologie,* 1976, p. 112-145.
20) J. Calvin, *La Forme des Prieres et Chantz ecclesiastiques*, 1542, Johannis Calvini Opera selecta, II. Munich, 1942, p. 20.

예로, 나는 '그리스도를 본받아'에서 영감을 받아 작성한, 프랑스 개혁 교회 예배의식의 아름다운 성령임재의 기원을 인용하고자 한다.[21]

> 주님,
> 저희에게
> 주님의 사랑을 드러내 보이시고,
> 저희를 주님의 뜻에
> 따르게 하기 위하여,
> 주님의 현재 안에
> 저희를 한 데 모이게 하시니 감사합니다.
> 저희에게서 주님의 말씀 외에
> 모든 다른 소리들은
> 잠잠케 하여 주옵소서.
> 또한 저희가 주님의 말씀에서
> 저희에 대한 질책을 발견하는 것을 염려하여,
> 마음 문을 닫은 채 말씀을 듣거나,
> 사모하는 마음 없이 말씀을 대하거나,
> 실천하지 않고 듣기만 하지 않도록,
> 성령께서 저희의 영혼과
> 마음 문을 여시어,
> 주님의 진리를 향하게 하옵소서.
> 예수 그리스도의 이름으로 기도드립니다.
> 아멘.

---
21) Paris, 1963, p. 29

두 번째 원칙은, 엄숙한 의례에 관한 것이다. 곧 예배를 드리는 회중에게 그것을 적응시켜야 한다는 것이다. 큰 교회에서 성경봉독의례는 신자들의 수가 많다. 또 그 의례의 형태와 양식에 관해서도 영성과 취향에 맞게 형성되어 있다. 그래서 시골의 작은 교회보다 더 풍성하다. 그것은 필연적이고 또 당연하다. 그 때에 촛불로 밝힌 성서를 예전적인 행렬 속에 가져갈 수 있다. 집사는 복음서를 읽은 다음에, 거기에 입을 맞출 수 있다.[22] 그리고 하나님 말씀을 공적으로 봉독하도록 정해진 책이나 책들을 아름답게 제본할 수 있다. 서신서에서 복음서로 넘어갈 때는 층계송 같은 것을 부를 수도 있다. 그러나 대학 도시의 교회이건 시골의 교회이건 어디에서나 성령임재의 기원은 중요한 지위를 차지한다. 또한 어디에서나 사람들은 구약성서의 봉독에 "하나님께 감사하라!"는 말로 응답할 수 있다. 서신서에 대해서는 "주님께 영광을!" 그리고 복음서에 대해서는 "그리스도를 찬양하라!"는 말이나 또는 그와 유사한 말로 응답할 수 있다. 그리고 어디에서나 우리는 봉독자들에게 적합한 품격과 자세를 요구할 수 있다.[23] 마지막으로, 어디에서나 복음서를 들을 때는 회중을 일어서도록 권유할 수 있다.

2) 하나님 말씀의 예언자적인 선포

예배의식이 인정하는 하나님 말씀의 선포, 두 번째 유형은 설교에

---

22) 예컨대, 개혁교회에서는 요한복음 6장 47-63의 강독에서 쯔빙글리가 그러하였다. F. Schmidt-Clausing, *Zwingil als Liturgiker*, Goettingen, 1952, p. 134를 참조.

23) "……P. F. Louvel이 주목한 바와 같이 때때로 단추조차 채우지 않은 비옷을 입은 채로 공적인 자리에서 성경봉독을 하는 사람들을 본다는 것은 유감스러운 일이다……," *art, cit.*, p. 117.

따른 선포이다. 설교의 임무는 신비를 파헤치는 것이다. 여기서는 모든 그리스도교 전통이—비예전적인 전도설교가 아니더라도 다소 엄격하게 적용되는 면이 없지는 않지만—일요일에 성경봉독을 하고, 봉독한 본문들 가운데 하나를 가지고 거기에 덧붙여 설교하는 관례를 알고 있음을 주목하고자 한다.[24] 또한 이 관례를 신중하게 받아들이는 것은, 교회가 자신의 주님과 자신의 선교에 신중하게 충실하려고 애쓰는 것과 매한가지이다. 교회갱신의 시대들은 역시 설교가 가장 높은 발전을 이룬 시대들이었다. 일반적으로 교회생활 속에서 어떤 부활을 야기하고 가능하게 한 것은 바로 이 설교의 부활 때문이었다.[25]

만일 말씀의 성서적인 선포가 교회 예배를 예수 그리스도의 죽음과 부활과 영광이라는 결코 능가할 수 없는 사건에 확고히 뿌리박게 하는 것이라면, 말씀의 예언자적인 선포는 성령께서 자유롭게 간여하시도록 예배를 열어젖히는 것이다. 또한 그것은 말씀이 교회의 포로가 될 수 없음을 증명하는 것이다. 곧 그것은 밖으로부터 이르러 하나님의 백성을 위로하고 교정하고 개혁하며 비판하고 승인하기 위하여 자유롭게 존재한다. 성서적인 선포와 다른 또 하나의 차이는 말씀의 예언자적인 선포가 직접적으로 그것을 알리는 이의 자유와 책임을 약속한다는 것이다. 곧 그 말씀은 그를 한 명의 증인이

---

24) 이를테면 A. Niebergall, *Die Geschichte der christlichen Predigt*, Leiturgia, vol. II, Kassel, 1955, p. 181-353; A. Oliver, "Quelques remarques historiques sur la prédication comme action liturgique dans l'Eglise ancienne," *Mélanges liturgiques* offerts à Dom Bernard Botte, o. s. b., Louvain 1972, p. 429-447을 참조.

25) J. Baumgartner의 아름다운 논문 "Das Verkündigungsanliegen in der Liturgiereform des II. Vatikanischen Konzils," *Liturgie als Verkündigung*, Festschrift für A. Haenggi, Zürich-Einsiedeln-Köln, 1977, p. 123-165를 참조.

되게 한다. "모든 그리스도교 설교자들은 그리스도의 사자들이며 그분의 수난의 증인들이다."라고 1532년에 베른에서 모인 교회회의(Synode)가 결의한 것은 당연한 것이었다.[26] 이 사실로부터 하나님 말씀의 예언자적인 선포는 하나님의 사랑과 그분의 신뢰에 대한 가장 깊은 신비들 가운데 하나를 설명해 준다. 만일 그분이 우리에게 자신의 말씀을 주신다면, 이것은 그 말씀을 받아들여 자신 안에서 공들여 만들고, 세상에 하나님의 영원하신 말씀을 내놓는 동정녀 마리아처럼—이는 설교자의 가장 뛰어난 모범(paradigme)이다—우리가 그 말씀을 받아, 우리와 같이 육으로 이루어진 세상에 그 말씀을 전달하도록 하려는 것이다.

복음서의 설교를 규정짓는 이런 증거의 특징은 그것을 선포하는 이에게 자유하고 책임적이며 권위 있는 목사라는 확신을 부여한다. 그는 그것을 선포하면서 그 자신의 한계와 약점들에도 불구하고, 자신이 설교하는 것이 하나님의 말씀 자체라는 것을 깨닫는다. 이것은 그가 구원역사의 대리자인 성례전의 집례자이기 때문만은 아니다. 그것은 그가 설교자이기도 하기 때문이다. 그렇기 때문에 설교자는 그가 설교할 때—만일 그가 참된 설교자라면—주기도를 말하거나 죄의 용서를 구해서는 안 된다. 예레미야처럼 기쁘게 "주님, 주님은 내 입에서 나오는 것이 옳고, 또 이것은 주님께 기쁨이 되는 것임을 아십니다."라고 말해야 한다. 또 사도 바울이나 모든 사도들이나 예언자들처럼, 당당하게 주님께서 이것을 말씀하셨다(Haec dixit dominus)라고, 곧 이것을 말씀하신 이는 하나님 자신이라고 말해야

---

26) Trad. Française, Lausanne, 1936, p. 48. 또한 A. Niebergall, *Der Prediger als Zeuge*, Gütersloh, 1960, 그리고 나의 논문 "Le Prédicateur, témoin de l'Evangile," *Irenikon*, 1976, p. 333-349와 453-485를 참조.

한다. 또 이 설교를 함으로써 나는 예수 그리스도의 사도와 예언자가 되었다는 것도 말해야 한다. 여기서 마치 설교자가 부당하게 말하기라도 한 것처럼 용서를 구할 필요가 없다. 또 그것이 좋은 것도 아니다. 설교가 문제시하는 것은 하나님의 말씀이지 나의 말이 아니기 때문이다……. 설교할 때 이것을 자랑스럽게 여기지 못하는 사람은 설교하기를 포기해야 할 것이다. 그런 사람이 설교를 한다면, 거짓말쟁이와 신성모독자이기 때문이다.[27]" 하나님 말씀에 대한 설교는 하나님의 말씀에 대한 묵상 그 이상의 것이다. 권위 있는 그분의 말씀이 선포되기 때문이다. '제2의 스위스 신앙고백'은 이렇게 말한다: "오늘 교회에서 하나님의 천상적인 말씀이 선포될 때, 그것은 정당하게 부름 받은 설교자들에 따른 것이므로, 우리는 그들이 설교하는 것과 신자들이 받는 것은 참 하나님의 말씀임을 믿는다."[28]

예배가 '그리스도교' 예배가 되도록 하나님 말씀의 예언자적인 선포가 필요한가? 주일예배에 관해서는 확실히 그렇다. 그러나 그것이 정당성을 지니려면, 우리는 복음서 설교와 성만찬예식 사이의 관계를 정확히 해야 할 것이다. 우리는 설교는 하나님 나라가 아직 능력으로 표현되지 않았기 때문에 필요하고, 성만찬은 하나님 나라가 그 담보(arrhes)에 따라 이미 현재하기 때문에 필요하다고 말할 수 있다. 완성된 하나님 나라에서 설교는 더 이상 필요 없게 될 것이다 (렘 31:31 이하, 히 8:11). 사실 우리는 성만찬이 교회가 구원역사에

---

[27] M. Luther, W. A., 51, p. 517, A. D. Mueller, *Grundriss der praktischen Theologie*, Gütersloh, 1950, p. 178에서 인용. G. Wingren의 *Die Predigt*, Goettingen, 1955에서도 우리는 같은 논리를 발견한다.
[28] Chap. I. *op. cit.*, p. 42.

참여하고 있음을 증언하는 반면에, 설교는 이 역사가 교회를 세상 속으로 밀어 넣고 있음을 증언한다고 말할 수 있다. 달리 말하면, 성만찬은 이미 현재하는 하늘기쁨에 대한 징표요 신자들의 희망을 키워 주고 이루어 주는 것이라면, 설교는 현재하는 이 세상의 지속을 증언하고 신앙을 촉구하고 키워 준다. 설교가 예배 전체를 다 차지해 버릴 때, 교회는 하나님 나라가 이미 임박해 있고 교회가 그 나라의 보증(gages)으로 살아갈 수 있음을 잊고 싶은 유혹에 빠질 수 있다. 반면에 성만찬이 예배 전체를 다 차지해 버릴 때, 교회는 세상이 아직도 지속되고 있음을 잊고 싶은 유혹에 빠질 수 있다. 예배에서 설교와 성만찬, 그리고 성만찬과 설교의 이중적인 필요성은 세상과 그 역사 속에 있는 교회의 상황을 예시적으로 증명해 준다. 곧 교회는 더 이상 세상에 속해 있지 않다(그렇기 때문에 교회는 이미 하늘잔치에 접근해 있다). 그러나 교회는 아직 세상 속에 있다(그렇기 때문에 교회는 언제나 설교의 경고, 격려, 교훈, 위로들을 필요로 한다). 그러므로 만일 설교가 잠정적으로만 예배에 필요하다면, 이런 일시성(provisoire)은 세상 속에 있는 교회의 역사적인 상황에 따른 것이 아니라, 하나님 나라 안에 있는 교회의 종말론적인 상황에 따른 것이다.

3) 하나님 말씀의 제사장적인 선포

이 모호한 제목은 인도자가 예배를 드리면서 하나님의 임재를 기원하고 그분의 이름으로 신자들에게 문안하는 것을 뜻한다. 또한 신자들을 세상에 보내기 전에 그들을 축복하는 것을 뜻한다. 그런데 왜 "제사장적"이란 형용사를 쓰는가? 피터 브룬너가 하나님 말씀으로서 복음의 "압축"—예수 그리스도의 살과 피를 받을 때 일어나는 복음의 압축과 비교할 수 있는 "압축"—이 필요하다[29]고 할 때 암시하였듯이, 이 선포를 "성례전적"이라고 부르는 것이 더 바람직하지 않을까? 그런데 내가 "제사장적"이란 형용사를 선호하는 것은, 자신에게 베풀어지는 은혜의 "충만함"(survoltage)으로 말씀을 선포할 책임이 있는 이에 따라 이 선포를 규정짓는 것이 더 낫다고 보기 때문이다. 더구나 여기서 "성례전적인" 선포에 대하여 말하는 것은, 하나님 말씀의 다른 두 개의 선포 양식들이 갖고 있는 실제 성례전적인 효과를 위축시킬 우려가 있다. 곧 성서적이고 예언자적인 선포도 말씀 신비의 성례전적인 효과를 드러내기 때문이다. 이 선포는 주님으로부터 허락받고 교회에 따라 인정되는 주님의 말씀 사역자 몫(*kléros*, 행 1:17 참조)으로 예배의식에 속한다는 의미에서 제사장적이다. 만일 성서적인 선포가 봉독자들에게, 특히 복음서를 봉독하는 집사에게 속한 것이고, 예언자적인 선포가 설교자에게 속한 것이라면, 제사장적인 선포는 예배의 인도자에게 속한다.

말씀 선포의 이 유형을 자리매김하기 위하여, 우리는 누가가 전하고 있는 부활절 저녁에 나타나신 부활하신 이에 대한 이야기를 회상하는 것이 좋을 것이다. 이 이야기는 맨 처음 교회 예배 도식에 대한 윤곽을 나타내 보여준다. 곧 주님께서 서로 말하고 있는 제자들 가운데 갑자기 나타나셔서 "너희에게 평화가 있기를!"(눅 24:36, 요 20:19) 하고 말씀하신다. 나중에 그들과 함께 음식을 드시고, 그들에게 성서 해석의 실마리를 주시며, 온 세상에 자신의 용서를 널리 전파할 사명을 주신 뒤에(47절), 예수께서는 "그들을, 밖으로 베

---

[29] *Op. cit.*, p. 199, 또한 p. 201을 참조.

다니까지 데리고 나가서, 손을 들어 그들을 축복하셨다. 예수께서는 그들에게 축복하시면서, 그들을 떠나 하늘로 올라가셨다."(50절 이하). 그리스도의 이름으로, '그리스도의 인격 안에서'(in persona christi) 예배를 드리는 교회는 바로 그것 때문에 주님의 이름으로, 그리고 그분의 승리의 능력 안에서 서로 문안 인사를 나누고 보내졌다. 그 때 발설된 말씀은 어떤 깊은 의도가 있는 인간적인 바램이 아니다. 그것은 그것이 말하는 현실성을 담고 있는 말씀이고, 따라서 구원과 평화를 담고 있는 말씀이다. 그렇기 때문에 교회 안에 있는 평화는 "세상이 주는 평화와 같은 것"이 아니라(요 14:27), 효과적인 평화이다. "축복은 하나님 자신이 또는 하나님을 대리하는 한 사람이 사람들이나 살아 있는 것들 또는 사물들에게 구원과 번성과 삶의 기쁨을 가져다주는 능력으로 가득 찬 말이다."30) 평화의 선물에 대해서도 같은 식으로 말할 수 있다. 그러므로 족장들이 축복을 말할 때, 그것은 구원이나 축복을 선물로 알고 있는 성서의 현실주의에 따르면, 하나의 바램(exoptatioe)이 아니라 증여(donatio)와 관련된다.31) 이런 맥락에서, 우리는 예수께서 선교 사명을 부여하고 보내신 이들에게 말씀하신 놀랄 만한 권고를 생각할 수 있다. "아무 성이나 아무 마을에 들어가든지, 거기에서 마땅한 사람을 찾아내서, 그 곳을 떠날 때까지 거기에 머물러 있어라. 너희가 그 집에 들어갈 때에, 평화를 빈다고 인사하여라. 그래서 그 집이 평화를 누리기에 알

---

30) C. Senft, art. "Bénédiction," *Vocabulaire biblique*, Neuchâtel, 1956, p. 201.
31) M. Luther, W. A., 43, p. 524 이하, P. Brunner, *op. cit.*, p. 202, note 138에서 인용. F. Kalb은 이것에 관하여 "inhaltsreiche Vollmachtsworte"라고 말한다. *Grundriss der Liturgik*, München, 1965, p. 110. W. Schenk, *Der Segen im Neuen Testament*, Berlin, 1967, 특히 성서 현실주의를 역설하는 p. 136 이하를 참조.

맞으면, 너희가 비는 평화가 그 집에 있게 하고, 알맞지 않으면 그 평화가 너희에게 되돌아오게 하여라……"(마 10:11 이하, 눅 10:4 이하).

우리가 지금까지 살펴 본 것은 왜 하는 말들이 1인칭 복수가 아니라 2인칭 복수여야 하는가를 이해하도록 해준다. 곧 "은혜와 평화는 성부 하나님과 주님이신 예수 그리스도의 이름으로 '여러분에게' 주어지기 때문이다." "하나님께서 '여러분을' 복 내리시고 지켜 주시길 바랍니다.32) 하나님께서 자신의 얼굴 광채를 '여러분에게' 비추시고 '여러분에게' 자신의 은총을 허락하시길 바랍니다. 하나님께서 자신의 얼굴을 '여러분에게' 돌리시고 '여러분에게' 자신의 평화를 주시길 바랍니다. 아멘."33) 예배를 집례하면서 2인칭 복수로 예배를 드리는 이들에게 인사하고 축복할 용기가 없다면, 그것은 겸손을 보여 주는 것이 아니다. 그것은 오히려 안수에 따라—그의 인간적인 한계와 약점과 죄에도 불구하고—하나님 말씀의 교역자(*verdi divini minister*)가 된 자신의 권리를 사용하기를 주저하는 것이다. 또 여기서도 설교에서와 같이 이것을 영광으로 여기지 못하는 이는 자신이 감히 떠맡을 수 없는 성직을 포기해야 할 것이다.

우리는 하나님 말씀의 제사장적인 선포로서 회개 행위 뒤에 하는 말들이 10세기 이후 일요일의 일상적인 예배에서 전통이 되었다는 것도 생각해 볼만하다. 이 용서의 선언은 탄원적인 것인가, 아니면

---

32) Salutation A de la *Liturgie* pour les paroisses de langues françaises de l'Eglise réformée du Canton de Berne, 1955, p. 13.
33) 개혁교회의 전통에서 통용되고 있는 것은 아론의 축복(민 6:24-26)이다. 칼빈의 경우는 그것만 말한다. 쯔빙글리는 목사가 다음과 같이 말하는 것으로 만족한다: "……gond hin imm friden! Der herr Gott sye mit üch!"(*op. cit.*, p. 113). 교황 바오로 IV세의 미사는 삼위일체 하나님의 축복을 제안한다: "성부, 성자, 성령이신 전능하신 하나님께서 여러분에게 복내려 주시길 빕니다."

선언적인 것인가? 우리는 현행하는 로마가톨릭교회의 미사와 같이, "전능하신 하나님께서 '우리를' 긍휼히 여기시어, 우리 죄를 용서해 주시고, 우리를 영원한 생명으로 인도해 주시길 바랍니다."라고 말할 수 있다. 아니면 칼빈과 같이 "여러분 모두가 하나님 앞에서 참으로 죄인이라는 것을 겸손하게 고백하고, 하늘 아버지께서 예수 그리스도 안에서 여러분에게 은혜를 베풀고자 하시는 것을 믿으시기 바랍니다. 이렇게 회개하고 예수 그리스도를 자신의 구주로 찾는 모든 이들에게, 나는 성부와 성자와 성령의 이름으로 죄가 용서받았음을 선언합니다. 아멘."34)이라고 말할 수도 있을 것이다. 그에 대하여 답하기가 망설여진다. 배타적인 대답은 필연적으로 잘못된 것이기 때문이다. 만일 우리가 탄원적인 것만 여기서 적합하다고 말한다면, 이 기도를 들어 주시는 하나님의 의지와 능력에 대하여 어떤 의혹을 드러내는 것이 아니겠는가? 또한 만일 우리가 선언적인 것만 여기서 적합하다고 말한다면, 용서의 선언이라는 인기 있는 형식에 너무 매달리는 것이 아니겠는가? 그러므로 공동체의 회개 결심 뒤에 목사가 하는 말들은, 복수 1인칭으로 하는 말들이든(미사에서처럼) 또는 복수 2인칭으로 하는 말들이든(개혁교회 전통에서처럼) 간에, 하나님 말씀의 제사장적인 선포에서 인정되어야 한다.35) 나는 여기에 세 개의 주(註)를 첨가하고 싶다. 첫 번째는, 적어도 불어를 사용하는 개혁교회 전통의 관점에서 모든 용서와 용서의 선언들이 복수 2인칭으로 말해진다는 것이다. 그러므로 그것은

---

34) *Op. cit.*, p. 19.
35) 좀 더 자세한 것은, 베른의 예식서인 "paroles de grâce et d'absolution"이나 "déclaration du pardon de la Liturgie de l'Eglise réformée de France"(p. 22-24)를 참조. 또한 미국장로교 예배서, *The Book of Common Worship*, Philadelphia, 1966, p. 157를 참조.

열쇠의 권한을 행사하는 특별한 형식과 관련된다. 두 번째 주는 같은 의미를 갖는데, 땅 위에서 그리스도의 이름으로 죄를 용서할 수 있는 권한을 갖는다는 것이다(막 2:10, 마 9:2, 눅 5:24). 바리새인들과 율법학자들을 격분시켰던, 죄인들에 대한 그리스도의 말씀들은(막 2:5, 마 9:2, 눅 5:20, 7:48) 안수를 받아 권위를 갖게 된 그분의 사역자에 따라 다시 말해진다. 세 번째 주는 역사적인 중요성을 갖는다는 것이다. 일반적으로 개혁교회 전통이 복수 2인칭으로 된 용서의 선언을 하고, 이 선언이 "성부, 성자, 성령의 이름으로" 행해지는 것이라면, 그것은 개혁교회 전통이 로마가톨릭교회가 죄인들의 화해성사라고 부르는 공중 예배가 되게 한다. 우리는 종교개혁이 고해 성사를 없애 버렸다고 자주 주장한다. 그것은 정확한 것이 아니다. 종교개혁은—교회의 징벌 수단을 요구하지 않을 정도로 그다지 수치스럽지 않은 죄들을 위하여—고해 "성사"를 일상적인 예배순서 속에 집어넣었다. 거기에서, 조건적이기는 하지만, 선언적인 형식이 나왔다. "여러분 모두가 참으로 죄인이라는 것을 고백하고……." 이것은 하나의 은혜의 사건과 관련된다. 곧 로마가톨릭교회가 1973년 12월 2일 펴낸 이래 권위를 갖고 있는 새로운 『회개의 규칙』(Ordo paenitentiae)36) 속에 있는 "죄의 고백이나 일반적인 용서의 선언들과 함께 많은 고해 규정들을 조정하기 위한 규칙"(Ordo ad reconciliandos plures paenitentes cum confessione et absolutione generali)과, 몇 가지 점들을 제외하면, 아주 비슷하기 때문이다.

---

36) Typis polyglottis Vaticanis, 1974, p. 40 이하.

2. 주의 만찬

우리는 왜 성만찬이 예배의 구성 요소인가 하는 것을 이해하기에 앞서 그리스도교 예배에서 성만찬의 자리에 관한 역사적인 몇 가지 정보들을 제공하는 것으로 시작하고자 한다. 이어서 우리는 성만찬 종류에 따라 제기된 문제들을 살펴보고, 마지막으로 성만찬을 애찬과 구별 짓고자 한다.

1) 교회 예배에서 성만찬의 자리

처음 그리스도인들은 사도들의 가르침과 기도와 서로 사귀는 일에만 힘쓴 것이 아니라, 함께 떡을 떼는 일에도(행 2:42) 힘을 썼다. 그러므로 이것은 규칙적인 것이었다. 신약성서는 부수적으로 우리에게 드로아의 그리스도인들이 "떡을 떼기 위해" 한 주간 첫날에 모였다는 것을 알려준다(행 20:7). 따라서 "한 주간 첫날"과 "떡을 떼는 일" 사이에는 이를테면 자동적인 관계가 성립되었다. 우리는 고린도교회 역시 "먹기 위해"(고전 11:33) 매주 첫날 모였다는 것을 알고 있다. 사도는 성만찬을 집례하는 그들의 한심스런 방식 때문에 더 이상 그들이 실제적으로 주의 만찬에 참여하지 못하는 것을 비난하고 있다(고전 11:20). 이런 표현들은 성만찬이 신자들의 주일 모임을 구성하는 일부였음을 증언한다. 또 주의 만찬 때문에 그리스도인들이 주의 날인 주간 첫날에 불리어졌음을 우리에게 확신할 수 있도록 해준다.37) 사실 신학적인 문헌에서 중히 여기는 2세기 초 문서는 초대 그리스도인들이 일요일에 두 가지 예배, 곧 유대교 회당에서 기원한 "말씀의 예배"(시대착오적인 학술용어이기는 하나)와 예루살렘 성전의 희생제의를 참조한 성만찬의 예배를 드렸음을 추측케 한다. 이 문서는 젊은 총독 플리니(Pline)가 트라얀(Trajan) 황제에게 보낸 편지인데, 다음의 내용을 담고 있다: 그리스도인들을 고문하여 "그들의 모든 죄와 잘못이 정해진 날, 해가 뜨기 전에 한데 모여 하나님을 찬양하는 것처럼 그리스도를 찬양하는 노래를 부르는 것으로 밝혀졌습니다. 맹세코 그들은 도둑질이나 살인, 간통죄 등을 범하지 않았으며, 약속을 지키고 빌린 것에 대해서는 부인하지 않았습니다. 그들은 자신들의 습관에 따라 서로 헤어진 뒤에는 얼마 있다가 같이 식사하기 위하여 새로 모이곤 합니다. 물론 그것은 정상적이고 위험성이 없는 식사입니다······."38) 그러나 사실 이 문서에서 서로 의견이 일치하는 유일한 예외를 인정해야 하지 않겠는가? 실제로 플리니는 그리스도인이 아니었다. 따라서 그는 교회 안의 사정을 알지 못하였음을 잊어서는 안 된다. 또한 그가 그리스도인들에 대하여 갖고 있는 정보들은 고문에 따라 강요된 것들이고, 틀림없이 점점 더 가혹한 고문에 따른 것이란 사실도 잊어서는 안 된다. 그렇기 때문에 나는 "말씀의 예배"에 관하여 그것이 제공하는 정보들은 첫 번째 고문으로 얻은 것이라고 생각한다. 반면에 그리스도인들의 식사에 관한 정보들은 그리스도인들이 이미 성만찬 생활을 둘러싼 비밀엄수의 훈련을 받았음에도 불구하고, 더 가

---

37) *Der Sonntag*, Zürich, 1962, p. 218.
38) O. Cullmann 역, *La foi et le culte de l'Eglise primitive*, Neuchâtel, 1963, p. 116, note 4. 플리니의 문서는 그의 *Epistularum liber X*, 96; 3, 8에 있다.

혹하고 더 고통스런 고문에 따라 발설한 것이라고 생각한다.[39] 그러나 이런 자백을 하면서 이 식사가 이교도들이 중상 모략하는 그런 것이 아니라, "정상적이고 위험성이 없다"(Promiscuum tamen et innoxium)는 사실을 밝혀낸 것이라 생각한다. 이런 식의 해석 때문에 젊은 총독 플리니의 문서를 우리가 알고 있는 다른 것과 달리 취급하지 않게 된다. 그것은 이렇게 요약할 수 있다. 곧 우리는 그리스도인들의 주일모임(synaxe)에서 성만찬의 예배를 제외할 수 있음을 뜻하는 초대교회의 증언을 갖고 있지 않다.

16세기까지 주마다 실행되는 성만찬 전통은 중요한 변화를 겪기는 하였지만 계속되었다. 5세기경까지 세례교인들이 주일마다 성만찬을 받았음이 자명하다면, 성만찬예식과 성만찬을 받는 것(communion) 사이에 어떤 단절이 일어난다.[40] 그 예식은 주일마다 계속 되었지만, 평신도들이 미사에서 성만찬을 받는 것은 점점 더 드물게 되었다. 이런 변화는 이중적인 원인 때문인 것 같다. 하나는 교리적인 원인이다. 곧 성만찬의 기념적인 특성에 대한 강조 때문에 성만찬이 점점 더 배타적으로 희생적인 면에 치우치게 되었다.[41] 성만찬은 언제나 희생적인 계수(coefficient)로 경험된다. 그러므로 그것은 교회의 역사 속에서 갑자기 혁신적으로 돌출한 것이 아니다. 그러나 새로운 것은 이 계수가 성만찬의 계수보다 더 상위에 서기 시작하였다는 사실이다. 만일 성만찬이 산 이들과 죽은 이들을 위하여 하나님께 드리는 "희생"이라면, 그것은 결국 거기에 참석

---

39) J. Jeremias, *Die Abendmahlsworte Jesu*, Goettingen, 1960, p. 128, 163.
40) J. A. Jungmann, *op. cit.*, II, p. 447 이하 참조.
41) 예컨대, J. de Watteville, *Le sacrifice dans les textes eucharistiques des premiers siècles*, Neuchâtel, 1966을 참조.

한 이들을 위하여 드려진 것이므로, 거기 참석한 이들은 달리 성만찬을 받을 필요가 없이 충분하다. 사제는―주교(*episkopos*)나 장로(*presbyteros*)의 의미에서가 아니라―성만찬의 요소가 잊혀지지 않도록 성만찬을 베푸는 것으로 족하다. 성만찬의 신비가 지닌 통일성을 깨뜨린 또 하나의 원인은 이것이다. 자신에게 내릴 심판을 먹고 마시지 않도록 저마다 자기 자신을 살피라는 사도 바울의 권고(고전 11:27~29)가 성만찬의 신비를 존중하는 쪽으로 이끌지는 못했다. 대신에, 신자들 거의 대다수가 성례전 앞에서 그것을 회피하게 하는 어떤 공포를 불러일으켰다. 성만찬을 받는 것에 대한 이런 혐오는―주마다 실행되는 일상적인 예식에도 불구하고―1215년의 제4차 라트란회의에서 그리스도인들은 적어도 일 년에 한 번은 부활절에 성만찬을 받기 위하여 참회해야 할 의무가 있다고 결정하는 중대한 결과를 가져왔다.[42] 요컨대, 주마다, 게다가 또 일상적이기까지 한 성만찬예식이 있었지만, 신자들은 일 년에 단 한 번 성만찬을 받을 수 있었다. 이것이 종교개혁 시기의 일반적인 상황이었다.[43]

루터는 주일 성만찬을 그대로 지탱하였다. 영국성공회도 주교좌성당에서는 역시 그러하였다. 그러나 개혁교회는 그렇지 않았다. 개혁교회는 아마도 종교개혁이 경험한 좀 더 심오한 전통과의 단절, 곧 주의 날과 주의 만찬 사이에 있는 규칙적인 일치로부터의 단절을 감행하였다. 그 때 사람들은 성만찬의 기념적인("희생적인") 특성과 성만찬적인 특성 사이에 균형을 회복시키려는 의도에서 이 단절의 위험을 무릅썼다. 사람들에게 성만찬이 베풀어지지 않으면 성만찬

---

[42] DS, n⁰ 812를 참조.
[43] 더구나 평신도들을 위한 성만찬은 떡과 잔의 성만찬이 아니라 떡만의 성만찬이었다.

은 없다. 성만찬이 베풀어지지 않는 성만찬은 그리스도의 반복되는 희생을 말하는 것이 되기 때문이다! 그래서—적어도 가장 널리 퍼진 개혁교회 전통에서—사람들은 일 년에 네 번 성만찬을 베푸는 것으로 만족하였다.44) 이런 대책은 목회적인 두 가지 이유에서 받아들여졌다. 우선 '교리적인' 면에서 목회적으로 제시한 대책이다. 곧 사람들이 참여하는 성만찬이 없는 성만찬예식에 대한 견해를 이교적인 것으로 거부하면서, 그러나 3세기 전부터 일 년에 단 한 번 있는 성만찬에 길들여진 사람들을 일 년에 한 번 하는 성만찬에서 매주 실행되는 성만찬으로 건너뛰게 한다는 것이 불가능하다고 보았다. 따라서 종교개혁자들이 매주 실행되는 성만찬을 없애 버렸다고 말할 것이 아니라, 오히려 그들이 성만찬 주일을 네 번으로 증가시켰다고 말하는 것이 목회적으로 정당할 것이다. 이런 대책이 취해지게 된 두 번째 목회적인 이유는 규율상의 문제 때문이었다. 그것은 신자들이 성만찬에 아무런 준비 없이 참여하는, 다시 말해서, 진지하게 자신을 돌아보는 일 없이 참여하는 것을 바라지 않았기 때문이다. 예컨대, 제네바에서는 성만찬이 있는 주일마다 그 전주에 공고되었다. 또 미리 신자들이 성만찬을 받을 자격이 있는지 없는지를 알고자 신앙교리문답 시험을 보았다. 마찬가지로 "교회에 처음 나온 낯선 이들과 신입교인들을 권고하고 성만찬에 대한 지식을 갖게 하여 그들이 심판에 떨어지지 않도록"45) 그러했던 것이다. 그러나 칼빈은 이런 대책이 오류가 많고 균형을 잃었으며, 초대교회의

---

44) "성탄절과 부활절, 성령강림절에 가장 근접한 주일 그리고 구월의 첫 주일에 성만찬을 베풀었다": "les Ordonnances Ecclésiastiques de l'Eglise de Genève, 1561," *apud* W. Niesel, *op. cit.*, n⁰ 73, p. 51.

45) Ordonnances Ecclésiastiques de l'Eglise de Genève, 1561, n⁰ 77, 또한 W. Niesel, *op. cit.*, p. 187; p. 321를 참조.

전통과도 상응하지 않음을 알았다. 그 때문에 행정관이 정한 규정을 그가 승인하였다면, 그것은 그가 그것이 잠정적이길 바랐기 때문이다. "성만찬은 우리 주님께서 우리를 위하여 제정한 것이기에 자주 실행되어야 한다. 또한 그것은 악마가 그것 대신에 미사를 세우려고 교회를 혼란시킬 때까지는 그렇게 초대교회에서 준수되어 왔다. 우리가 바로잡아야 하는 것은, 아주 드물게 성만찬을 베푸는 부족함이다. 그럼에도 불구하고, 지금 알려지고 지정된 성만찬은 일년에 네 번 실행하라는 것이다."[46] 그러나 이런 형태는 끈질기게 지속되었다…….

주의 날과 주의 만찬 사이에 있는 일치의 단절에 관하여 모든 개혁교회들이 제네바의 예를 따랐던 것은 아니다. 제네바가 경험한 불편함을 다른 곳에서도 역시 느끼고 있었고, 다양한 방식으로 그것을 극복하려고 하였다. 여기서 16세기의 개혁교회에서 행한 성만찬예식의 빈도에 대한 역사적인 실례를 모두 든다는 것은 불가능하다. 내가 알기로는, 헝가리의 개혁교회(1562)만이 주마다 성만찬을 베풀었다. "주일마다 갖는 주의 만찬은 그리스도께서 제정하신 예식으로서, 우리를 보호와 권고로써 세상에 보내시려는 것이다"(cœnam Domini singulis diebus dominicis iuxta Christiuritum administramus, praemissa condione et adhortatione).[47] 우리는 바젤교회에서 비슷한 전통을 대한다. 그러나 한 가지 차이가 있다면, 거기에서는 매주일 성만찬을 받기 위하여 이 교회에서 저 교회로 다녀야 했다. 사실 거기서 교회들은 번갈아 가며(turnus) 매주 성만찬

---

46) *Ibid.*, n⁰ 73,
47) E. F. K. Mueller, *Dei Bekenntnisschriften der reformierten Kirche*, Leipzig 1903, p 347.

예식을 베풀었던 것이다. 1563년의 법령에 따르면, 부활절과 성령 강림절과 성탄절에 베풀었던 성만찬 이상으로, 라인강 서부지역의 도시 교회에서는 매월 한 번씩 성만찬을 베풀었고, 시골 교회에서는 격월에 한 번씩 성만찬을 베풀었다. 부언하면, "그것은 교회의 관습이나 필요에 따른 것이었다. 또 자주 성만찬을 베푸는 것이 그리스도교적이고 합당한 것이라 여겼기 때문이다."[48] 예컨대, 에르보른(Herborn, 1586)회의의 결정과 같이, 성만찬 예배를 더 많이 드리라는 권고 같은 것도 찾아볼 수 있다.[49] 그 당시 개혁교회 성만찬에 관한 입장은 매우 확고하게 주마다 성만찬을 베푸는 것으로 복귀하는 것이었다.

2) 성만찬의 필요성

성만찬이 그리스도교 예배의 필수적인 요소인가 하고 생각으로는 초대 그리스도인들의 견해에 이를 수 없다. 성만찬이 예배의 일부를 구성하는 것이었음은 자명하다. 사람들은 "떡을 떼기 위하여"(행 20:7) 또는 "먹기 위하여"(고전 11:33) 교회에 갔다. 개혁교회가 — 또 성공회와 루터교 일부가[50] — 엄밀히 말해서, 예배를 그리스도께서 제정하신 예배가 되도록 성만찬의 필요성 문제를 제기하려고 말씀과 성만찬 사이의 연결고리를 뛰어넘고자 하였음은 틀림없는 사실이다. 이 점에 관하여, 우리에게는 오늘 말씀과 성례전 사이의 관계들을 명확히 해두려는 중요한 연구들과 논문들과 기사들이 많이

---

48) W. Niesel, *op. cit.*, p. 187에서 인용
49) *Ibid.*, p. 296. 좀 더 자세한 것은, 나의 "Le Saint Ministère..." p. 155, note 67과 W. D. Maxwell, *The Liturgical Portions of the Genevan Service Book*, Appendix E. Frequency of Communion in the Early Reformed Church, London, 1965, p. 201-205를 참조.
50) Rietschel-Graff, *op. cit.*, p. 436.

있다.51) 곧 성례전이 말씀과 다른 어떤 것을 주는가, 그것이 말씀보다 더 많은 것을 주는가, 그것이 말씀과 같은 것을 주지만 말씀과는 다르게 주는가 등을 알아보려는 것이다.52) 그 논쟁은 그리스도의 명령을 거역함 없이 단 하나의 재료(espèce) 아래 성만찬을 베풀고자 하는 것에 관한 로마교회 내부의 논쟁들을 연상시킨다. 그 세부적인 것까지 여기서 논할 수는 없다. 단지 이 논쟁이 때로 지나치게 위축되기도 하는 것은, 많은 개혁교회 신학자들이 말씀의 예배 곁에 그리고 뒤이어 성만찬을 베푸는 필요성에 관하여 주장하기를 싫어하기 때문이라는 것만은 지적하고자 한다. 그들은 그것이 말씀의 효력을 상실시키고, 게다가 말씀을 경멸하고 그것을 부차적이고 열등한 은총의 수단으로 만들어 버린다고 푸념한다.53) 우리는 물음이 잘못 제기된 이 논쟁에 가담하기보다는, 오히려 경험에 입각해서(*a posteriori*) 그리스도교 예배가 참으로 그리스도교 예배가 되도록 성만찬의 필요성을 정당화하는 몇 가지 근거들을 열거하는 것이 더 나을 것이다. 나는 다섯 가지 근거를 가지고 있다.

성만찬이 정상적으로, 규칙적으로, 교회의 주일예배에 속한다는 첫 번째 근거는, 그리스도께서 "이것을 행하여 나를 기념하라……."고 명령하셨다는 데 있다. 그러므로 성만찬을 베푸는 것은 그 명령에 순종하는 것이다. 바르트는 예배에 관하여 말할 때, 그것을 아주 정확하고 단순하게 지적한다: "교회 예배의 첫 번째 근거는 우리의

---

51) 이를테면, "Evangile et sacrement," Paris, Neuchâtel, Mineapolis, Gütersloh, 1970라는 제목으로 Annales de Recherches œcuméniques *Œcumenica 1970*에 기고된 논문들을 참조.
52) Rietschel-Graff, *op. cit.*, p. 427-438을 참조.
53) 예컨대, G. Harbsmeier, *Dass wir die Predigt und sein Wort nicht verachten*, München, 1958을 참조. 또한 J. Duerr, *op. cit.*, p. 15을 참조.

밖에, 곧 예수 그리스도의 현재와 활동에 있다. 그분은 자비와 신실하심으로 지배하길 원하신다. 그분은 마치 자시 자신이 주님이시고 주님으로 그대로 있는 것 같이, 교회도 교회이고 또 교회로 남아 있기를 바라신다. 그분은 자신의 인격과 자신의 사역이 자기 지체들의 삶 속에서 사랑받고 찬양받기를 바라신다. 그것이 온 인류와 역사의 심오한 이유이고 목적이다……이것은 왜 예수 그리스도께서 교회를 만드셨고 보호하시는가를 말해 주는 대목이다. 근본을 파헤치면, 예배가 필요한 것은 이것을 위해, 단지 이것만을 위해서이다. 그 효력은 우리가 제도와 소명에 순종할 때 발생한다. 교회 예배는 하나님의 활동(opus Dei)이다. 교회 자체를 위하여 근거를 제시해 주시는 하나님의 활동이다. 오늘 실용적이고 가련한 인간은 자기 곁에 실용적인 어떤 좋은 것을 가지고 있다는 사실에서 구원과 위로를 찾으려 한다. 그러나 우리는 그것에 실용주의적으로 근거를 제시해 줄 수 없다. 그의 첫 번째 토대는 명령을 따르는 데 있다. 그리고 이것이 교회 예배이다."54)

우리가 교회의 일상적인 예배에서 성만찬의 현재를 설명할 두 번째 근거는, 교회가 자신의 예배 안에서 또 예배로 말미암아 예수의 삶과 그분의 죽으심, 그분의 가르침과 그분의 승리, 그분의 영광과 그분의 약속들인 그분의 기념사를 행한다는 사실에 있다. 이 책의 첫 장에서, 우리는 교회 예배를 그리스도의 기념사를 행하는 것이라 말하였다. 말하자면, 세상의 구원을 위하여 예수께서 드리신 예배 자체 속에 삽입되는 것이라고 말하였다. 또 예배가 메시아적인 토대를 갖기 때문에 그리스도의 삶의 두 가지 근본적인 시기들을 반영

---

54) *Connaître Dieu et le servir,* Neuchâtel, 1945, p. 178.

한다는 것도 살펴보았다. 곧 갈릴리의 때는 말씀을 중심으로 하고 있고, 예루살렘의 때는 십자가와 부활을 중심으로 하고 있다는 것이었다. 예수의 역사는 자신을 십자가에 이르게 하였다. 십자가가 없다면, 그분의 예언자적이고 현학적인 사역은 내용과 효력이 없는 텅 빈 것이다. 그러나 예언자적이고 현학적인 이 사역은 그분의 제사장적인 사역을 알기 쉽게 만들기 위해서뿐만 아니라 그것에 동기를 주고 그것을 가능하게 하기 위해서도 필요하다. 우리는 거기서 마치 십자가가 예수의 갈릴리 사역에 필요한 것처럼, 성만찬은 말씀의 예배에 필요하다는 것을 추론할 수 있다. 십자가가 없는 예수의 갈릴리 사역은 무뎌지고, 목이 잘려진(décapité) 것이다. 성만찬이 없는 예배는 마치 십자가와 부활이 없는 예수의 사역이나 다를 바 없다. 그러므로 설교와 나란히 성만찬의 필요성을 밝히는 것은, 바로 예수의 역사가 갖고 있는 리듬을 밝히는 것이다.

세 번째 근거는, 이미 하나님 말씀의 예언자적인 선포에 대하여 말하면서 살펴본 것이다. 곧 설교와 성만찬의 동시성은 세상에 있는 교회의 상황을 나타내 준다는 사실이다. 교회는 구원의 길에 앞서 있다. 십자가에 달리신 이가 부활하신 분이기 때문에, 이미 구원을 얻었다. 그러나 그것은 아직 표현된 것은 아니다. 그것은 확실한 것이지만, 아직 우리의 잘못 때문에 상실할 수도 있다. 장차 올 세상은 벌써 싹이 돋아났으나, 그것은 기울어 가는 세상 속에서 발아된다. 새로운 것은 이미 나타났으나(고후 5:17 참조), 바울이 옛사람이라 부른 이는 아직 죽지 않았다. 설교와 나란히 있는 성만찬의 현재, 성만찬과 나란히 있는 설교의 현재는, 미래가 이미 현재하는 것을 뜻하는—특히 그 만찬의 메시아적인 특성에서—성만찬과 이 현재가 아직 감추어져 있고, 산발적이고, 이론의 여지가 있음을 뜻하는 설교하는 교회의 소생활권(biotope)을 구성하는 두 "세상들"의 동시성을 증명한다. 나는 여기서 우리가 살펴본 것을 되풀이하려 한다. 오로지 성만찬만 있는 예배, 설교가 없는 예배는 교회로 하여금 이미 교회가 그리스도와 함께 그 어느 것도 거기서 끌어내릴 수 없는 영광의 보좌 속에 앉아 있다는 생각에 쉽게 젖어들게 한다. 그리고 성만찬이 없는 예배는 교회로 하여금 아직 주님의 기도는 아무것도 이루어지지 않았으며, 교회는 아직도 어둠 속과 죽음의 그림자 속에서 방황하고 있다는 생각에 쉽게 젖어들게 한다. 성만찬이 예배에 필요하다는 것은, 그것이 여전히 두드러지는 악마의 권세를 부정하기 때문이다. "새 사람"(*kainos anthropos*)[55]은 이미 나타났다. 미래가 이미 시작된 것이다.

  우리가 검토한 것과 관련하여, 네 번째 근거는 이것이다. 곧 성만찬은 신앙만이 건널 수 있는 한계 너머에 있다는 사실이다. 신앙의 신비(*Mysterium fidei*)인 것이다. 초대교회의 교리문답에서 성만찬의 현재는 교리문답 수강자들과 신자들 사이에 차이가 있음을 예시한다. 그들 사이에 있는 차이는, 신자들이 언제나 새롭게 교리교육을 받지 않아도 된다는 것이 아니다. 주님의 식탁에 나아가는 것은, 아직 모두에게 열려진 것이 아니라는 의미이다. 그것은 그리스도교 신앙을 공중 앞에서 고백하지 못한 이들과 그 고백을 하고 신자가 된 사람들 사이를 구별하는 작용을 한다. 성만찬이 예배에 필요하다는 것은, 그것이 세상과 교회 사이의 차이를 뚜렷하게 하기 때

---

55) Ignace d'Antioche, Eph. 20, 1.

문이다. 그런데 이 차이가 그리스도의 교회를 구성한다.[56] 아마도 거기서 실제로 성례전에서 말씀을 구별하는 것을 발견하게 될 것이다. 마치 성례전이 말씀보다 더 많은 것을 주기나 하는 것처럼, 양적인 수준에서 이 차이를 보려고 할 때, 우리는 막다른 골목에 들어서게 된다. 그것은 둘 다 은혜의 수단, 은혜의 효과적인 수단들이기 때문이다. 그보다는 연대기적인 범주에서, 곧 말씀이 신앙을 앞선다는 그런 점에서 그들의 차이를 이해해야 한다. 만일 친절하게 회개로 부르시는 은혜가 있다면, 그것은 말씀의 은혜이다. 성례전을 말하자면, 그것은 단지 말씀이 울려 퍼질 뿐만 아니라, 말씀이 신앙으로 받아들여지고, 말씀이 신앙의 참여(engagement)를 불러일으키며, 말씀이 그리스도의 몸속에 착생될 수 있는 공간을 설정한다. 우리 문제로 다시 돌아가면, 성만찬이 그리스도인들의 주일 모임에 필요한 까닭은, 그것이 세상을 위하여 교회를 준비시키기 때문이다.

성만찬이 그리스도교 예배에 필요한 것은, 그것이 예수 그리스도에 따라 제정되고 그분의 명령을 드러내기 때문이다. 성만찬이 그리스도교 예배에 필요한 것은 그리스도교 예배가 예수의 기념사를 행하는 것이기 때문이다. 말하자면, 예수의 예배를 반향하기 때문이다. 따라서 그분의 결정적인 두 시기를 알아야 한다. 곧 성만찬이 없는 예배는 예루살렘 문턱에서 멈춘 예수의 삶과도 같은 것이다. 성만찬이 그리스도교 예배에 필요한 것은, 종말론적인 상황 속에 교회가 있기 때문이다. 말씀의 예배의식은 "현 세상"이―그 노후함과 한계들과 죽음과 함께―아직도 지속되고 있음을 증언한다. 반면에, 종말론적인 예배의식은 "장차 올 세상"이―그 평화와 기쁨과 영

---

[56] P. Brunner, *op. cit.*, p. 334 참조.

광과 함께—이미 볼 수 있는 눈을 가진 이들과 들을 수 있는 귀를 가진 이들과 환호성을 지를 수 있는 입을 가진 이들을 위하여 시작되었음을 증언한다. 성만찬이 그리스도교 예배에 필요한 것은, 말씀이 선포될 뿐만 아니라 받아들여지고, 신앙 앞에서부터 신앙 속으로 뛰어드는 발걸음을 내딛게 하며, 말씀의 청취자들이 말씀의 고백자가 되는 그리고 초대받은 이들이 연회 참석자가 되는 공간을 설정해 주기 때문이다. 우리가 지금까지 살펴본 것은, 그리스도교 예배에서 성만찬이 필요함을 설명하기 위해서였다. 나는 여기에 이 필요성을 설명해 주는 다섯 번째 근거를 추가하고자 한다. 곧 성만찬을 베풀지 않으면 안 되는 이유는, 교회가 "하늘에서 내려온 생명의 떡"(요 6:51)을 세례 받은 이들에게서 빼앗을 권리가 없기 때문이다. 만일 교회가 이런 권리를 갖는다면, 교회는 은총을 횡령하는 것이다. 그리스도께서 제정하신 것을 멸시하는 것이다. 그리고 누가 이 권리를 교회에게 주었겠는가? 이런 관점에서, 성만찬을 일 년에 네 번 이상 베풀라고 권장하는 개혁교회의 규정(Disciplines)들을 이해해야 한다. 역시 제2차바티칸공의회는 거룩한 예배의식에 관한 규칙을 제정하면서 다음과 같이 강조하였다: "모든 교회는 모든 신자들이 예배의식에 완전하고 의식적이며 능동적으로 참여하기를 바란다. 그것은 예배의식 그 자체가 지닌 본질로 말미암아 요구된다. '또한 그것은 세례에 따라 그리스도인들에게 권리와 의무가 되었다'……"(N° 14). 성만찬이 주일예배에 필요한 것은, 세례 받은 이들에게 교회가 그리스도의 명령에 순종하는지 살필 권리가 있기 때문이다. 성만찬예식을 그리스도교 예배에서 생략하는 것은, 신자들의 세례를 우롱하는 것이다. 그들을 세례지원자로 취급하는 꼴이다.

3) 성만찬의 재료

"주 예수께서 잡히시던 밤에, 빵을 드시어서 감사를 드리신 다음에, 떼시고 말씀하셨습니다: 이것은 너희를 위하는 내 몸이다. 이것을 행하여 나를 기억하여라. 식후에, 잔도 이와 같이 하시고서, 말씀하셨습니다: 이 잔은 내 피로 세운 새 언약이다. 너희가 마실 때마다 이것을 행하여 나를 기억하여라"(고전 11:23 이하). 우리는 주일예배에서 성만찬의 자리에 대하여 말하였다. 이어서 이 예배를 위한 성만찬의 필요성에 대해서도 말하였다. 이제 말하고자 하는 것은, 성만찬 재료들에 따라 제기된 문제들이다.

예수께서 성만찬을 제정하면서 유대교 유월절의 떡인 무교병을 이용하셨다는 것은 분명하다.[57] 그러나 초대교회가 예수께서 그 때 무교병을 사용하셨다는 사실에서 단호한 명령을 보지 못하였다는 것도 신빙성이 있다. 그래서 사람들은 일반적으로 누룩이 든 빵, 일반적인 빵을 사용하였다. 성만찬에서 무교병을 사용한 것은, 동방교회에서 널리 통용되던 전통이었다. 그것이 9세기 이후, 서방교회로 퍼져나갔다. 그리고 11세기에 들어서, 희랍정교회와 로마교회 사이에 갈등이 있었음에도 불구하고, 교회는 분열의 원인을 이 차이에서 보지 않았다. 그런 곡절에서, 1439년 플로랜스회의는 어느 쪽이건 사용할 수 있다고 선언하였다.[58] 그것은 역시 개혁교회의 전통이기도 하다.[59] 그렇지만 개혁교회는, 서방교회 전통을 보존한 루터교나 성공회 전통과는 반대로, 주식으로 먹는 빵(*panis cibarius*)

---

[57] J. A. Jungmann, *op. cit.*, II, p. 41; J. Jeremias, *op. cit.*, p. 35 이하.
[58] DS, n. 1303 참조.
[59] H. Heppe, *Reformierte Dogmatik*, p. 499 이하 참조.

을 선호하였다.[60] 스위스 개혁교회는 처음엔 주저하였다. 예컨대, 무교병의 사용을 고수하였던 베른의 교회는 드 보(de Vaud) 지역에서 무교병을 사용하도록 하였다(1538년). 그러나 신자들이 반발하자, 교회는 1605-1606년 사이에 그 조치를 철회하였다.[61] 그러므로 개혁교회에서 성만찬에 사용한 것은 누룩이 든 빵이었다. 그렇지만 성만찬 빵은 그 자체를 위하여 반죽되고 익혀져야 하며, "우리가 찾을 수 있는 것 가운데서 가장 순수하고 가장 고운 밀가루로"[62] 만들어야 한다고 규정하고 있다. 그러므로 빵의 선택은 형편과 처지에 따라 달라질 수 있다. 빵을 먹는 것(bouchées)에 대한 논쟁이라기보다는, 오히려 성체 빵(hosties)의 사용에 관한 논쟁들이었던 그것들은—예컨대, 성별된 빵은 일반적인 빵의 모양으로보다는 성체 빵의 모양으로 더 잘 보존된다는 것에 대한 논의, 그것은 말라 버리지 않기 때문이다—다음과 같은 논의—하나님께서 어떤 일을 부과하시기 위해서는 우선 그것을 맡게 될 것들을 약화시킨다는 인상을 주는 건 바람직하지 않다는 논의—에 비해서, 우세한 것은 아니었다. 누룩 없는 빵, 알코올 없는 포도주, 결혼하지 않은 목회자들……. 사실 구원은 그것이 다다른 것을 비틀어곱새기지 않는다. 그 대신 우리가 고려할 또 다른 논의는 이것이다. 먹기 쉽도록, 그리고 성만찬에 참여한 이들이 잔을 들어 마시기 전에 빵을 삼킬 수 있도록, 빵의 무른 부분만 사용해야 한다는 점이다.

　잔에 관하여, 나는 세 가지 물음을 지적할 것이다.[63] 그 가운데 첫

---

60) Synode d'Emden, 1571, *apud* W. Niesel, *op. cit.*, art. 21, p. 280; Ordonnances de Jülich-et-Berg, 1671, chap. ⅩⅤ, 115, *ibid.*, p. 321.
61) R. Paquier, *op. cit.*, p. 176 참조.
62) R. Paquier, *ibid.*, note 1에서 인용.
63) 포도주가 아니라 물로 성만찬을 베풀려는 견해는 논외로 할 것이다. 곧

번째는 이것이다. 우리는 발효된 포도주만 필수적으로 들어야 하는가, 아니면 알코올 없는 포도주를 사용해야 하는가? 신학적으로 이 물음은 방금 전에 직면했던 누룩이 든 빵이나 무교병에 관한 물음과 유사하다. 그러나 역사적으로 보면, 그것들은 비교가 안 된다. 알코올 없는 포도주는 근자에 와서 사람들이 제조하기 시작한 것이고, 반면에 누룩 없는 빵은 이미 수천 년 전부터 만들었기 때문이다. 알코올 없는 포도주의 사용을 정당화하기 위하여, 우리는 기꺼이 이렇게 말할 수 있다. 성만찬이 회개한 알코올중독 환자들에게 포도주 맛을 보여줌으로써 타락의 기회가 되게 해서는 안 된다고. 그렇다고 역시 술을 끊은 사람들이나 치료 가운데 있는 알코올중독 환자들이 잔을 위로 쳐들기만 하든지 또는 잔이 자신들 앞에 내밀어질 때 고개를 숙이는 것으로 만족하며 빵만 받을 수는 없다. 여기서 나는 방금 전에 떡은 떡이어야 함을 강조하였듯이, 포도주는 포도주여야 함도 말해 두고 싶다. 떡과 포도주를 드심으로, 그리스도께서는 이 세상의 건실하고 좋은 사물들을 그 소임에 맞게 사용하셨다. 그로써 우선 비틀어곱새겨지지 않고 기형적이지 않으며 거세되지 않은 그것에 영향을 주고 변화시킬 수 있는 죄 용서의 능력과 거룩함의 능력과 영광스러움의 능력을 지닌 은총을 내보이셨다.

두 번째는, 적포도주를 마셔야 하는가, 아니면 백포도주를 마셔야 하는가 하는 물음이다. 만일 어떤 장소가 백포도주 산지라면, 거기서는 백포도주를 마실 수 있을 것이다. 적포도주 산지라면, 적포도주를 마실 수 있을 것이다. 그러나 대다수의 포도 생산자들이 적포

"hydroparastates"는 옛 전통에 따라서도 만장일치로 비난받은 것이다. P. Lebeau, *Le vin nouveau du Royaume*, Paris-Bruges, 1966, p. 142 이하 참조.

도 묘목과 마찬가지로 백포도 묘목을 재배한다는 사실에서, 나는 적포도주를 선택할 것이다. 이것은 기호의 문제가 아니라, 성만찬 포도주의 문제이다. 무엇 때문에 이것을 선호하는가? 우선—약간의 논쟁거리가 있기는 하지만—예수께서 성만찬을 제정하실 때 실제로 적포도주를 사용하셨다는 것 때문이다.[64] 그리고 그것이 붉은 피를 상징하기 때문이다.[65]

세 번째는, 순수한 포도주인가, 아니면 물을 섞은 포도주인가 하는 물음이다. 우리는 유대교 유월절 축제에서 축복의 잔에는 물을 섞은 포도주가 담겨 있었다는 것[66]과, 2세기의 순교자 저스틴이 성만찬 잔에 관하여 말할 때 포도주와 물을 말하고 있음을 알고 있다.[67] 이와 유사한 교부들의 저서도 많이 있다. 또한 이렇게 포도주와 물을 섞는 상징론에 대하여 설명하고 있는 것들도 찾아볼 수 있다. 곧 교회를 그리스도와 연합하는 상징으로 설명하는 이들이 있다.[68] 또 창에 찔린 예수의 옆구리에서 피와 물이 흘러나왔다는 것에 대한 회상으로 설명하는 이도 있다.[69] 그리스도의 두 본성에 대한 암시로 설명하는 이들도 있다. 그리고 동방정교회 신자들이 그랬는데, 단성론자들인 아르메니아인들은 포도주에 물을 섞지 않았다고 설명하는 이들도 있다.[70] 성만찬 신비의 핵심에 기생하는 상징론에 대한 논의를 중단시키기 위하여—확실히 아르메니아인들의

---

64) J. Jeremias, *op. cit.*, p. 47을 참조.
65) 이것은 동방교회의 전통이고, 반면에 서방교회의 전통은 백포도주를 선호하였다.
66) Strack-Billerbeck, *Kommentar zum Neuen Testment aus Talmud und Midrasch*, IV/1, München, 1956, p. 58과 62를 참조.
67) Oinos Kai Hydor, *Apol.*, 65, 5; 65, 3; 67, 5 참조.
68) St. Cyprien, *Ep.* 63, 13.
69) St. Ambroise, *De sacramentis* V 1, 4.
70) J. A. Jungmann, *op. cit.*, II, p. 48 이하.

주장에 동조(complicité)하려는 것은 아니었다—종교개혁자들은 순수한 포도주만 보존하려고 혼합을 거부하였다. 그 어느 것도 그들이 정당하다는 것을 막지 못한다.

중세기 말과 종교개혁 시대에 사상가들이 활발하게 참여하였던 논쟁은, 성만찬에 참여하는 이들이 빵만 먹는 것이 적법한가, 아니면 거기에 더하여(sub utraque) 필연적으로 포도주를 마시게 하는 것이 적법한가 하는 것이었다. 그 물음에 어떤 대답을 하는가에 따라 교회가 분열되었다. 로마교회는 트렌트회의에서 신자들에게 빵만 베푸는 것이 적법하고 상식적인 것이라고 천명한71) 반면에, 종교개혁에 가담하였던 루터교, 성공회, 개혁교회 등 세 교회는—그 이전의 발도(Vaudois), 위클리프(Wycliff), 장 후스(Jean Hus)의 주장에 뒤이어—'그 두 가지 재료'로 성만찬을 베풀어야 한다는, 근본적으로 개혁적인, 주장을 하였다. 곧 예수께서 성만찬을 제정하실 때 잔을 들고 "모두 마시라"고 하시지 않았는가? 그런 갈등은 초대교회와 13세기 직전의 교회에서는 생각할 수 없는 것이었다. 그 때 사람들은 두 가지 재료로 성만찬을 베풀었다. 비록 오래전부터, 특히 병자들이나 아이들의 성만찬을 위해서는, 단 한 가지, 떡 재료로만 성만찬을 베풀었을지라도 말이다.72) 그러나 13세기 이후 평신도들

---

71) DS, n⁰ 1731-1733 참조. 콘스탄트회의(1415)는 평신도들의 성만찬을 위하여 단지 떡의 성만찬을 베풀기로 하였다: DS, n⁰ 1199 참조. 1439년 플로렌스회의에서의 떡과 포도주가 온전히 그리스도로 변화한다는 것을 주장하였다: "Nam ipsorum verborum virtute substantia panis in corpus Christi, et substantia vini in sanguinem convertuntur: ita tamen, quod totus Christus continetur sub specie panis et totus subspecie vini…" DS, n° 1321(사실 말씀 그 자체의 능력으로 떡의 본질이 그리스도의 몸으로 변화되고 포도주의 본질이 그분의 피로 변화된다. 그 결과 그리스도는 떡의 모양과 포도주의 모양 아래 온전히 포함되는 것이다)……이 문제에 관한 트렌트회의의 문서들은 ibid., N°s 1640, 1653을 참조.
72) J. A. Jungmann, op. cit., II, p. 447 이하; 447 이하; Rietschel-Graff, op. cit., p. 337; A.

에게는 떡 재료로만 성만찬을 베푸는 풍습이 퍼졌다. 잔을 엎질러 주님의 피에 대하여 죄를 지을까 두려워했기 때문인 것 같다.73) 이 "미신적인"—16세기에 그렇게 말해졌듯이—풍습을 장려하였던 성직자들과 콘스탄스회의(1415)는 그것을 서방교회의 일반적인 관례로 인준하였다.74) 이 풍습은 거부되어야 한다. 거기에 한 재료를 더한(sub utraque) 성만찬을 만족스럽게 받아들여야 한다. 무엇보다도 그리스도께서 두 재료의 성만찬을 제정하신 것이 분명하다면, 이 제도가 교회에 따라 존중되어야 하기 때문이다.75) 하나만으로(sub una) 하는 성만찬은 두 가지 이유에서 거부되어야 한다. 그것은 성직자들, 그들 자신들은 떡과 포도주(sub utraque)로 성만찬을 베풀기 때문이다. 떡만의(sub una) 성만찬은 부당하게도 성직자와 평신도들 사이를 구별하고, 성직자에게 특권을 준다. 성직자와 평신도들 사이에는 분명한 차이들이 있다. 그러나 그것들이 구원론적인 가치를 지니고 있는 것은 아니다. 성직자들이나 평신도들이나 마찬가지이다. 만일 성직자들이 성만찬에서 평신도들보다 더 많은 것을 받는다면, 이 특권은 그들을 평신도들로부터 교회론적으로 잘못되게 구별 짓는다. 제2차바티칸공의회는—그리스도께서 저마다에게 두 가지 재료를 허락하셨다고 하는 논의들에 이의를 제기하지 않는 것을 조건으로—떡과 포도주의 성만찬으로 복귀할 토대들을 놓았

G. Martimort, (R. Cabié), *op. cit.*, nouvelle éd. T. II, p. 253을 참조.
73) Rietschel-Graff, *op. cit.*, p. 337.
74) 동방교회의 전통은 주일의 공개적인 예배를 위한 한 재료만의(*sub una*) 성만찬을 모른다.
75) 우리는 물론 그리스도께서 떡과 포도주라는 저마다의 재료들 속에 자신을 온전히 주셨기 때문에, 따라서 단지 떡의 재료만으로 성만찬에 온전히 참여할 수 있다고 하는 콘스탄스회의와 그 뒤를 잇는 회의들과 논쟁할 수 있다(우리는 한 재료만의 성만찬이 잔만의 성만찬이었다고 하는 관습을 모른다). 포도주가 없었다는 것이 사실일 것이다. 그러나 포도주가 있었다면 논쟁은 그럴듯하게 될 것이다.

다. 이 토대들 위에서 공의회 이후의 로마교회는 정상적인 성만찬, 두 가지 재료로 하는 성만찬을 증가시켰고, 또 계속 증가시킬 것이다.[76)]

성만찬 분배 역시 몇 가지 문제들을 제기한다. 나는 그것을 열 가지로 나누어 생각하고자 한다. 우선적으로 생각하고자 하는 것은, 일반적인 질서에 대한 두 가지 고찰이다. 첫 번째는, 예식(cérémonial)의 문제이다. 교회는 언제나 자신의 자유에 대한 존중을 요구하였다. 우리가 알고 있는 그런 문제들이다. 이 자유는 우리가 이 점에 관하여 그리스도교 전통의 수많은 정보들을 열거하는 수고를 덜어준다. 두 번째는, 성만찬에 참여한 이들은 세례 받은 이들, 그리스도의 죽음과 승리로 말미암아 악마(Malin)에게서 해방된 이들이라는 것을 잊어서는 안 된다는 것과, 따라서 그들이 이 자유를 깨닫도록 해야 한다는 것이다. 그러므로 우리는 소심하고 미신적인 마음으로 떡과 포도주를 배분해서는 안 될 것이다. 이제 여기서 제기되는 열 가지 문제들을 빠르게 열거하기로 한다.

ⅰ) 우선 분배가 있어야 한다. 이것은 자명한 것처럼 보일 것이다. 그러나 우리가 알기로, 라틴 전통에서는 신자들의 성만찬 없는 성만찬예식을 알고 있었고, 또 여전히 그러고 있다. 개혁교회처럼, 이런 예식은 거부되어야 한다. 특히 "죽은 이들을 위한" 미사를 경계해야 할 것이다. 그들은 더 이상 성만찬에 참여할 수 없는 이들이기 때문이다.

ⅱ) 누가 떡과 포도주를 분배할 것인가? 가장 일반적인 전통은, 떡

---

76) SC, n⁰ 55. 또한 l'*Institutio generalis missalis romani* de l'*Ordo Missae*, de 1969, nᵒˢ 204-252를 참조.

은 성만찬 집례자가 분병하고, 잔은 집사나 장로(Ancien)나 평신도가 배잔하기를 바란다. 이 전통은 좋은 것이다. 특히 한 식탁에 모여서 베풀 때보다, 줄을 지어 성만찬에 참여할 때 권할 만하다. 만일 성만찬이 식탁에서 베풀어진다면, 집례자(목사)가 떡을 들고 이 사람에게서 저 사람에게 가고, 장로나 집사가 잔을 들고 그 뒤를 따른다. 그렇지 않으면 성만찬에 참여한 자신들이 잔을 돌린다. 집사나 장로가 잔을 식탁 첫 번째 사람에게 주고, 식탁 마지막 사람이 성만찬에 참여하면 그 잔을 다시 회수하는 방식이다. 역시 떡의 분병에 대해서도 원칙적으로 같은 방식을 채택할 수 있다. 이 경우, 목사는 분배하기 전에 식탁에 앉은 사람들을 위하여 떡과 잔이 그리스도의 몸과 피를 가리키는 것임을 상기시키는 성서말씀을 선포하는 것이 좋다.

iii) 어떤 질서 속에서 성만찬을 베풀어야 하는가? 전통은[77] 첫 번째로 집례자가 자기 자신에게 성만찬을 베풀고, 뒤이어 다른 대리자들과 신자들에게 성만찬을 베풀기를 바란다. 우리는 다른 방식들에 대해서도 생각할 수 있다. 예컨대, 남자들이 여자들보다 먼저 성만찬을 받게 할 수도 있다. 이것은 개혁교회 전통에서 18세기까지 가장 일반적으로 받아들였던 방식이다. 다뉴브강 지역의 개혁교회에서는 여전히 고수하고 있는 방식이기도 하다. 아니면 신자들 가운데 몇이 먼저 성만찬에 참여하고 나서, 그 나머지 신자들이 성만찬을 받게 할 수도 있다. 거기에서는—오늘 상당히 많은 개혁교회들에서처럼—목사가 맨 마지막으로 성만찬을 받는다. 그것은 확실히

---

[77] A l'exception peut-être d'une pratique strasbourgeoise du xvie siècle, W. D. Maxwell, *The Liturgical Portions of the genevan service book*, p. 206-209 참조.

겸손함에서—이것은 여기서 살피고자 하는 게 아니다—그렇게 하는 것은 아니다. 남아 있는 성별된 음식들을 다 먹을 수 있기 위해서이다.

　ⅳ) 떡과 포도주가 제정의 말씀에 따라 떡—포도주 순서로 분배되어야 한다는 것은 자명하다. 또한 우리는 그것들을 동시에 분배하길 바라는 전통이 있다는 것도 알고 있다. 비잔틴 교회의 평신도들 성만찬에서 그러하였다. 곧 잔에 성만찬 떡을 띄우고, 사제나 부제가 숟가락으로 신자들에게 성만찬을 베푸는 것이다. 서방교회에서도 때로 비슷한 관습이 있었다. 곧 사제(또는 부제)가 성체 떡을 잔에 적시어 성만찬 참여자 입 속에 넣었다(이것은 무교병으로 성만찬을 베풀었음을 뜻하는 것이기도 하다).

　ⅴ) 접시(patène)와 잔(calice)에 대하여 말할 수 있다면 무엇인가? 쯔빙글리는 나무로 만든 것들을 원하였다. 주의 만찬에 사용된 식기류들이 검소한 것이었고, 주의 만찬 메뉴도 역시 일상적이고 평범한 것이었음을 분명히 하기 위해서였다. 이 견해는 존경할 만하다. 그러나 다음과 같은 사실도 정당하게 말할 수 있다. 곧 교회는, 일상적인 식사가 아니라 종말론적인 축제인 성만찬에서 이루어지는 것의 위엄에 비추어, 하나님의 구원활동을 담는다는 차원에서 너무 아름답고 너무 대단한 그릇(réceptacle)을 내놓을 수는 없다. 하나님께서 자신의 영원하신 아들의 어머니로 동정녀를 선택하셨듯이, 우리에게도 그리스도의 몸과 피를 담기 위하여 내용물(contenu)에 모순되지 않는 용기(contenant)가 필요하다. 그러므로—그리스도인의 자유와 종말론적인 기쁨 때문에—성만찬에만 사용되는, 고상하고 귀한 재료로 만든, 아름답고 품위 있는 그릇을 선택하는 것은 정당하

다. 그렇지만, 생 로랭(saint Laurent)의 아름다운 말을 인용하면, 교회의 참 보배는 가난한 이들이지 성만찬 그릇은 아니라는 것을 잊지 않는 한도 안에서 그렇다. 나는 여기서 많은 잔들에 대해서보다는 하나의 잔을 말하고 싶다. 사실 기술적으로 가능하다면, 많은 잔들보다는 하나의 잔을 선택하는 것이 좋다. 우선 성만찬에 참여한 이들 사이의 일치를 증명하는 데 좋기 때문이다. 그런데 성만찬에 참여한 이들의 다수가 여러 명의 대리자(ministres)에 따라 성만찬이 분배되기를 요구한다면, 물론 여러 개의 잔이 필요할 것이다. 그러나 바람직한 것은 아니다. 앵글로 색슨계의 많은 개혁교회들처럼, 성만찬에 참여한 사람들 수만큼 잔을 늘리는 것("각 개인의 잔들")은 성만찬 모임을 산산조각 내는 것이다. 위생과 구원(sotériologie)을 위험스럽게 혼동하는 것이다.[78]

vi) 떡을 성만찬에 참여한 이의 손에 주어야 하는가, 아니면 입 속에 넣어 주어야 하는가? 우리는 9세기 이후부터 성별된 떡 한 조각이라도 땅에 떨어뜨리는 것을 염려하여 사제가 성체 떡을 직접 성만찬에 참여한 이의 입에 넣어주었음을 알고 있다.[79] 16세기 사람들이 "미신적인" 것이라고 일컬은 이런 습관은 부분적으로 루터교와 성공회에서 지속되었다. 그러나―약간의 주저는 있었지만―개혁교회는 그것을 포기하였다. 또 제2차바티칸공의회 이후의 로마가톨릭교회 안에서도 점점 포기되고 있다. 잘된 일이다.[80]

---

78) Ordonnances de Jülich und Berg, 1671, *apud* W. Niesel, *op. cit.*, p. 322는 "Diejenigen so mit **gefährlichen** ansteckenden Kranckheiten und Seuchen, oder abscheulichen Gebrechen, beladen sind, sollen am letzen an dem ort, da es jede Gemeine gut findet, das Abendmahl empfangen"라고 지적한다. 잔의 성만찬을 하는 대신에 그들은 잔을 쳐드는 것으로 만족한다…….
79) J. A. Jungmann, *op. cit.*, II, p. 472 이하 참조.
80) 1969년의 l'*Ordo Missae*의 전례(典例)법규들은 그것에 대하여 전혀 말하지 않는다.

vii) 분배를 하는 데 말씀을 덧붙여야 하는가, 그렇다면 그 때 무슨 말을 해야 하는가? 널리 통용하는 예전적인 전통은, 그 때 어떤 말을 함을 알고 있다. 그러므로 첫 번째 물음에는 긍정적으로 답할 수 있다. 그러나 어떤 말을 해야 하는가? 떡을 분배할 때, 떡을 내미는 사람은 예컨대, 이같이 말한다: "그리스도의 몸"(이것은 가장 오래 전부터 사용된 가장 관용적인 표현이다), 또는 "그리스도 예수께서 주신 하늘의 떡"(히폴리투스의 사도전승이 제안하는 것처럼), 또는 "여기에 그리스도의 몸인 하늘에서 내려온 생명의 떡이 있습니다." (에티오피아 전통에서처럼),[81] 또는 "여러분을 위하여 죽으신 예수의 몸을 들고 먹으십시오."(칼빈의 예배의식과 같이),[82] 또는 "우리가 떼는 떡은 그리스도의 몸에 속한 것입니다."(팔라티나의 예배의식에서처럼, 1563),[83] 또는 "주님을 위하여 주어지는 우리 주 예수 그리스도의 몸은 주님의 몸과 영혼이 영원한 생명을 얻도록 지켜주십니다: 그리스도께서 여러분을 위하여 죽으셨다는 것을 기억하며 이것을 받아먹으시고, 그분에 대하여 진심으로 감사하시기 바랍니다."(옛 성공회의 예배의식에서처럼), 또는 "여러분의 주님 예수 그리스도께서 여러분을 위하여 죽으셨다는 것을 상기하시고, 그분께 감사를 드리십시오."(J. F. 오스터발드의 예배서에서처럼, 1713).[84] 잔에 대해서도 비슷한 말들이 말해진다. 여기서 세 가지 점을 주목하고자 한다. 첫 번째는, 성만찬을 받은 이의 응답에 관한 것이다.

---

81) J. A. Jungmann, *op. cit.*, II. p. 481을 참조.
82) *Opera seleca*, II, p. 49
83) *Apud* W. Niesel, *op. cit.*, p. 193
84) 베른(1955)과 프랑스 개혁교회(1963)의 예식서들은 떡을 떼고 잔을 들어 축사할 때 분배의 말을 하지 않고, 고린도전서 10장 16절을 인용한다.

좋은 전통은 그 때 "감사합니다!"라는 말보다 "아멘!"으로 응답하기를 바란다. 아멘이 "예, 나는 이것이 그리스도의 몸이요 피라는 것을 믿습니다."라는 신앙고백을 내포하기 때문이다. 두 번째는, 떡을 내밀면서 성서 한 구절을 말하는 개혁교회의 관례에 관한 것이다. 성서구절이 성만찬과 자동적으로 관련을 갖는 것이 아니기 때문에, 이런 방식은 성만찬 사건의 본질을 흐리는 것이다. 또 그리스도의 실제적인 임재에 관하여 어떤 망설임을 드러내는 것이다. 세 번째 주목하려는 것은 이것이다. 곧 불어를 사용하는 개혁교회에는 식탁에 모여 성만찬을 베푸는 좋은 관습이 널리 퍼져 있다. 이것은 맞다. 만일 성만찬이 식탁에 모인 사람들에 따라 분배된다면, 성만찬의 말씀은 목사가 와서 떡을 분배해 주기 전에 식탁에 앉은 모든 사람들에게 말해질 수 있다. 또 그 때 그 말씀은 그것 없이는 구원을 얻지 못하는 생명의 떡에 관한 요한복음 6장의 말씀일 수 있다.

viii) 어디서 분배를 행할 것인가? 쯔빙글리는 의자에 앉아서 하길 원하였다.[85] 그가 그런 방식을 원했던 까닭은 '우리를 향해 오시는' 하나님의 은혜를 증명하고 깨닫게 하기 위해서였을까? 그러나 일반적인 전통은, 분배 장소가 성만찬상 앞이나 주위여야 하고, 그것을 향해서 성만찬에 참여한 이들이 움직이기를 바란다. 만일 이런 방식을 행한다면, "신학적인" 동작을 증명하고 해설할 필요도 있다. 성만찬 때 성만찬에 참여한 이들이 움직여야 하는 참여와 봉헌의 특징을 잘 드러내주는 것이라 말할 수 있다.

ix) 분배가 될 때 성만찬을 받은 이들은 서 있어야 하는가, 아니면 무릎을 꿇어야 하는가? 이것은 성만찬에 참여하여 의자에 앉아

---

85) F. Schmidt-Clausing, *op. cit.*, p. 138.

있는 이들에게 떡과 포도주를 분배하라는 쯔빙글리의 제안과는 거리가 있다. 동방교회에서 지속되었고, 또 개혁교회에서 받아들여진 옛 전통은, 서서 성만찬을 받아야 한다는 주장이다. 곧 구주를 영접하기 위하여 일어서는 것이다. 11세기와 16세기 사이에 로마교회에서 널리 퍼지고 일반화되었던,[86] 그리고 루터교와 성공회 전통들에서 자주 언급되었던—아니면 나중에 그대로 답습한 것인가?—서방교회 전통은 그것과 다른 관습을 보여준다. 그것은 평신도들이 무릎을 꿇고 성만찬을 받는 것이다.[87] 가장 올바른 그리스도교 예전 자세는, 특히 주일에, 서 있는 자세이다. 우리는 이런 관습을 바꿀 아무런 이유가 없다.

x) 떡과 포도주의 분배에 대하여 말하면서, 맨 마지막으로 언급하고자 하는 것은 이런 질문이다. 만일 분배하는 가운데 집례자가 준비하고 성별한 떡과 포도주 양보다 더 많은 사람들이 성만찬을 받으려고 기다리고 있음을 알아차렸다면, 어떻게 해야 할 것인가? 새로운 떡과 새로운 포도주를 가지고 떡을 떼고 잔을 들어 기도하고 성별하는 일을 다시 해야 하는가, 아니면 떡과 포도주를 이미 성별된 떡과 포도주에 더할 수 있는가? 나는 분명히 두 번째 물음에 대하여 긍정적으로 답할 수 있다고 본다. 옛 전통은 이 물음에 대해—미신적으로가 아니라 아주 자연스럽게—긍정적인 답을 하였다. 곧 성별된 떡과 포도주에 더해지는 것은 그리스도의 몸과 피에 우리가 회개하여 참여하는 것을 뜻한다. 샤를 대제의 문서는 이 점에 대하여 잔의 내용물이 추가될 수 있다고 말한다. 곧 "포도주는 주님의 피이기 때문에……따로 성별하지 않아도 주님의 피가 모든 방법을 통하

---

[86] J. A. Jungmann, *op. cit.*, I, p. 321; II, p. 466; A. G. Martimort, *op. cit.*, p. 428 참조.
[87] 1969년의 *L'Ordo Missae*는 이 점에 관한 특별한 전례법규가 없다.

여 더해진 것을 거룩하게 한다."(sanguis dominicus······quia vinum etiam non consecratum sed sanguine Domini commixtum sanctificatur per omnem modum).[88]

그리고 만일 떡도 포도주도 갖지 않고 있다면, 다른 것으로 성만찬을 베풀 수 있는가? 이것에 답하려면 우선 우리가 왜 그것을 갖고 있지 않는가를 알지 않으면 안 된다. 곧 성만찬을 베풀어야 하는 그곳에서 그것들을 구할 수 없기 때문인가, 아니면 그것들로 성만찬을 베푸는 것을 바라지 않고 다른 요소들로 베풀길 원하기 때문인가?

만일 우리가 떡과 포도주를 구할 수 없다면―이런 곳은 점점 더 적어진다―나는 제한적인 것이기는 하나, 예외적으로 떡과 포도주에 가장 상응하는 다른 종류들을 사용할 수 있다고 생각한다. 말하자면, 정통주의 시대 개혁파 신학자인 헤르마누스 비치우스 (Hermannus Witsius, 1636-1708)가 말한 것처럼, "몸을 튼튼하게 하고 마음을 기쁘게 하기에 적합하도록 변형된 떡과 포도주"(qui panis et vini vicem sustinet et corpori roborando ac cordi exhilarando idoneus est) 같은 것이다.[89] 예컨대, 에티오피아에서는 성만찬 포도주를 자주 건포도를 넣은 물로 대체하였다.[90]

---

88) J. A. Jungmann, *op. cit.*, II, p. 475에서 인용.
89) H. Heppe, *op. cit.*, p. 507에서 인용, 또한 p. 500 이하를 참조.
90) J. A. Jungmann, *op. cit.*, II, p. 48을 참조. 독일의 한 신학자가 자신이 경험한 성만찬 가운데 가장 특별한 성만찬에 대하여 나에게 말해 준 적이 있다: 이것은 제2차 세계대전 당시 스탈린그라드의 전선에서, 부상자들의 임시거처로 변조된 포탄 구덩이 속에서 있었던 일이다. 러시아의 전차들이 다가오는 것을 보며, 부상병 가운데 한 명이 그에게 그가 성만찬을 베풀 수 있는 목사였기 때문에 성만찬을 베풀어 달라고 요청하였다. 그러나 그들이 가진 것이라고는 약간의 비스켓과 구덩이 속에 괴어있는 더러운 물 조금뿐이었다. 그런데 그들은 이것들(espèces)을 가지고 성만찬을 나누었다. 그 때 이것은 주의 만찬과 관계된 것이 아니라고 하고, 단지 밀로 된 빵(panis triticeus)과 포도나무의 포도열매(ex genimine vitis)만 그리스도의 몸과 피로 변화할 수 있지 다른 먹을 것들과 다른 음료들

만일 우리가 떡과 포도주를 갖고 있지 않다면, 그것을 가지고 성만찬을 베풀지 않으려 할 것이기 때문에, 그리고 예수께서 성만찬을 제정하실 때 사용하신 그것들을 다른 것으로 대체하려고 마음먹을 것이기 때문에, 문제는 달라진다. 그것들을 바라지 않는 것은 사람들이 그 메뉴를 좋아하지 않기 때문이거나,[91] 아니면 "지중해 연안의" 메뉴를 성만찬이 베풀어진 그 지역요리 전통에 좀 더 일치하는 메뉴로 대체했으면 하기 때문이다. 이것이 오늘 제3세계 많은 교회들이 직면하고 있는 문제이다. 그렇지만 결정해야 할 사항은 에큐메니칼적인 중요성을 지닌 것이다. 그것은 공식적인 회의의 결정과 무관하게, 지역교회에서 결정할 수 있는 것이 아니다.[92] 제2차바티칸공의회가 복음화된 지역으로 성만찬 포도주를 수입하는, 포도를 재배하지 않는, 모든 지역을 생각하며 그런 지역적인 개혁을 반대하였다는 것은 상당히 개연성이 있다. 이것은 성만찬이 단순한 애찬이 아니기 때문이다(애찬에서는 지역적인 메뉴가 인정된다). 또 떡과 포도주라는 성만찬 재료들의 선택은 교회가 '유대교' 전통 속에 뿌리내리고 있음을 확고히 증언하기 때문이다.

성만찬 재료들에 관하여 마지막으로 논할 사항은 이것이다. 성만찬을 마치고 남아 있는 것으로 무엇을 할 것인가? 개혁교회의 확고한 원칙은, "그리스도께서 제정하신 성만찬에 사용하고 남은 것은

은 그러한 변환을 거역하는 것이라고 하는 것은 터무니없다. *Institutio generalis missalis romani*; Vatican, 1969, n°s 282와 284를 참조.

[91] Jülich와 Berg(1671)의 교회법령들 가운데 가장 놀랄만한 규정들 가운데 하나는, "본디 포도주를 싫어하는 이들, 곧 포도주의 향을 맡거나 그 맛을 볼 수 없는 이들은 자신들이 먹을 수 있는 음료를 교회 봉사자의 손에서 받을 수 있어야 한다."는 것이다……art. 126, W. Niesel, *op. cit.*, p. 322에서 인용.

[92] H. Witsius는 앞서 인용한 본문에 다음의 것을 덧붙였다: "Nos quidem in sacramentorum usu nihil temere innovandum existimamus," *ibid*.

성례전적인 가치가 전혀 없다."(extra usum a Christo institutum nihil habet rationem sacramenti)[93]는 것이다. 이 원칙에 만족해야 한다. 렌하르트(F. J. Leenhardt)가 지적하였듯이 — 그는 성례전에 대하여 매우 현실주의적인 개념을 가지고 있다 — "떡 속에 그리스도의 거룩한 성질이 영속적으로 남아 있다는 우상숭배의 위험이 도사리고 있기 때문이다."[94] 그러나 모든 마술적인 종교(magisme)의 유혹에서 벗어나기 위하여 존중해야 할 것이 있다. 곧 이것이 소금 그 자체는 아니지만, 그 맛을 잃은 소금은 밖에 던져져 사람들에게 밟힌다…… 그러므로 "그리스도로 말미암아 성례전적인 일치 속에 들어간 피조물은 존중되는 것이 마땅하다."[95] 그러나 어떤 식으로 이 경의를 표해야 할 것인가? 아마 그것은 다음과 같은 규칙들을 따라야 할 것이다. 우선 성만찬예식을 베풀기 전에 필요한 양의 떡과 포도주를 정확히 예측하여, 될 수 있으면 가장 적은 양이 남도록 해야 한다. 이어서 떡과 포도주를 들고 그것을 필요로 하는 환자들에게 가야 한다. 지금도 성만찬의 관례(usus) 가운데 이런 모습이 일부 남아 있다. 그래도 여전히 떡이 남는다면, 목사와 장로들과 집사들이 그것을 나누어 경건하게 먹어야 한다. 잔에 남아 있는 포도주도 마찬가지이다. 이런 방식은 루터가 제안하였다.[96] 그것이 내게는 미신과 부주의를 동시에 피할 수 있는 방식으로 여겨진다. 아무리 전과 같이 "세속적인" 것이 되었을지라도, 떡과 포도주가 그리스도의 몸과

---

93) H. Heppe, *op. cit.*, p. 469에서 인용.
94) *Ceci est mon corps,* Neuchâtel, 1955, p. 60. 같은 저자의 "La présence eucharistique," *Irenikon*, 1960, p. 146-172를 참조.
95) "그리스도 때문에 그와 함께 성례전적인 일치에 들어간 피조된 현실은 경의를 가지고 대해야 한다"(P. Brunner, *op. cit.*, p. 241).
96) P. Brunner, *op. cit.*, p. 243을 참조.

피의 담지자로 성별되었음을 존중하는 의미가 깃들어 있다. 그런데 "거룩하게 하거나 성별하는 것은 하나님께 어떤 것을 바치고 거룩하게 사용하는 것과 다른 것이 아니다. 다시 말하면, 그것을 평범하고 세속적인 사용에서 구별하여 거룩하고 성별된 어떤 일에 사용할 수 있기를 가리키는 것이다."97) 성별된 것은 어떤 식으로든 그 흔적이 남아 있다. 그 때문에 유추하여(par analogie), 자신들의 세례 때문에 성부 성자 성령 하나님을 영화롭게 한 그리스도인들의 시체는 개들의 시체와 같이 길바닥에 널려져 있어서는 안 된다. 경건하게 매장되어야 한다.98) 역시 이런 관점에서, 동정녀 마리아에게 경의를 표하는 문제도 접근해야 한다. 그러므로 미신이나 경멸을 피하기 위하여, 목사와 집사들과 장로들은 성만찬예식이 끝난 뒤, 성기실(聖器室)에 남아 있을 수 있는 성별된 떡과 포도주를 다 먹어야 한다.

4) 성만찬과 애찬

분명한 예전적인 규칙들을 갖고 있는 성만찬은 교회 역사의 처음에 신자들의 모임이 규정한 단순한 공동체 식사에서 변경된 형식은 아닌가? 그것은 형제적인 것에서 예전적인 것으로, 자유롭고 친밀하게 식탁을 같이 하는 것에서 성직자적인 성과의 엄격함으로 전락(chute)한 산물이 아닌가? 이런 질문은 오늘 많은 논쟁을 불러일으키고 있다. 그에 대한 대답들은 그것들이 자주 모순되는 만큼 서로 양립하지 않는다.99) 우리가 이용 가능한 자료들은 자동적으로 독자

---

97) *La Confession helvétique postérieure*, Neuchâtel, 1944, p. 115.
98) R. Paquier, *op. cit.*, 1944, p. 18에서, 그는 먹지 못한 유월절 양을 불태우는 이스라엘 관습에서(출 12:10 참조) 유추하여, 성만찬에서 남은 떡은 태워야 하는 것이 아닌가 하고 묻는다.
99) 예컨대, A. Hamman, *Vie liturgique et vie sociale*, Paris-Tournai-Rome, New York, 1968, p. 153-230과 L. Maldonado, *Vers une liturgie sécularisée*, Paris, 1971을 비교하라. 또한 A.

들로부터 찬성(adhésion)을 유도해 내는 것인 만큼 분명하지 않다. 나는 어떤 결론들을 끌어내기 전에 확실하다고 여겨지는 역사적인 정보들을 우선 거론할 것이다. 그리고 나서 좀 덜 확실한 것을 거론하고자 한다. 그 다음, 성만찬과는 구별되는 애찬의 재발견을 어떻게 평가할 것인가를 살펴볼 것이다.

고대 그리스도교(paléochrétiens)의 세 가지 정보들은 확실하다.

첫 번째는, 영원한 생명의 만찬이다. 그리스도에 따라 제정된 것은 애찬이 아니라는 것이다. 예컨대, 요한복음 6장에서, 특히 51-58절이 말하는 것은 애찬이 아니다. 그리고 당시 집사들이 지역 그리스도인들의 모임에 참여할 수 없는 신자들에게 가져다 준 것도, 애찬을 하고 남은 음식이 아니라, 성만찬을 하고 남은 것이었다. 우선, 성만찬 제정 이야기들로 시작되는 가장 오래된 예배의식 문서들 역시, 직접적으로 애찬에 대한 관심을 보이지 않는다는 것도 강조해야 할 것이다. 그러므로 그리스도교 전통의 시작 단계부터 우리는 성만찬과 애찬을 동일시할 수 없다.

두 번째 정보도 이론의 여지가 없다. 곧 성만찬이 예수께서 식사하시는 가운데-아마 틀림없이 유대교 유월절의 만찬일 것이다-제정되었다는 것이다. 처음에 성만찬은 공동체 식사 다음에 베풀어졌다는 것도 이론의 여지가 없다.[100]

마지막으로, 성만찬이 본디 뼈대를 이루었던 식사에서 분리되었다는 것-여기서는 좀 일찍, 저기서는 좀 늦게-과 이 식사가 성만

Aubry, *Le temps de la liturgie est-il passé?*, Paris, 1968, p. 141-146을 참조.
100) 만찬-성만찬의 순서는 좀 더 나중에 역전되었다. 틀림없이 신자들이 아무것도 먹지 않고 성만찬을 받도록 하기 위함이었을 것이다. J. Jeremias, *op. cit.*, p. 110을 참조.

찬예식의 "사회적인" 틀(cadre)이기를 그만 두고 위축되었다는 것이 명백하다는 것이다.

다음에 거론하는 것은 좀 덜 확실한 정보들이다:

첫 번째는, 본질적으로 전문용어 부류에 속하는 결정적이고도 신학적인 가치를 지니고 있지는 않다는 것이다. 그것은 "애찬"(agape)이란 용어와 관계된다. 이 용어는 초대 그리스도인들의 공동체 식사를 가리키기 위하여, 유다서 12절에서(벧후 2:13 참고) 처음으로 사용되었다. 이 서신서 기자는 이 식사에 대하여, 마치 사도 바울이 고린도교회 회중에 대하여 그러하였듯이 불평을 터뜨리고 있다. 그러나 그것이 그 당시 공동체 식사를 말하는 일상적인 용어였는가? 엄밀히 말해 성만찬과 관계된 말이었는가? 우리는 안디옥의 이그나티우스가 영지주의자들을 비난했던 말을 기억하고 있다. 이 문제도 그 속에서 생각해 볼 수 있다: "그들은 성만찬이 우리 구주 예수 그리스도의 몸, 곧 죄인인 우리를 위하여 고난당하셨으며 하나님 아버지께서 자신의 선하심 가운데 다시 살리셨던 몸임을 고백하지 않기 때문에, 성만찬을 베풀지 않고 기도를 드리지 않는다. 이렇게 하나님의 은혜를 거부하는 이들은 서로 논쟁하다가 죽게 될 것이다. 그들에게는 AGAPAN이 부활하신 분을 회상하는 데 더 가치가 있다"(Smyrn. 7, 2). 여기서 AGAPAN을 "애찬에 참여하는 것"―다시 말해서, 그것의 절정의 순간이 성만찬인 것―으로 번역해야 하는가? 우리는 거기서 공동체 식사와 성만찬이 여전히 짝지어져 있음을 알 수 있다.

두 번째는, 바울이 고린도교회 교인들에게 보낸 첫 번째 서신 11장에 대한 해석과 관계된 것이다. 사도는 고린도교회 교인들이 "먹기 위해"[101] 모일 때, 실제로 "주의 만찬"에 참여한다는 사실에 이의를 제기한다. 그들은 그리스도께서 자신의 만찬으로 제정하신 것에 해를 끼치고, 교회 전통에 대해서도 해를 끼치는(고전 11:23-25) 개인의 식사[102]를 위하여 모였던 것이다. 그들은 "주님의 죽으심을 그분이 오실 때까지 선포할"(26절) 자격이 없었다. 떡과 주님의 잔을 들 자격이 없었다는 것이다(27절). 실제로 그들은 "주님의 몸"을 분별하지 못하였다. 따라서 그들은 성만찬 음식과 공동체 식사 음식을 구별하지 못하였다(29절). 그 결과, 고린도교회 교인들이 주의 만찬에 참여하는 방식은 축복과 생명이 이끄는 것이 아니라, 심판과 죽음으로 이끄는 것이었다. 지금까지 모든 것은 분명해 보인다. 그러나 언뜻 보기에 그것이 그렇지 않다는 것은, 사도가 이 상황을 타개하길 바라기 때문이다. 그는 공동으로 식사할 것(21절)과 모든 신자들이 한 자리에 함께 모일 때 식사를 시작하기를 요구하였다(33절). 그리고 다음과 같은 감탄사(interjection)를 던졌다. "여러분에게 먹고 마실 집이 없습니까?" 이 감탄사는 서로 정반대되는 두 가지 의미를 담고 있다. 하나는, 바울이 거기서 자신을 위하여 먹는 것을 주의 만찬으로부터 구별하라는 절대적인 명령을 하였다는 것이다. 그러므로 사도 바울은 본디 성만찬을 그 범주에 속해 있던 "애찬"으로부터 떼어 놓으려는 경향이 있었다는 것이다. 이것이 대다수 주석가들의 견해이다. 그리스도인들은 자기 집에서 먹어라! 다른 하나는, 그와 반대로, 바울이 이 감탄사를 통하여 식사에 그 모든 가치를 돌려주라는 명령을 하였다는 것이다. 다른 유형의 식사, IDIA

---

101) Synerchesthai eis to phagein, 고전 11:33.
102) Idion deipnon, v. 21.

DEIPNA를 위해서는 여관들이 있기 때문이다. 그러므로 사도는 애찬, 곧 공동체 식사를 부차적이고 더구나 하찮은 것이라 여기며 멀리하는 성만찬의 "성례전적인" 특징에 대한 과대평가에 대하여 항변하였다는 것이다.[103] 성만찬의 역사를 추적해 보면, 후자보다는 전자의 견해가 더 많은 영향을 끼치고 있음을 볼 수 있다.

세 번째는, 애찬을 성만찬에서 명백히 구별할 이유들이 없다는 것이다. 사람들은 자주 그것들이 성만찬 사건의 점진적인 "성례전화"와 성만찬예식 집례자의 점진적인 "사제화," 그리고 처음에는 자연적이고 세속적인 영역에 대하여 더 많은 것을 지적하였던 것이 거룩한 영역으로 후퇴한 것에서 기인하는 것이라고 가정하고 있다.

나는 이 가정들을 특히 두 가지 이유 때문에 납득할 수 없다. 첫째는—우리가 이미 언급하였듯이—그리스도께서 교회의 생명을 위하여 제정하신 것이 애찬이 아니라, 그분이 잡히시던 밤에 식사하는 도중에 새롭게 제정하신 것이기 때문이다(그러므로 애찬은, 마치 밤나무의 밤송이가 그것을 감싸 주고 익게 해주는 껍데기가 없다면 시들어 버리듯이, 그 의미가 퇴색될 수 있다). 둘째는, 애찬에 대하여 분명히 말하고 있는 신약성서의 세 본문들이(고전 11:17-34, 벧후 2:13, 유다 12) 애찬에서 교회일치와 바람직한 지속(tenue)에 장애가 되는 원인을 보고 있다는 것이다. 또 다른 이유를 든다면, 그것은 아마 교회 구성원들의 수적인 증가가 "애찬"을 위축시키고, "성만찬"에 유리한 계기를 마련해 준 것이라고 할 수 있다. 곧 애찬을 유지하는 것은, 한 지역교회의 회중을 여러 개 작은 모임으로 뿔뿔이 흩어지게 하는 것일 수 있기 때문이다.

---

103) E. Schweizer, art., "Abendmahl," RGG³, vol. I, Col. 11.

우리가 살펴본 역사적이고 주석적인 매우 도식적인 조사는, 우선 그리스도교 모임에 특수한 것이 있고, 그것은 애찬이 아니라 성만찬이라는 결론을 내리게 한다. 이어서 그 자체만으로 베풀어지는 성만찬을 위하여 애찬을 위축시키는 것은, 그리스도의 명령에 대한 교회의 신실성을 비틀어곱새기는 것이 아니란 것을 알게 되었다. 예컨대, 마치 "식사"에서 "예배"로 이행하는 것이 신앙의 나태를 증언하는 것과 같다고 보고, 애찬을 성만찬에 대립하여 어떤 역할을 하도록 허락하지 않는 것이다. 마치 애찬의 반(反)신학적인 단순성은 그것만으로도 교회의 봄과 순진성의 향기를 발할 수 있다고 하는 것과 같다. 신약성서는 낭만적이 것이 아니다.

그러나 마치 애찬이 필연적으로 함정이기나 한 것처럼, 모든 종류의 애찬을 거부해야만 하는가? 물론 아니다. 그러나 그것의 재발견은 두 가지 조건을 따르는 것이어야 한다. 첫째는, 성만찬과 혼동해서는 안 된다. 둘째는, 이 재발견한 애찬을 제도화해서도 안 된다. 실제로 본질적인 것이 아닌 것을 제도화하는 것 외에, 교회의 참된 제도들(복음과 세례, 성만찬과 사도적인 직무, 그리고 봉사)에 해를 끼치는 것은 그 어느 것도 없다. 그런 제도화는 근본적인 교회 계획을 그 중심에서부터 벗어나게 하기 때문이다.[104] 그렇지만, 그런 재발견을 구체화하기 위하여, 몇 가지 실천적인 제안을 할 수 있다. 나는 세 가지를 제안할 것이다.

만일 사랑의 식사 곧 애찬이 교회로 하여금 자신의 내적인 친화력을 강화하도록 하는 것이라면, 성만찬은 형제의 친교 기능에서 도움

---

104) L. Maldonado, *op. cit.*, p. 128-134에서 샬롬 인사를 하고 나서 아가페 식사를 해야 한다고 하는 것은 그것을 제도화하는 것이다!

을 얻을 수 있다. 예컨대, 예배의식이 끝난 뒤의 친밀한 접대를 통해서(비잔틴 전통에서는 거룩한 예배의식 뒤에 먹을 것을 나누는 일이 있었다). 또는 때때로 축제 기간 동안 소교구의 식사나 예배 뒤에 식탁에 앉아 서로 접대하도록 신자들에게 권고하는 것 등을 통해서. 이것은 그리스도인들의 가정에서 애찬을 가졌던 초대교회의 관습과 상응한다.105)

만일 사랑의 식사 곧 애찬이 그것을 베푸는 교회에게 이러저러한 공간에 위치하고 이러저러한 시대에 현재하는 교회임을 기뻐하도록 하는 것이라면, 성만찬은 형제의 친교 기능에서 도움을 얻을 수 있다. 나는 이미 성만찬의 종류에 대하여 말하면서 이것에 대해서도 한 마디 한 바 있다. 곧 성만찬에는 떡과 포도주가 반드시 필요하다면, 애찬에서는 그 지역적인 특성에 맞추어 먹고 마실 수 있다.

마지막으로, 만일 사랑의 식사 곧 애찬이 우리를 부요하게 하시려 자신을 비우신 분을 섬기는 행동으로 뛰어들게 하는 것이라면, 성만찬은 형제의 친교의 기능에서 도움을 얻을 수 있다. 이미 사도 바울은 고린도교회 교인들에게 주일마다 시작하였던 예루살렘 성도들을 위한 헌금, 곧 "저마다 자기 형편에 따라 얼마씩을 저축한 것"(고전 16:1 이하)을 기부하도록 요구하면서 그것을 권고하였다.

---

105) Hippolyte, *La tradition apostolique*, S. C. n⁰ 11, p. 57 이하 참조. 우리는 성 어거스틴의 시대부터 아프리카에서 성 목요일에 서로 번갈아 가며 초대하는 일이 있었다는 것을 안다. J. A. Jungmann, *La liturgie des premiers siècles*, Paris, p. 61을 참조. 모든 가족주의(paternalisme)를 피하기 위해, 그런 상호적인 초대는 초대된 이들이나 초대하는 사람들의 사회적인 조건을 문제시하지 않아야 할 것이다.

3.
기도의 봉헌

사도행전은 초대 그리스도인들이 "사도들의 가르침을 받고, 서로 사귀며, 함께 떡을 떼고 '기도하는 일'에만 힘썼다"(행 2:42)라고 보고하고 있다. 지금 다루고자 하는 것이 바로 그것이다. 우리는 기도의 신학을 생략하고, 아래 순서에 따라 진행할 것이다. 먼저, 기도를 듣는 이가 누구인가를 생각해 본 뒤에, 기도를 구원역사에 참여하는 것이라고 말할 것이다. 이어서 예전적인 기도의 종류(genre)들 가운데 몇 개를 열거할 것이다. 그리고 응답송과 신앙고백에 대하여 한 마디 할 것이다. 마지막으로는, 찬송과 영창(cantique)에 관하여 간략하게 주석을 하는 것으로 끝맺을 것이다.

1) 기도를 듣는 이

교회가 참여하는 기도는 아들로 말미암아(per filium) 성령을 통해서(in spiritu santcto) 아버지께(ad patrem) 말을 거는 것이다.[106] 기도는 허공에 대고 외치는 소리가 아니다. 기도는 듣는 이(ad patrem)가 있다. 그분은 자신이 사랑하고 또 효과적으로 사랑할 능력을 지닌 한 분 하나님이라고 스스로를 알려 주신다. 그분은 자신의 아들을 중보자요 화해자로 파견하심으로써 그것을 널리 드러내셨다. 그분의 아들은 인간의 반역과 하나님의 분노뿐만이 아니라, 그 반역과 그 분노 이상의 것을 자신에게로 흡수하셨다. 곧 인간의 한숨과 환

---

[106] 예컨대, J. A. Jungmann, *Die Stellung Christi im liturgischen Gebet*, Münster i. w., 1925; C. Vaggagini, *Initiation théologique à la liturgie*, vol. I, Bruges-Pris, p. 135-147을 참조.

희, 불평과 찬송을 자신에게로 끌어들여 껴안으셨다. 그러므로 기도 속에는 듣는 이만 계시는 것이 아니다. 예수 그리스도 때문에 듣기 위하여 오시는 분(destinaire atteignable)이 계신다(per filium). 여전히 강조해야 할 것은, 이 운동의 현재적이고 실제적인 특징이다. 사실 아들은 과거의 역사 속에서, "본디오 빌라도 아래에서" 모든 사람들을 위한 구원의 중보자이셨듯이, 현실적으로 지금 이 역사 속에 참여하신다. 그분이 아버지께 활짝 열어 놓으신 통로는 영원히 열려 있을 것이다. 그분의 중보자적이고 화해자적인 사역은 세상이 끝날 때까지 유효할 것이기 때문이다. 이것은 성령의 역사 때문이다. 성령께서 하시는 일은—감히 한 문장으로 요약해 본다면—그리스도를 신자들에게 영원히 내어 주시고, 또 신자들을 그리스도에게 영원히 내어 주시는 일이다(in spritu sancto). 교회의 기도가 사는 것은, 이 운동에서부터이다. 이 운동 속에 그것이 끼어드는 것이다. 아들 사역의 충분하고 영속적인 토대 위에서, 그리고 성령을 통한 이 사역의 끊임없는 재현실화(réactualisation) 덕택에, 교회가 기도하기 위하여—그분의 계획에 참여하기 위하여, 자기를 낮추기 위하여, 찬양하기 위하여, 그분께 중보를 청원하기 위하여, 고백하기 위하여—하나님 아버지 앞에 나설 때, 교회는 부재자 앞에 나서는 것이 아니다. 귀머거리나 소름끼치게 하는 이 앞에나 교회가 꾸는 꿈 앞에 나서는 것이 아니다. 교회는 세상을 살 동안, 이 같은 아버지 앞에 서 있는 것이다. "너희 가운데 아버지가 되어 가지고 아들이 생선을 달라고 하는데 생선 대신에 뱀을 줄 사람이 어디에 있으며, 달걀을 달라고 하는데 전갈을 줄 사람이 어디에 있겠느냐?"(눅 11:11 이하).

우리는 세부적인 것에 들어가지 않고, 곧바로 주일예배의 기도들이, 대부분의 경우, 자주 단순하게 주님 또는 전능하신 분으로 불리어지는 하나님 아버지께 말해지는 것임을 간략하게 주목할 것이다. 일반적으로 기도는 중보자이신 "예수 그리스도의 이름으로" 말해진다. 때때로 성만찬예식을 시작하기 전 회개의 의례 때 부르는 자비송(*Kyrie eléison / Christe eléison*)에서나, 교회가 신앙의 위대한 신비를 고백하는 응답송("주 예수여, 저희는 주님의 죽으심을 선포합니다! 저희는 주님의 부활하심을 찬양합니다! 저희는 영광 가운데 오실 주님을 기다립니다!")에서, 또는 겸손하게 자신을 낮추는 기도를 드릴 때("주님, 저는 주님을 영접할 만한 사람이 못됩니다. 그저 한 말씀만 하십시오. 그러면 제가 낫겠습니다!"), 교회는 중보자이신 그리스도께 드려진다. 그러나 이것은 예외적인 경우이다. 규정대로 하면, 공적인 기도는 아버지께 말을 건네는 것이다. 성령에 대한 직접적인 기원에 대하여 말하자면, 이것은 더욱 예외적이다. 예컨대, 제2차바티칸공의회에 따라 개혁된 미사는, 성만찬에서 성령임재를 기원할 때, 교회는 하나님 아버지께 "성령으로 주님께 드리는 이 봉헌물을 거룩하게 하옵소서,"[107] 또는 "주님의 성령으로 이 봉헌물이 그리스도의 몸과 피가 되도록 거룩하게 하옵소서,"[108] 또는 세상에서 그리스도의 사역이 계속되게 하시는 성령께서 "이 봉헌물을 거룩하게 하옵소서."[109]라고 요청한다. 따라서 이 성령임재의 기원은 성령께 직접적으로 말을 건네는 것이 아니다. 게다가 성령은 언제나 그렇게 예전적인 기도들 가운데 들어와 계신다. 그리고 예수 그리스도, 하나님 아버지의 영광 가운데 계시는 지극히 높으신 분과

---

107) *Prière eucharistique* II.
108) *Prière eucharistique* III.
109) *Prière eucharistique* IV, 또한 성령강림주일 기도를 참조.

'더불어서만' 영광(gloria) 가운데 계신다. 또 성령의 일치 안에서, 그리스도로 말미암아, 그분과 함께, 그분 안에서, 전능하신 하나님 아버지께서 존귀와 영광을 받으신다―이것은 성만찬의 네 가지 기도들을 말하는 새로운 미사경본(missel)이 지적하는 것과 같은 맥락이다. 더구나 개혁교회 예배의식의 전통에서도 마찬가지이다. 쥐라(Jura)의 예배의식은 설교하기 전에 먼저 성령의 임재를 요청한다. 그런데, 일곱 가지 성령임재의 기원들 가운데 그 어느 것도 직접적으로 성령께 말을 건네는 것은 없다. 그와 반대로, 교회는 전능하신 하나님께, 자비하신 '아버지께,' "성령을 통하여 저희의 귀와 저희의 마음을 열어 주옵소서!"110)라고 요청한다. 성령에 대한 직접적인 기원 같은 것은, 예컨대, 연도(litanie)에서 찾아볼 수 있다.

> 하늘에 계시는 아버지 하나님,
> 저희를 긍휼히 여겨 주옵소서!
> 아버지의 아들이시며
> 세상의 구세주이신 주 예수님,
> 저희에게 자비를 베풀어 주옵소서!
> 위로의 영이신 성령님,
> 저희를 긍휼히 여겨 주옵소서!
> 한 분 하나님이시며
> 성부 성자 성령 삼위일체이신 하나님,
> 저희 기도를 들어 주옵소서.111)

---

110) *Op. cit.*, p. 68 이하.
111) *Ibid.*, p. 84. 또한 p. 72의 경배와 감사의 기도를 참조.

그 반면에, 찬송가(hymnologie)에서 개혁교회는 좀 더 기꺼이 예수 그리스도나[112] 성령께 직접 말을 건넨다.[113] 그러나 전체로 보아, 교회의 기도는 일반적으로 아들로 말미암아 성령을 통하여 아버지께 말한다.

2) 교회의 기도―구원역사에 참여하기

이 점에 대해서는 교회가 기도할 때 일어나는 것이 무엇인가를 요약하는 것이 좋을 것이다. 우리는 이 분명한 말을 일곱 개로 나누어 그 의미를 규정짓고자 한다.

ⅰ) 우선 기도가 '가능한 것'은 예수 그리스도께서 사람들이 자신을 경배하고 자신을 섬김으로써 하나님께 나아갈 수 있도록 하시기 때문이다. 그분을 통하여, 그분과 함께, 그분 안에서, 하나님은 도달할 수 없는 꿈이 아니다. 믿을 수 없고 그분과 싸울 수밖에 없는 독재자가 아니다. 하나님은 아버지이신 것이다.

ⅱ) 교회가 그분의 기도로써 간구하는 것은, 본질적으로 하나님 나라가 임하고 또 교회가 그 나라의 도래를 위하여 섬길 수 있도록 해달라는 것이다.[114] 여기서 인용하고자 하는 기도는, 무엇보다도 신약성서의 종말론 범주에서 읽고 또 기도해야 할 주님의 기도이다.

---

112) 불어를 사용하는 스위스 개혁교회의 예식서인 *Psaumes, cantiques et textes pour le culte*, Lausanne, 1976에는 "오 예수 그리스도……"로 시작되는 성가들이 열두 개가 있다.
113) 여섯 개의 성가들은 "오 성령이여"라는 말로 시작한다.
114) P. Brunner, *op. cit.*, p, 258 이하 참조.

저희의 아버지시여,
오 주님은 예수 그리스도 안에서
저희의 아버지가 되셨습니다.
주님은 저희를 주님의 자녀로 삼으셨으며,
주님은 주님의 교회에 저희를 영접해 주셨습니다.
주님은 모든 것 가운데
가장 높으시고 가장 강한 분이시기에,
저희는 저희의 마음과 정성을 다하여
아버지께 기도드립니다—
아버지의 이름을 거룩하게 하시며:
세상 모든 사람들이
주님을 알게 될 날이 곧 오게 하옵소서—
아버지의 나라가 오게 하시며:
주님의 아들이 오셔서
이 세상 왕의 권세에 종지부를 찍을
그날이 어서 속히 이루어지게 하옵소서—
아버지의 뜻이 하늘에서와 같이
땅에서도 이루어지게 하소서:
모두가 주님께서 주님이심을 알게 될 그날이
속히 임하게 하옵소서.
마지막 날의 아침을 기다리면서,
저희는 그것만으로도
주님 나라의 복락을 맛볼 수 있습니다:
주님께서는 오늘 성만찬에서

저희에게 영원한 생명을 위한 떡을 주셨습니다.

주님과 갈라 선 저희를,

주님과 화해하고

저희들끼리도 서로 화해하도록,

미리 용서하셨습니다.

저희는 자유와 기쁨을 경험하고 있습니다.

저희를 마지막 심판의 공포와

악마의 모든 요구(revendication)로부터 구하여 주옵소서.

예수 그리스도 안에서,

주님의 나라와 주님의 권세와 주님의 영광이

저희에게 임하셨기 때문에,

감히 이렇게 주님께 기도드립니다.

저희는 이 도래 때문에 존재합니다.

이것이 저희들의 존재이유(raison d'être)입니다.

저희에게는 다른 지배에 굴복하고,

다른 권세를 찬동하며,

다른 영광들에 화답하는 세상에 맞서,

저희가 자유하고 강함을 증명할 자유가 있습니다.

이것이 교회가 그리스도로 말미암아 그분과 함께 그분 안에서 하나님께 기도드리는 내용이다.[115] 기도드릴 때, 교회는 "세상의 경계들이 서로 합쳐지는"(고전 10:11) 곳에서 오시는 분이 성

---

115) 종말론적인 기도의 또 다른 예는 사도행전 4장 24-30절에 있다. Ph. Menoud, *La vie de l'Eglise naissante*, Neuchâtel, 192, p. 44 이하 참조.

취하실 세상을 구별하는 문턱 위에서, 매우 위험스러운 이 동시성(simultanéité)을 어서 속히 끝맺게 해달라고, 요지부동 하나님 나라를 세우게 해달라고, 예수 그리스도 안에서 하나님 나라가 이미 세상 구원을 위하여 임하였음을 분명하게 증언할 용기와 자유와 힘을 달라고 간구하기 위하여 서 있는 것이다.

iii) 이 기도는 교회의 기도이다. 그것은 예배 집례자의 기도가 아니다. 신자들 각 개인들의 기도를 쭉 늘어놓은 것도 아니다. 이것은 다음과 같은 두 개의 계기들로 생겨난다. 곧 기도는 복수 1인칭으로 드려진다. 회중은 아멘으로 응답하거나, 각 개인이 "주님, 긍휼히 여겨 주옵소서," "주님, 저희의 기도를 들어 주옵소서," "주님, 저희의 소원을 들어 주옵소서," "저희는 주님께 기도드립니다," 또는 같은 종류의 다른 답변들로 응답할 수 있다. 여기에 강조해야 할 것이 있다. 개혁교회에서 자주 일어나고 있는 것인데, 예배 집례자 자신만이 "아멘!"이라고 말하는, 승낙할 수 없는, 교권주의가 있다. 그것은 신자들을 자신들이 맡은 책임에서 벗어나게 한다. 또 하나 주목하고자 하는 것은 이것이다. 예배의식의 기도가 교회의 기도이지 신자들 각 개인의 기도가 아니라고 말함에도 불구하고, 교회의 기도 속에 신자들 각 개인의 기도가 관련되는 것을 막아서는 안 된다는 것이다. 그것은 교회의 기도가 아주 특별한 의미에서 그들의 기도이기 때문이다. 그들이 자신들의 기도 목적을 목사들에게 알려서 교회의 기도가 될 수 있도록 하든지, 아니면 그들 자신이 기도드릴 수 있도록 요청받았을 때 그것을 선포함으로써, 신자 각 개인들의 기도는 교회의 기도에 관련될 수 있다. 역사는 아주 초기부터 신자들의 이런 기도가 집사에 따라서가 아니라 예배 집례자에 따라서—

4세기나 5세기경부터 그랬다—인도되었음을 증명해 주고 있다.[116] 그런데 그것은 서로 너무 상반되거나 너무 복잡하게 얽혔거나 너무 긴 개인 기도들로 양식화되지는 않았다. 집사가 그것들을 모아 정리할 책임을 맡았던 것이다.

iv) 기도는 가능하다. 기도는 본디 근본적으로 종말론적이다. 기도는 교회의 기도이다. 만일 기도가 그 모든 것이려면, 거도는 이미 원칙적으로 응답받았음을 이제 말하지 않으면 안 된다.[117] 교회가 바랄 수 있는 모든 것은 그 이상이다. 세상과 사람들이 바랄 수 있는 모든 것이 이미 성육신 때문에, 예수 그리스도의 사역과 고난과 승리와 영광에 따라 받아들여진 것이다. 그분이 바로 참된 기도들의 응답이시다. 교회가 간구하는 것은, 이 응답이 명백하고, 이론의 여지없이, 영속적으로, 그것에 대하여 이의를 제기하는 그 모든 것보다도 더 강하게 해달라는 것이다. 환언하면—앞의 두 항목에서 살펴본 바 있다—교회는 확신을 가지고 기도드릴 수 있다는 것이다. 비록 하나님이 어떤 기도들에 대하여 못 들은 척하시는 것으로 보일지라도, 그래도 이미 볼 눈을 가진 이들과 들을 귀가 있는 이들을 위하여 응답하셨기 때문이다. 그 모든 기도들을 요약하는 기도는, 하나님 나라의 개입(intervention)과 신자들의 구원을 위한 기도이다. 이런 전체적인 응답의 토대 위에서 교회는 감히 기도드린다.

v) 만일 교회가 자신의 기도를 하나님께 드리는 것이 아니라면, 교회는 복종하지 않을 것이다. 사실 교회는 기도하라는 명령을 받

---

116) Justin, *Apol.*, 67 참조.
117) 마가복음 11장 24절에 따라, 이 점에 관하여 강하게 주장하는 사람은 칼 바르트이다: "여러분이 기도하며 간구한 모든 것을 여러분이 이미 얻었다고 믿으십시오. 그러면 여러분에게 그것이 허락될 것입니다."

고 있다.[118] 기도하는 것이 당연한 것인데, 어떻게 기도하지 않을 수 있겠는가? 기도하지 않는 것은 얻은 구원을 멸시하는 것이다. 하이델베르크 신앙교리문답은 기도를 "하나님께서 우리에게 요구하시는 감사의 가장 중요한 부분"[119]이라고 매우 정확하게 정의하였다. 이것은 하나님께서 만일 우리가 그분께 "감사합니다!"라는 말을 하지 않는다면 화를 내신다던지, 또는 만일 우리가 그 의무를 소홀히 하면 우리에게 베푸시는 축복을 거두어 가실 것이란 등, 그런 어리석은 말이 아니다. 그분이 자신의 백성에게 기도하라는 명령을 내리신 것은 나날이 기도를 들어 주시는 것으로 구원의 역사를 진전시키길 바라시기 때문이다. 그러므로 하나님은 기도를 들어 주시려고 교회로 하여금 그 기도를 자신께 드리도록 요구하신다. 더구나 이것은 교회에게 주님의 이름으로 모이라고 명령하신 것을 정당화하고 설명해 주는 것이기도 하다. 이 모임 때문에―안디옥의 이그나티우스를 인용하자면―"여러분이 일치된 신앙을 보일 때 사탄의 권세는 무너지고, 여러분을 짓누르는 멸망의 위협은 산산이 부서집니다."(에베소교회 교인들에게 보내는 이그나티우스의 편지 13:15)라는 일이 일어나기 때문이다. 교회의 기도는 하나님께서 자신의 사랑과 신뢰로 주일마다 세상 구원을 앞으로 내미는 수단들 가운데 하나이다. 그렇기 때문에 당연히 해야 할 기도이다. 기도하지 않는 것은 구원론적인 태업(sabotage)일 것이다.

vi) 이 기도는 우리가 본 대로 교회적인(ecclésiale) 것이다. 교회의 기도가 대리적인(vicaire) 기도를 내포한다는 점에서, 이 점을 명

---

118) 마 6:9 이하, 5:44, 9:38, 막 13:33, 눅 22:40-46, 엡 6:18, 골 4:3, 살전 5:25 등.
119) Question 116.

확히 규정해야 할 것이다. 교회는 세상이 기도할 수 없고, 기도할 줄 모르기 때문에 기도드린다. 교회는 세상을 대신하여—자기를 낮추고, 감사드리고, 화해시키고, 신앙을 고백하고, 하나님을 찬양하면서—기도드린다. 기도드리면서, 교회는 제사장적이고 왕적인 자신의 역할을 행사한다. 교회는 피조물의 한숨을 찬송으로 변화시킨다. 교회는 이렇게 세상이 아직 행할 수 없는 것을 이미 행하면서, 그러나 세상 이름으로 세상을 위하여 그것을 행하는 가운데, 자신을 세상 맨 앞에 내세우는 것이다. 또한 여기서, 우리가 지금까지 열거한 모든 것을 통하여, 우리는 하나님이 교회를 세상의 구원을 위하여 자신의 협력자로 만드셨음을 말할 수 있다. 교회의 기도는 가능한 기도이다. 예수 그리스도 안에서 그분의 중보자적인 능력으로 말미암아 이미 응답받은 기도이다. 그래서 그것은 세상이 타락하여 허무로 나아가는 것을 막을 수 있다—그것 역시 종말론적인 억제자(KATECHON, 살후 2:6 이하)이다. 또 만일 그들이 있었다면 소돔과 고모라를 보호할 수도 있었던(창 18:32) 의인 열 사람과 같이 세상의 존재를 보호할 수 있다. 교회의 기도는 가능한 기도이다. 예수 그리스도 안에서, 그분의 영광스런 능력 때문에 이미 응답받은 기도이다. 그래서 그것은 성부 성자 성령을 찬양하기 위하여 모세의 새로운 영광송을 이미 노래하기 시작한다. 이런 사정들이 있는데, 어떻게 예배를 좋아하지 않을 수가 있겠는가?

vii) 교회의 기도에 깃들어 있는 의미에 관하여 마지막으로 간략하게 신앙교리교육 식으로 답하고 싶은 것은 이것이다: 기도는 참여한다. 나는 기도만한 참여가 없다고 생각한다. 하나님께서 그것을 중요하게 여기길 바라시며, 그것이 응답되도록 하나님 뜻에 합당한 생활을 살아야 하기 때문이다. 만일 "나라와 권능과 영광이 영원히 아버지의 것입니다."라고 기도드린다면, 그 기도는 아주 구체적으로 다른 나라들과 다른 권세들과 다른 영광들을 존경하는 것을 단념해야만 한다. 만일 "아버지의 나라가 오게 하옵소서."라고 기도드린다면, 그 기도는 여기서 매우 구체적으로 그 기도가 머무는 세상 속에서 하나님 나라를 열망하며, 그 나라의 표식들을 세우는 일에도 참여하지 않을 수 없다. 여기서 우리는 정의와 평화와 자유를 위한 참여라는 교회 봉사(diaconie)의 가장 심오한 존재이유를 찾을 수 있다. 교회가 기도드리는 그 나라에서 상호적인 착취는 정의 앞에서 무너질 것이기 때문이다. 죽음은 평화 앞에서 항복할 것이기 때문이다. 공포는 자유 앞에서 도주할 것이기 때문이다. 마찬가지로, 이 기도는 교회에게 자신의 기도를 하나님께서 들어 응답하신다는 믿음을 갖게 한다. 이런 사실 때문에 교회는 자신의 기도를 진실하게 받아들이게 된다.

3) 기도의 서로 다른 유형

사도 바울은 빌립보 교인들에게 "아무것도 염려하지 말고, 모든 일을 오직 기도(*proseuche*)와 간구(*deesis*)로 하고, 여러분이 바라는 것을(*ta aitemata*) 감사하는 마음으로(*EUCHARISTIA*) 하나님께 아뢰십시오."(4:6)라고 말한다. 또 디모데에게는 "무엇보다도 먼저, 모든 사람을 위해서 하나님께 간구(*deesis*)와 기도(*proseuche*)와 중보의 기도(*enteuxis*)와 감사(*eucharistia*)"(딤전 2:1) 드리라고 권하고 있다. 나는 이런 식으로 열거하면서, 기도의 서로 다른 유형을 분명히 구별해야 한다고 생각하는 것은 아니다. 그러나 분명한 것은 교회의 기도는 다양하다는 것이다. 지금 살펴보고자 하는 것은, 이 기도의 주된 유형에는 어떤 것들이 있는가 하는 것이다. 이것은 어떤 구속력 있는 순서에 따라 열거한 것은 아니다.

ⅰ) 우리가 개혁교회 예배의식의 전통을 생각할 때 언급해야 할 기도의 첫 번째 유형은, 주일예배 때 드리는 기도들 가운데 제일 먼저 하는 기도인 죄의 고백이다:

> 영원하시고 전능하신
> 주 하나님 아버지,
> 저희는 거룩하시고 존귀하신 하나님 앞에서
> 거짓됨 없이
> 저희가 죄악과 타락 속에서
> 잉태되고 태어난
> 비천한 죄인들임을 고백하고 인정합니다.
> 저희는 나쁜 일은 쉽게 행하면서도,
> 선한 일에는 무용한 이들입니다.
> 또 저희의 약함이 끊임없이
> 주님의 거룩한 계명들을 위반하게 하며,
> 저희를 곁길로 나아가게 합니다.
> 이 모든 것 때문에
> 저희는 주님의
> 의로우신 심판으로 말미암아
> 파멸과 멸망을 받을 수밖에 없는 이들입니다……. [120]

---
120) Calvin, *opera selecta*, Ⅱ. p. 18.

노골적인(brutalité) 이 기도는 1542년의 제네바 개혁교회가 예배 의식 때 사용한 기도이다. 확실히 칼빈은 이 기도로 "고해성사," 곧 서방교회에서 수세기 동안 행해졌던 개인적인 고백을 대신하려고 하였다. 특히 그것은 다음과 같은 엄숙하게 용서의 선언을 지시하려는 것이었다:

> 여러분 모두가 하나님 앞에서
> 참으로 죄인이라는 것을 겸허하게 고백하고,
> 하늘 아버지께서
> 예수 그리스도 안에서
> 여러분에게 은혜를
> 베풀고자 하신다는 것을 믿으시기 바랍니다.
> 이렇게 회개하고
> 예수 그리스도를
> 자신의 구주로 찾는 모든 이들에게,
> 나는 성부와 성자와 성령의 이름으로
> 죄가 용서되었음을 선언합니다. 아멘.[121]

여기서 제기되는 문제는, 우리가 모든 신자들 편에서 자신들의 죄에 대하여 철저한 인식을 하도록 할 수 있는지를 알고자 하는 것이 아니다. 그런 기도나 유사한 기도가 교회 예배 처음에 그 자리를 가질 수 있는지를 알고자 하는 것이다. 교회가 예배를 위하여 모일 때, 교회는 성전을 오르는 통행세 수납원(péager)으로서 나아오는가, 아

---
121) *Ibid.*, p. 19.

니면 아버지 집을 향하여 새롭게 돌아선 탕자로서 나아오는가? 더 정확하게 말하면, 교회는 예수께서 보내신 일흔 두 사람이 자신들이 할 수 있었던 일 때문에 기쁨에 넘쳐 예수께 다시 돌아오는 것처럼 나아와야 하지 않겠는가? "주님, 주님의 이름을 대면, 귀신들까지도 우리에게 복종합니다"(눅 10:17). 그런 것들은 교회가 대략 처음 천 년 동안 생각해 왔던 것들이다. 사실 죄의 고백과 같은 그런 기도는 주일 예배의식에 속한 것이 아니었다. 그 대신에, 예배를 준비하는 기도가 있었다.122) 그것은 교회 안에서 신자들의 개인적인 준비,123) 곧 참회의 빛깔을 분명히 하기 위한 준비와 관계된 것이었다. 그러나 9세기 또는 10세기부터, 예배는 죄를 고백하는 기도로 시작하였다. 우리는 식탁에 가기 전에 손을 씻는 것 같이, 우리를 의롭다 여겨 주신 주님 앞에 나아가기 위하여, 주의 만찬을 준비하기 위하여, 일상생활에서 더럽혀진 우리 죄를 고백해야 한다. 그러나 그것을 행하려면 두 가지 행동지침을 고려해야 한다. 우선, 그 기도가 심각하게 죄를 지은 이들의 기도일 뿐만 아니라, 가장 가벼운 과실을 범한 이들의 기도가 될 수 있도록, 곧 모든 이들의 기도가 될 수 있도록, 꾸미지 말아야(dédramatisera) 한다. 이어서 그것을—미사 순서(*Ordo Missae*)에서처럼—예배 그 자체를 구성하는 부분으로서가 아니라, 오히려 예배에 대한 준비로 이해해야 한다. 실제로 예

---

122) 디다케 14:1에서 "우리는 자신의 죄에 대한 고백을 하지 않고서는 성만찬을 베풀지 않아야 한다."고 명령할 때, 우리는 그것이 죄의 공개적인 고백이나 공동체적인 고백과 관계된 것이 아님을 안다. 그것은 개인적이고 인격적인 준비와 관계된 것이다.
123) 사람들은 자주 교회 앞에 우물을 파서 거기에 정결해지기 위하여 오는 이들이 깨끗하게 하도록 한다. 이것은 마치 성수를 사용하는 것과 같은 관점에서 이해할 수 있다. 이 문제에 관해서는 B. Klaus, *Die Rüstgebete*, Leiturgia II, p. 524-566을 참조. 또한 B. Buerki, *L'assemblée dominicale*, Immensee, 1976, p. 132 이하를 보라; F. Kalb, *Grundriss der Liturgik*, München, 1965, p. 98-102.

배는 죄를 고백하는 이들에 따라서가 아니라 용서받은 이들에 따라서 드려진다: 초대받은 이들은 결혼예식 연회장에 들어가기 전에 작업복을 벗고 예복을 입어야 한다(마 22:11 이하 참고).

ii) 언급하고자 하는 두 번째 기도는 성령임재의 기원(épiclèse)이다. 이것은 하나님께서 자신의 성령을 보내시어 자신의 은혜가 자신의 사랑을 찬양하는 이들에게 진정 은혜이며 구원이 될 수 있도록 하나님께 호소하는 것이다. 그러므로 성령임재의 기원은 예배의 두 "때"(mi-temps)에서, 곧 하나님의 말씀이 진정으로 그분의 말씀일 수 있도록 읽고 설교하기 전과124) 성만찬이 진정으로 그리스도의 몸과 피를 나누는 성만찬이 될 수 있도록 성만찬예식을 하기 전에 저마다 그 자리를 차지한다. 성령임재의 기원으로 말미암아, 교회는 하나님을 결코 마음대로 이용할 수 없다는 사실을 고백한다. 예배의식의 신비는 그분의 은혜에 달려 있음을 고백한다. 그리고 교회는 주인이 아니라, 주님을 섬기는 이라는 사실을 고백한다.

iii) 기도의 세 번째 유형은 서방교회 예배의식 전통과 매우 특별하게 연관되어 있다. 오늘의 기도가 바로 그것이다. 그것은 예배 집례자가 집사가 이끌거나 신자들이 묵묵히 발설한 기도들을 모으고 수집한 기도이다.125) 이 기도가 더 이상 즉흥적인 것이어서는 안 된다고 여긴 때부터, 그것은 간결함과 단순함을 부여하는 정확히 "시적인" 규칙들을 따르게 되었다.

iv) 기도의 네 번째 유형은 중보의 기도이다. 이것은 교회가 하나

---

124) J. Baumgartner의 결정적인 논문 "Locus ubi Spiritus sanctus floret," *Freiburger Zeitschrift für Philosophie und Theologie*, 1976, p. 112-145를 참조.
125) J. A. Jungmann, *op. cit.*, I, p. 462-499; H. W. Kulp, *op. cit.*, p. 382-414; A. G. Martimort, *op. cit.*, p. 138; R. Paquier, *op. cit.*, p. 76 이하 등을 참조.

님의 백성으로서 "철저한 사제"의 의무와 역할을 다하도록 한다. 우리는 이 기도를, 세례지원자들이 아직은 드릴 수 없는 기도라는 점에서, "신자들의 기도" 또는 "일반적인"(universelle) 기도라고 부른다.126) 주의 기도와 같이 이 기도는 교인들에게 주어진 특권이다. 교회는 그것 때문에 하나님 앞에 간구와 중보의 기도를 드리기 위하여 나설 수 있다. 간단히 말해서, 만일 교인들이 거기에 참여할 수 있도록 아주 천천히 낭독이 된다면, 또는 회중이 기도가 지닌 저마다의 의도에 대하여 짧게 응답할 수 있다면, 또는 신자들이 기도의 의도들을 스스로 표현할 수 있는 가능성을 갖는다면, 이 기도는 현실적으로 신자들의 기도가 될 수 있다. 전통적으로, 일반적인 기도는 그 간구들을 대략 다음과 같은 기본적인 네 가지 의도들로 구별하였다: 보내는 교회의 선행, 공적인 일들과 그 책임을 맡은 이들, "봉사적인"(diaconales) 의도들 곧 고통 받고 피곤하고 수고하는 이들을 위한 기도, 그리고 마지막으로 지역교회 회중의 삶과 필요들에 대한 기도가 그것이다.

ⅴ) 여기서는 기도의 최고 형태를 언급하고자 한다. 그것은 죄의 고백과 성령임재의 기원(épiclèse), 오늘의 기도와 일반적인 기도의 시간이 지나고, 이어서 찬송과 헌금을 드린 뒤에 계속되는 성만찬 기도이다.127) 그것은―유대교의 베라카(berakah)와 관련이 있다―"마음을 드높이 주를 향하여"(sursum corda) 말하고 말한 뒤에, 주님

---

126) J. A. Jungmann, op. cit., Ⅰ, p. 614-625; Rietschel-Graff, op. cit., p. 385; O. Dietz, Das allgemeine Kirchengebet, Leiturgia, Ⅱ, p. 417-453; A. G. Martimort, op. cit., p. 131 이하; J. B. Molin, "La prière universelle" in Dans vos assemblées: sens et pratique de la célébration liturgique(J. Gelineau에 따라 간행), vol. Ⅰ, Paris, 1971, p. 243-257 등을 참조.

127) W. Reindell, Die Präfation, Leiturgia Ⅱ, p. 453-512; K. Gambler, op. cit., p. 36 이하; B. Buerki, op. cit., p. 23-30; A. G. Martimort, op. cit., p. 137 이하 등을 참조.

을 찬양하고 피조물과 세상의 구원을 위하여 그분이 하신 모든 것에 대하여 감사드리는 일이, 참으로 가치 있고 정당하며 필요하고 또 유익한 것임을 선포하는 기도이다. 그리고 이런 감사—이것은 전통적으로 축제나 예배력 기간 다음에 분명해졌고, 또한 신앙고백과 가까운 형태를 띠고 있다—로 말미암아, 교회는 지금부터 천상의 예배에 참여할 수 있음을 기뻐한다. "그렇기 때문에 교회는 천군천사들과 의인들의 영들과 세상에서 싸우는 모든 교회들과 함께, 크게 기뻐하며 영원한 찬송으로 하나님의 영광을 찬양하고 선포하며 말한다: 거룩, 거룩, 거룩, 만군의 주 하나님! 하늘과 땅이 주님의 영광으로 충만합니다."[128] 이 기도에서는 전통적으로 네 가지 계기들로 알려진 일정한[129] 형식들을 발견할 수 있다: 주님을 앙모하도록 이끄는 초대,[130] 예배력에 따른 다양한 감사송, 거룩송(*sanctus*)과 그것을 되풀이하는 "성만찬" 기도, 기도의 형식을 띤 성만찬 제정사.

4) 환호송

이 문제에 대한 가장 좋은 서론은 종려주일(Rameaux)에 일어났던 일을 회상하는 것이다. "호산나, 다윗의 자손이여, 주의 이름으로 오시는 이에게 복이 있으라. 호산나, 지극히 높은 곳에 계신 하나님이시여!"[131] 이런 환호송(acclamations)들은 고전적인 주일 예배의식 속에 산재해 있다: '자비송'(*Kyrie*), 성경봉독에 대한 응답으로 부르

---

128) 쥐라 지방의 예배의식의 일반적인 서문이다.
129) A. G. Martimort. *op. cit*., p. 137.
130) 성직자는 손을 들어 기도하며 이 '마음을 드높이 주를 향하여'(*sursum corda*)를 강조한다.
131) 마 21:9; P. Brunner, *op. cit*., p. 262 이하; R. Paquier, "Répons et acclamations liturgiques," *Verbum caro*, 1955, p. 100-107 등을 참조.

는 '영광송'(gloria in excelsis)이 있고, 잊지 않고 '아멘송'을 부름으로
써 회중이 하나님께 말한 것이 그분의 이름으로 한 것임을 고백하는
'거룩송'(sanctus) 등이 있다.132) 일반적으로 앞에서 언급한 기도들
을 말하며, 사람들은 그 종말론적인 중요성을 강조하였다. 여기서
도 그것을 반복할 필요가 있다: 예전적인 환호송들로 교회는 하나님
과 세상 앞에서 영광스럽게 그분의 용서하심과 그분의 위대하심과
그분의 사랑하심을 찬미하며 하나님께 영광을 돌린다. 논쟁적으로
는 삼위일체 하나님 외에 다른 신들과 다른 권세들을 찬송하는 것을
거부하며 하나님을 말한다. 나라와 권능과 영광이 다른 보좌나 다
른 권세나 다른 지배세력들의 것이 아니라 하나님의 것이다.133) 교
회는 그 환호송 때문에, "세상 끝이 임박한 오늘을 살면서도"(고전
10:11), 특히 종말론적인 근거 위에서, 감히 현 세상에 대하여 "너의
종말이 이르기를!"이라고 말한다. 장차 올 세상에 대하여 그것이 내
포하는 모든 위험에도 불구하고 "오소서……"라고 말한다. 실제로
이 세상이 지속되는 한, 암암리에 또는 명백하게, 악마와 그 활동들
을, 세상과 그 화려함(pompe)을, 육과 그 탐욕들을 거부함이 없이
는, 아버지와 아들과 성령에 대한 찬송은 없다. 예배를 드리는 것은
세례서약을 갱신하는 것이다.

5) 신앙고백

주일 성만찬예식에서 신조를 고백하는 것은, 초대교회에서는 없
었던 일이었다. 그러한 신조는 오히려 세례예식에 속하는 것이었

---

132) A. G. Martimort, op. cit., p. 130 참조.
133) P. Brunner, op. cit., p. 262 이하 참조.

다. 아리우스주의에서 파생한 갈등들에 뒤이어, 콘스탄티노플 교부였던 디모데(Timothée, 511-517)는 신조가 주일의 모든 연결부(synaxe)마다 암송되기를 바랐다. 곧 동방교회가 따랐고, 뒤이어 서방교회도 모방하였다. 우선, 에스파니아(톨레도회의에서, 589)에서, 이어서 샤를 대제의 제국에서, 양자설에 관한 논쟁들이 뒤따랐다. 마지막으로, 전혀 방황하지 않았을 것처럼 보이는 로마교회는 (11세기) 지역교회가 규칙적으로 신조를 암송할 필요는 없다고 하였다.[134] 그러나 설령 신앙고백을 위하여 형식화된 신조가 옛 주일의 예배의식 때 없었다고 하더라도, 그래도 교회가 무엇인가, 또 교회가 행하고 믿는 것이 무엇인가를 고백하지 않고 모이는 것이 불가능하다는 점에서 신앙고백은 현재하였다. 그런 신앙고백들은 찬송 유형에 속하였다. 영광송[135]이나 기도를 마칠 때 하는 형식이 있는데, 성직자가 회중에게 기도를 드리고 아멘송[136]으로 응답하게 한 것이다. 다른 것들은 서창 유형으로 대부분 성만찬 감사송이 그것이다. 그러나 우리는 여기서 매우 특별하게 그런 식으로 나타나고 또 일상 주일예배 속에서 그 자리를 차지하고 있는 신앙고백들을 살펴보고자 한다. 여기에는 해결해야 할 다양한 문제들이 있다.

우선, 신조를 여러 기도들 가운데 위치시키는 것이 적법한가 하는 것이다. 그것을 듣는 이가 명확하지 않기 때문이다. 곧 이 신앙고백은 그리스도인들이 자신들 속에 있는 희망(벧전 3:15 참고)을 고백

---

134) J. A. Jungmann. *op. cit.*, Ⅰ, p. 391-606; A. G. Martimort, *op. cit.*, p. 357 참조.
135) "……오직 주님만이 거룩하시고, 주님이시며, 지극히 높으신 분이십니다: 예수 그리스도는 성령과 함께 아버지 하나님의 영광 안에 계십니다……."
136) "아버지와 성령과 더불어 계시며 통치하시는 주님의 아들이시며, 우리의 주님이신 예수 그리스도로 말미암아……한 분 하나님께서 영원토록 축복하시기를!" 또는 다른 모든 유사한 형식들이 있다.

할 기회를 갖게 될 때든지, 아니면—이것은 우선적으로 예전적인 것인데—세례 받기를 원하는 사람이 교회 앞에서 악마를 거부하고 아버지와 아들과 성령이신 하나님께 헌신하겠다는 맹세를 할 때, 세상에 대하여 말할 수 있고 또 말해지길 원하기 때문이다. 그러나 신조의 고백은 하나님께서 교회에게 말씀하신 그 말씀에 대한 교회의 응답이기도 하기 때문에, 그 응답의 특징은 자신을 드러내신 하나님을 찬양하는 것이고, 또 그분께 말을 건네는 것이다. 곧 신앙고백은 하나님 앞에서 하나님을 말하는 것이다.

그 고백은 교회가 알고 섬기고 사랑하는 하나님을 시인하는 약속(engagement)일 뿐만 아니라, 교회가 그 자신을 형성하는 기본적인 고백이기도 하다. 곧 교회는 아버지와 아들과 성령에 대한 신앙을 고백하는 것에서 자신의 존재이유를 찾기 때문이다. 말하자면, 그것은 교회의 신앙고백과 관계된다. 그것은 목회적인 독백도, 그것을 선언하는 목사의 개인적인 신앙 과시도 아니다. 그렇기 때문에, 그것은 회중이 말해야 한다. 회중에게 속한 것이기 때문이다. 그것은 주의 기도와 함께, 회중의 예배의식을 구성하는 중요한 일부이다. 개혁교회 안에서 회중으로 하여금 그것을 말하지 못하게 하는 일이 있는데, 그것은 회중에게서 자신들이 받아 마땅한 은혜를 탈취하는 꼴이다.[137]

교회의 예전적인 전통에서는 특히 두 가지 신앙고백 문서들을 알고 있다. 사도신조와 니케아-콘스탄티노플 신조가 그것이다. 사도신조는 본디 서방교회의 교리교육과 세례예식 신조였다. 그것을 고백하면서 교회는 교회가 전수받은 복음을 낭송한다. 말하자면, 교

---

[137] 회중에 따라 말해지지 않은 신앙고백은 평신도들이 참여하지 않는 성만찬과도 같다.

회는 그 세례적인 부활의 때에 다시 서게 된다. 그 구성원들의 세례를 승인하며, 다시 그것에 참여하게 된다. 그러므로 그것은 교리적인 선언―내가 말하는 것을 제대로 표현하면, 믿어지는 것이 신앙이다(*fides quae creditur*)―이라기보다는, 참여와 서원(voeu)의 행위이다. 나는 나의 모든 것을 바쳐 그리스도께서 그분의 성육신과 사역, 고난과 부활, 그리고 영화(榮華) 때문에 내게 주신 그 모든 것을 믿고 그분께 헌신한다. 그것 때문에 믿게 되는 것이 신앙이다(*fides qua creditur*). 니케아-콘스탄티노플 신조는 약간의 이야기체 형식을 보이지만, 그리스도론과 삼위일체론에 관한 초대교회의 신학적인 투쟁의 흔적을 갖고 있다. 성만찬예식에서 고백한 신조는 사도신조가 아니라, 오히려 이 신앙고백이었다. 그렇지만 그것이 동방교회와 서방교회에서 같은 것으로 낭송되지 않았기 때문에, 하나의 문제를 제기한다. 동방교회는 본디 형식을 지켰다. 서방교회는 거기에 두 가지 수정을 가하였다: 첫째는 일인칭 복수가 아니라 일인칭 단수로―"우리는 믿는다"보다는 "나는 믿는다……"―신조를 선언한 것이다. 이것은 교회의 고백보다는 오히려 세례의 고백과 관계되는 인상을 준다. 그러나 '나'를 교회의 집합적인 '나'로서 이해하는 것이 가능하기 때문에, 이것은 신학적으로 어려운 문제를 야기하지는 않았다. 그러나 또 다른 수정은, 동방교회와 서방교회가 갖고 있던 신앙의 일치를 심각하게 깨뜨렸다. 사실 서방교회는 샤를마뉴 대제(742-814)) 이후, 성령의 강림(procession)을 고백하면서, 필리오케(*filioque*) 곧 "그리고 아들에게서"를 덧붙였다. 로마교회 전통에서는 "우리는 아버지에게서 나오고, 아버지와 아들과 더불어, 같은 경배와 같은 영광을 받으시는 주님이시며 생명의 근원이신 성령을 믿습니다. 이분은 아버지와 아들에게서 나오고, 아버지와 아들과 더불어, 같은 경배와 같은 영광을 받으시는 분입니다……."라고 말한다. 여기서 이 논쟁의 역사적이고 신학적인 면을 세부적으로 훑을 수는 없다.138) 우리는 동방교회가 샤를마뉴 대제의 개혁에 대하여 두 가지 이유에서 매우 격렬하게 반응하였다는 것만 주목하려고 한다. 그것은 교리적인 이유와 규율 또는 교회론적인 이유이다. 교리적인 이유: 동방교회는 필리오케를 더함으로써 성령을 아들의 포로가 되게 하고, 결과적으로 교회가 엄격한 제도화를 향하여 선회하지 않을까 염려한 것이다. 그리고 사실 역사는 로마교회의 전통이 동방교회의 전통보다 더 제도화되었다는 사실과, 그 반면에 동방교회는 서방교회에 비해 그리스도론을 성령론과 균형 있게 다루려고 더 많은 노력을 기울였음을 증명하고 있다. 그로부터 서방교회가 처한 특별한 어려움은, 개혁교회들과 소종파들로부터 성령론적인 설욕을 당해야 했던 것이다. 동방교회의 부정적인 반응을 불러일으켰던 규율이나 교회론적인 이유는 이것이다: 동방교회 교인들 앞에서 단 한 번의 교회일치 회의로 니케아공의회에서 저지되고 받아들여진 신앙고백이 수정되고 보충될 수 있었다는 것이다.139)

---

138) L. Vischer가 편집한 *La théologie du Saint-Esprit dans le dialogue entre l'Orient et l'Occident*, Paris, 1981을 참조.

139) 불어를 쓰는 스위스 개혁교회가 사용하는 *Psaumes, Cantiques et textes pour le culte*, 1976, N° 171에서는 원시적인 형태의 니케아-콘스탄티노플 신조를 받아들였다. "우리는 아버지로부터 나오는 주님이시며 생명의 근원이신 성령을 믿습니다. 아버지와 아들과 함께 그분도 경배를 받아야 마땅합니다……." 스위스의 가톨릭적인 그리스도인들의 새로운 예식서에서는 아들에 대한 기도(filioque)를 제거하였다(*Messliturgie und Gesangbuch der christkatholischen Kirche*, Allschwil, 1978, p. 19). 성공회 교인들은 주저하였다. 예컨대, 이 '필리오케'를 보존하고 있지만 그러나 괄호 안에 둔 스코틀랜드 감독교회의 실험적인 예식서(l'*Experimental Liturgy* de la Scottish Episcopal Church, 1977)를 참조. 영국 감리교회의 새로운 예식서에서는 '필리오케'를 보전하고 있다(1974).

사도신조와 니케아-콘스탄티노플 신조만이 주일 예배의식에서 인용될 수 있음을 말하는 것인가? 좀 더 정확히 말하면, 오늘 교회는 전통적인 신조들(Credo)보다는 새로운 신앙고백 문서들을, 특히 현대인들의 정서(mentalité)에 좀 더 부합하는 문서들을 기안하고 제의해야 하지 않겠는가? 만일 이 질문에 긍정적으로 답하려면, 그런 현대적인 신앙고백들은 다음과 같은 네 가지 조건들의 시험을 감수해야 한다. '첫번째 조건'은 이것이다: 새로운 문서들은 그것을 고백하는 이들이 죽기까지 증언할 수 있어야 한다. 피터 브룬너는 그것을 아주 정확하고 심오하게 지적한다: "증거로서 신앙고백은 문자 그대로 세상에 복음을 선포할 수 있는 마지막 가능성이다. 그 다음에는 구두로 하는 어떠한 증거도 더 이상 있을 수 없다. 남은 것은 피의 증거일 뿐이다."[140] 새로운 신앙고백들을 편집하는 이들이 거기서 고백하는 것을 위하여 죽을 각오가 되어 있는가? 만일 그렇다면 그것들은 신중하고 경건하게 검토될 만한 가치가 있다. '두 번째 조건'은 이것이다: 새로운 문서들이 전통적인 신조의 어떤 말들을 현대인에게 동화될 수 없다는 구실로 감추려고 하는 시도를 하지 않아야 한다. 예컨대, 예수의 초자연적인 탄생을 말하지 않고, 그분의 죽으심을 넘어선 승리를 무시하며, 다시 오시겠다고 하신 약속을 빠뜨린 신앙고백이라면, 교회 예배에 허락해서는 안 된다. 만일 전통적인 신조의 어떤 말을 가지고 신앙고백을 만들려고 노력하는 것이라면, 교회는 언제나 어떻게 해서든지 부족한 것을 보충해 왔다는 사실을 잊어서는 안 된다. 곧 어느 누구도 혼자서 모든 신앙을 말하고 살아갈 수 없다. 여기서 신조의 기원에 대한 아름다운 전설을 상

---

140) *Op. cit.*, p. 261.

기해 보자. 그것은 열두 사도가 저마다 자신의 신앙고백 신조에 들어 있는 아주 심오한 문장을 하나씩 말하면, 나머지 열한 사도가 이 개인의 문장을 전체의 신앙, 곧 교회의 신앙 속에 포함시켰다는 것이다. '세 번째 조건': 이 새로운 문서들은 원칙적으로 그리스도인의 신앙고백이어야 한다. 곧 역사 속에서 일어나는 구원행위들에 대한 열거, 곧 구원역사에 대한 열거여야 한다. 이데올로기적인 구성이나 계획적인(programmatique) 선언은 신앙고백이 아니다. '네 번째 조건': 새로운 문서들은 목사의 개인적인 감정 토로라기보다는, 오히려 교회를 위한 문서들이라는 겸허함을 지녀야 한다. 이 네 가지 조건들은 전통적인 신조들과는 다른 신앙고백들을 오히려 진귀하게 하고, 신자들은 자신들의 신앙고백에 활력 있게 참여할 권리를 갖고 있기 때문에, 그런 노력을 지속해야 함을 보여 준다. 그런데 그것에 참여할 수 있도록, 그들은 그 문서를 잘 이해하고 있지 않으면 안 된다.

개혁교회 예배의식들에는 자주 신앙고백과 마찬가지로, 고전적인 두 개의 신조들 외에 사람들이 "성서"(biblica)라고 부르는 문서들—일련의 성서구절들로 이루어져 있거나 성서를 인용하고 있고, 삼위일체 하나님의 도식에 따라 정렬되어 있는 문서들—이 포함되어 있다. 예컨대, 프랑스 개혁교회 예배의식(1963)은 그 안에 세 가지를 포함하고 있다.[141] 그것들은 신학적으로 잘못된 것이 아니다. 그러나 내가 미심쩍게 여기는 것은, 그것들이 말하는 것이 아니다. 그것들이 침묵하고 있는 것이다. 곧 예수의 동정녀 탄생에 대한 언급이

---

[141] 이 예식서는 모두 8개의 신앙고백서를 포함하고 있다: 고전적인 두 개의 신조들은 마르틴 루터의 신앙고백이고, 세 개의 요약된 신앙고백서이며, 나머지 세 개는 "biblica"이다. p. 25-28.

없다. 그분의 재림에 대한 언급도 없다. 그 세 가지 고백들 가운데 어떤 것은 그분의 부활에 대한 언급마저 빠뜨리고 있다.[142] 이런 신앙고백들은 속임수를 쓰는 것 같은 인상을 풍긴다. 단순히 변화를 주기 위하여, 또는 획일성과 인습에 맞서 싸우기 위하여, 그것들을 예배 순서에 도입한다고 하는 것은 설득력이 없다. 그 문서들은 대개의 경우 신자들이 고백하기는커녕, 듣는 때에도 알아듣지 못하기 때문이다. 그러므로 약간의 예외를 제외하고, 모든 회중들이 말하는 고전적인 신조들로—그것이 어느 것이건 간에—만족해야 할 것이다.

6) 찬송과 영창

단지 죄의 고백이나 성령임재의 기원, 오늘의 기도나 중보의 기도, 감사의 동작만이 기도는 아니다. 우리는 역시 예전적인 응답송들과 신앙고백도 기도로 이해할 수 있음을 살펴보았다. 이러한 맥락 속에서, 찬송과 영창을 분류할 수 있다. 사실 우리는 이것이 예배에 따른, 또는 예배에서, 공동체 삶에 대하여 말하는 것이 아닌가, 주저하고 의아하게 생각할 수 있다. 그러나 사도가 에베소교회 교인들과 골로새교회 교인들에게 성시와 찬송과 영가를 모두 같이 불러 서로에게 감화를 주도록 권면하였기 때문에(엡 5:19, 골 3:16), 그것들을 언급하지 않으면 안 된다. 그 때문에 분류의 문제는 결정적인 중요성을 갖는 것이 아니다.

교회는 언제나 예배를 드릴 때 찬송과 영창을 불렀다. 이것은 창

---

142) 전통적인 두 개의 신조들을 신앙고백으로 채택하고는 있지만, 그것에 많은 변화를 준 쥐라의 예식서가 이에 해당한다.

조성이 가장 두드러지게 드러나는 예배의식의 분야이다. 이것은 (초대교회에서) 이단 신앙을 지닌 이들에게서나 위대한 교회 구성원들에게서도 마찬가지였다.[143] 게다가 한 지역에 있는 교회가 그 자신을 가장 잘 고백할 수 있는 것도 바로 이 예배의식 분야임을 말하지 않으면 안 된다. 젤리노(P. Gelineau)가 말한 것처럼, "찬송은 모든 민족과 모든 시대의 재능(génie)에 따라 각색된 교회의 한결같은 신앙이다."[144] 찬송과 영창의 역사는, 찬송(hymnodique)들의 산출이 영광과 쇠퇴, 비약과 개혁, 잘못된 출발과 참된 복귀의 시대들이 있었음을 보여 줄뿐만 아니라, 특히 그 영성생활에 좋은 척도이기도 했음을 보여 주기도 한다: 나에게 너의 성가집을 보여 다오. 그러면 나는 네가……하다는 것을 말해 주겠다. 좋은 척도이자, 또 신앙이 경직될 때 피할 수 있는 좋은 피난처이다: 합창으로 마음을 안정시키는 독일 루터교의 "지고의 신앙"(Hoch-Orthodoxie)을 생각해 볼 수 있다.[145]

나는 기꺼이 찬송과 영창의 역할을, 그것들이 특별히 그리스도 교적일 때, 감사의 기도 가까이에 자리매김할 것이다. 물론 예배에서 "묵상"의 노래나 영창들을 부르는 것을 배제하지 않는 것은, 감히 말하건대, 예배의식의 전개를 촉진시키기 위해서다. 영창들은 아주 특별하게 종말론적인 희망을 증언하고, 하나님 나라에서 영원히 울려 퍼질 "새 노래"를 미리 맛보는 것이다(참고. 계 5:9. 14:3, 시편 33:3 등). 그것들은 기쁨의 표식(약 5:13)이다. 그리고 그리스도

---

143) 초대교회에서 사람들은 시편을 낭독하지 않고 찬송과 영창으로 노래하였다. 영지주의자들은 특히 찬송들을 가지고 있었다. A. Verheul, *op. cit.*, p. 221 이하 참조.
144) "L'Hymne dans une liturgie rénovée," *La Maison-Dieu*, n° 92, 1967, p. 49.
145) R. Staehlin은 매우 정확하게 "개혁교회의 노래는 틀림없이 예배의식의 역사에서 종교개혁이 기여한 가장 적극적인 기여이다."라고 지적하고 있다. *op. cit.*, p. 59, note 171.

의 승리를 선포하는 것이다(참고. 계 15:3). 성 어거스틴은 한 설교에서 "하늘나라에서는 한없는 만족을 누리며 끝없이 아멘과 할렐루야를 부르는 일 외에는 아무것도 할 일이 없음을 우리는 알고 있다"고 말하였다.[146] 그리고 지상에 있는 교회는 자신의 영창들을 부름으로써 그 하늘기쁨에 참여하도록 초대받았다.[147] 이 기쁨은 교회의 신앙과 기쁨을 배가시키는 환희를 그리스도교의 참된 영창들에 올바로 나누어 주는 것이다. 루터교 신자인 피터 브룬너는 여기서 동방정교회에 친숙한 생각을 갖도록 권유한다. 곧 찬송은 '신학'의 궁극적인 형식이라는 것이다.[148] 찬송은 하나님 나라에서 우리가 표현하게 될 그런 신학을 지금 여기서 하도록 해주기 때문이다. 그러므로 우리는 성만찬 기도의 특수성에 관하여 주목하였던 그것에 다시 도달한다. 한 번 더 말하지만, 찬송에 대한 이런 해석은 다른 유형의 영창들을 배제하지 않는다. 그러나 그것은 우리가 노래해야 할 찬송과 영창들의 선택에 이르는 관점을 부여해 준다. 그것으로 노래하는 이들은 자신들의 노래로 자신들이 누구이며, 자신들이 어디에서 유래하였고, 어느 시대에 살고 있는지를 고백한다. 그러나 그들은 다른 정체성(identité)들과 대립하는 주장들을 정당화기 위하여 특이하게 공격적으로 나와서는 안 된다. 천상의 예루살렘에 여러 나라의 보화들이 쌓이게 될 때(참고. 계 21:26), 자신들의 문화가 부름 받았음을 나타내는 증인들로서 그것을 행해야 하기 때문이다.

---

146) Sermon 362, 29, P. L. 39, 1632 이하. P. Th. Camelot, *Spiritualité du baptême*, Paris, 1960, p. 163, note 1에서 인용.
147) H. Schlier, art. ADO, *ThWbNT*, I, p. 165 참조.
148) *Op. cit.*, p. 264.

4.
형제의 나눔

예루살렘의 그리스도인들에 대한 말씀(행 2:42)에 충실히 응답하여, 하이델베르크 교리문답은 신자들이 "주일에 하나님의 공동체에 열심히 참여하여, 하나님 말씀을 배우고, 성례전에 참여하며, 공중 앞에서 주님을 찾아 부르고, 그리스도교적으로 자선을 베풀어야……"(질문 103) 한다고 말한다. 이 형제적인 나눔은―단지 자선금을 모금하는 정도로 축소될 수 없는―그리스도교 예배의 주된 구성요소들 가운데 맨 마지막 것이다. 여기서는 맨 먼저 봉헌을 언급하고, 이어서 예배의 나머지 다른 세 가지 순간(moment)들을 언급하고자 한다. 곧 인사와 평화의 입맞춤과 교회소식이다.

1) 봉헌

신약성서를 읽을 때 강한 인상을 받는 것이 있다. 사제적이고 희생적인 전문용어가 대개는 조심스럽게 교회의 봉사적인 참여에 적용되고 있다는 사실이다. 이런 맥락에서, 우리는 바울에게서 신학적으로 비중 있는 용어들인 의연금(*leiturgia*, 고후 9:12), 모금(*eylogia*, 롬 15:28), 성금(*charis*, 고전 16:3, 고후 8:4 이하), 구제금(*koinonia*, 롬 15:31, 고후 8:4, 9:1-12), 또는 형용사인 '기쁜' 선물(*eyprosdektos*, 롬 15:31) 같은 용어들을 찾을 수 있다.[149] 히브리서 기자는 그런 봉헌들을 제물(*thysiai*), 곧 희생제물(13:16)이란 용어

---

149) A. Hamann, *op. cit.*, p. 242 이하 참조.

로 표현하는 것을 주저하지 않는다. 만일 하나님 자신이 우리에게 자신의 아들을 주셨고, 이 선물이 그것을 받은 이들의 성만찬적인 모임에 근거가 되고 정당화하는 것이라면, 이 선물에 대한 응답은 그것을 맞이하고 받아들인 이들이 자신을 바치는(auto-oblation) 것이어야 한다. 그런데 자신을 바치는 이 형식은 하나님께 드리는 "찬양의 제사, 다시 말해서, 그분의 이름을 고백하는 입술의 열매"일 뿐만 아니라, "선행과 친교"를 나누는 것이기도 하다. "하나님께는 이런 제사를 기뻐하시기 때문이다"(히 13:15 이하). 이 봉헌의 의미는 돈이 궁한 사람들에게 자선을 베푸는 것일 뿐만이 아니라―그리스도 안에서 풍성해진 그리스도인들이 어떻게 가난한 이들을 소홀히 대할 수 있겠는가?―이 세상 복락에 대해서도 절제와 초연함을 지닌 채 살아가는 것이기도 하다. 이 세상 복락들은, 그리스도인들의 가장 심오한 비밀인, 새로운 인간이 소유하는 것에 속하지 않는다. 이 봉헌의 의미는, 그것이 그리스도인들의 일치와 형제애의 가시적인 표식을 만들어 준다는 사실이다. '신학적인' 중요성을 유념한다면, 바울이 예루살렘 성도들을 위하여 시도한 모금에는 사적인 의미만 담겨 있는 것이 아니다. 결국 그가 바란 것은, 항해 도중 자신을 위협할지도 모르는 죽음의 위험들에도 불구하고, 자신이 직접 그 모금을 예루살렘에 가지고 가려는 것이었다.[150]

만일 예전적인 봉헌이 그러한 반향을 불러일으키는 것이라면, 예

---

150) 행 21:4, 11-14, 고전 16:3 이하에서, 바울은 "내가 여러분에게 가서 여러분이 인정하는 사람들에게 내 소개 편지와 여러분의 성금을 예루살렘에게 가져가게 하겠습니다."라고 말한다. 우리는 이것을 두 가지 면에서 이해할 수 있다. 그것이 뜻하는 것은, 바울이 정말로 중요한 모금을 위하여 일부러 수고하는 것일 수도 있고, 바울이 그 모금 액수를 늘리기 위하여 만일의 경우 자신이 직접 예루살렘에 갈 수도 있음을 알리고자 하는 의미일 수도 있다.

배 그 자체에 관해서도 결코 주변적인 것이 아니다. 그러므로 봉헌은 예배가 끝난 뒤보다는, 다시 말해서, 교회가 파하는 시간보다는, 오히려 예배의 전개 속에서 그 자리를 차지해야 한다. 헌금을 드리는 순서는 성만찬 떡과 잔을 준비하는 때가 좋다. 이 헌금은 영창을 부르는 동안 장로나 집사들이 거두는 것이 바람직하다. 그리고 성만찬 재료들을 거룩한 제단에 바칠 때 동시에 헌금도 그 제단에 바쳐야 한다. 하나님 일에 쓰이도록 거룩히 성별되었기 때문이다. 봉헌은 교회의 성만찬에 속한다.[151] 또한 봉헌은 교회의 봉사가 세상 속에 그 근원을 두고 있다는 사실을 내보인다.[152] 또 봉헌은 "제단의 성례전"을 "형제의 성례전"에서 떼어놓는 것을 용납하지 않는다. 사실 이것은 오늘 많은 신학자들이 "성만찬은 결국 죽음의 무도(舞蹈) 그 이상이 아니므로—그 자체의 역사를 단념하고 윤리적인 의미만 부여하는 것이 좋다고 하지는 않지만—제단의 성례전을 형제의 성례전으로 대체하도록" 적극 권하고 있듯이, 그런 각도에서 봉헌이 필요하다는 것은 아니다.[153]

2) 인사

바울의 편지들은 그것을 받은 교회가 예배 때 읽도록 의도된 것들이었다. 그 편지들은—이미 전통적인 예배의식 순서를 알고 있었다면, 이것은 있을 법한 일인데—보충되어야 하고, 설교로 대체되어야 하며, 성만찬예식에 앞서서 읽혀져야 한다. 우리는 고린도전서 마

---

151) 그 때문에, 그것의 위치는 "세례지원자"들의 미사보다는 "신자들의 미사"에서야 한다.
152) B. Buerki, *op. cit.*, p. 51 이하; C. Albrecht, *op. cit.*, p. 58 이하; F. Kalb, *op. cit.*, p. 133 이하; J. A. Jungmann, *op. cit.*, II, p. 3-34 등을 참조.
153) O. Clement, *Questions sur l'homme*, Paris, 1975, p. 133.

지막 부분에서 성만찬을 시작하기 바로 이전의 예배의식에서 사용되었을 것처럼 보이는 구절을 찾을 수 있다. "누구든지 주님을 사랑하지 않는 이는 저주를 받으라! 마라나타, 우리 주님, 오십시오. 주 예수의 은혜가 여러분과 함께 있기를 빕니다"(고전 16:22). 틀림없이 이것은 "우리 주 예수 그리스도의 은혜가 여러분의 심령에 있기를 빕니다."154)라는 표현과 같은 의미로 이해해야 할 것이다.

그 기원이 어떻든 간에, 그것은 처음 팔레스틴의 그리스도인들에게로 소급되어야 한다.155) "주님께서 여러분과 함께 그리고 여러분의 심령에 함께!"라고 말하는 인사가 고대 그리스도교 예배의식에서 발견된다. 히폴리투스(Hippolyte)가 로마의 성만찬에 대하여 말하고 있듯이,156) 우선 "마음을 드높이 주를 향하여"(sursum corda)라는 말 이전에 그 인사를 나누었다. 이 인사와 그것에 대한 사람들의 응답의 의미가 내게는 형제의 나눔이라는 맥락에서 말하고자 하는 것을 정당화하는 것처럼 보인다. "주님께서 여러분과 함께 하시기를!" 또는 "여러분에게 평화가 함께 하길!" 하고 말하는 것은, 주님이나 이 평화가 종말론적인 구원의 충만성과 궁극적인 구원의 활동과 그리스도 안에서 시작된 새 창조의 완성을 뜻하기 때문이다.157) 그러므로 엄밀한 의미에서, 그것은 복음의 나눔과 관계된다.

예배 순서 속에서 나누는 이 인사의 전통은 여러 가지가 있다. 특

---

154) 갈 6:18, 빌 4:23, 몬 25을 참조. 또한 딤후 4:22를 참조.
155) K. Froer, *Salutationen, Benediktionen, Amen*, Leiturgia II, p. 572를 참조.
156) 사도전승, S. C. n° 11, p. 30. "그리고 여러분의 심령에 함께!"라는 응답송의 정확한 의미는 논쟁의 여지가 있다. 그렇지만 "여러분"—여러분의 영혼/여러분의 인격—이란 말의 어법(sémitisme)과 관계하는 것 같지는 않다. 그것은 영혼(psyché)이 아니라 영(pneuma)과 관계하고 있기 때문이다. 이 문제에 관해서는 E. J. Lengeling, "Et cum spiritu tuo—Und auch mit dir?" *Römische Quartalschrift*, Band 70, Heft 3/4, 1975, p. 225-237를 참조.
157) K. Froer, *op. cit.*, p. 571을 참조.

이할만한 것은, 집례자가 회중에게 자신을 소개하거나 회중을 위하여 기도하려 할 때도, [158]이 인사를 나눈다는 것이다. "주님께서 여러분의 심령에 함께!," 다시 말하면, "여러분이 드리는 예배를 주님께서 받아 주시기를!"이라는 인사는 주님께서 집례자에게 카리스마적인 은사를 주시길 바라는, 일종의 성령임재의 기원이다. 그러므로 이 인사는 사람들과 목사를 서로 밀착시켜 준다. 거기서 저마다 하나님의 평화 안에 있는 회중과 소명의 은총 안에 있는 목사라는 자신의 참된 자리를 찾게 된다.

종교개혁 이후에도 루터교와 성공회에서는 이 인사가 계속 유지되었다. 쯔빙글리도 복음서를 봉독하기 전에 인사를 하였다.[159] 그리고 스트라스부르그의 예배의식에는 '회중들의 응답이 없는' 인사가 있었다.[160] 그런데 모든 교송(交頌)을 금지하고 있는 제네바의 예배의식과 그 영향을 받은 예배의식들에서는 더 이상 그것을 찾아볼 수 없다.

교황 바오로 VI세는 미사에서 그것을 복음서 강독, "마음을 드높이, 주를 향하여!"라는 말(*sursum corda*), 평화의 교환, 그리고 마지막 보냄 등에 앞서서 네 번 하도록 하였다.

복음을 나눈다는 의미에서, 개혁교회 예배순서 속에 이런 인사와 그것에 대한 응답이 다시 도입되는 것이 좋을 것이다. 그것의 교송적인 특성이 예배가, 성직자의 독백이 아니라, 모두의 행위임을 잘 드러내 주기 때문이다.

---

158) F. Kalb. *op. cit.*, p. 111을 참조.
159) F. Schmidt-Clausing, *op. cit.*, p. 132.
160) W. D. Maxwell, *An Outline of Christian Worship*, London, 1958, p. 93, 94, 97, 104, 106, 109를 참조.

3) 평화의 교환

우리에게는 사도시대의 성만찬예식에 관한 정확한 정보들이 별로 없다. 그러나 한 가지 예외는 있다. 곧 평화의 입맞춤이 고린도교회(고전 16:20, 고후 13:12)와 데살로니가교회(살전 5:26)에서 행해졌고, 바울이 로마에 있는 그리스도인들에게 그것을 말하고 있으며(롬 16:16), 베드로가 본도, 갈라디아, 갑바도기아, 그리고 아시아와 비두니아에 흩어져 있는 교인들에게 그것을 말하고 있기 때문에(벧전 5:14), 그것은 일반화된 예배의식이었다고 볼 수 있다. 평화의 입맞춤이 지닌 의미는, 그것이 예수 그리스도의 명령에 순종하여 성만찬을 뜻하는 "수직적인" 화해의 표식이나 날인(sceau)이라기보다는, 그에 앞서 "수평적인" 화해의 표식과 날인[161]이라는 것이다: "그러므로 네가 제단에 제물을 드리려고 하다가, 네 형제나 자매가 네게 어떤 원한을 품고 있다는 생각이 나거든, 너는 그 제물을 제단 앞에 놓아 두고, 먼저 가서 네 형제나 자매와 화해하여라. 그런 다음에, 돌아와서 제물을 드려라"(마 5:23). 그러므로 이 입맞춤은 교회에 모인 회중이 한 마음과 한 뜻임을 증언한다. 평화의 입맞춤이 예배의식의 순서 속에 있어야 하는 이유가 바로 그것이다. 비잔틴 예배의식에 따르면, 그것은 신조에 앞서서 행하거나—이것이 본디 자리인 것 같다—떡을 떼기 바로 전에, (라틴 예식에 따라) 신자들과 성만찬에 참여한 이들이 해야 할 예배의식 가운데 하나였다.[162] 그 상징적인 중요성 때문에라도, 예배 순서 속에서 이런 동작을 하는 것이 바람직하다. 그러나 현재 상황에서 어떻게 이 입맞춤을 교환

---

161) Staehlin, *ThWbNT* IX, p. 136 이하 참조.
162) 이 입맞춤의 역사에 관해서는 J. A. Jungmann, *op. cit.*, II, p. 399-413; Rietschel-Graff, *op. cit.*, p. 334 이하를 참조.

할 것인가? 바울 식으로 말하자면, "거룩한 입맞춤"(*philema hagion*)이, 베드로 식으로 말하자면, "사랑의 입맞춤"(*philema agapes*)이 문제다. 교회 역사 초기에는 이 입맞춤이 모든 회중들 사이에서, 남자와 여자를 막론하고, 서로 주고받았던 것 같다. 그런데 이 거룩한 입맞춤과, 무엇인가 모호한 감정이 끼어들 수 있는 입맞춤 사이에서, 모든 혼동을 피하기 위하여, 3세기부터 회중들을 남자와 여자로 구별하기 시작하였다. 그 결과, 남자는 남자들과, 여자는 여자들과, 이 입맞춤을 교환하게 되었다.[163] 교황 바오로 VI세의 예배의식에서는 "회중들이 서로 형제처럼 평화를 교환하도록" 성직자나 부제가 이렇게 권고한다: "형제여, 그리스도의 사랑 안에서 그대에게 평화를 줍니다." 이런 권유에 따라, 저마다 자기 이웃과 우정(amitié)의 동작을 교환할 수 있다. 실제로 지역이나 회중 특성에 따라 바뀔 수도 있다. 그 때 신자들은 서로 손을 잡거나 이웃과 서로 손을 포개어 쌓을 수도 있다. 그러나 배우자나 약혼자는 서로의 뺨에 입을 맞출 수도 있다.[164]

4) 교회소식

한 지역에 있는 교회는 결코 그 교회 혼자만 있는 것이 아니다. 지역교회들은 서로 연대하고 있다. 전통을 거슬러 올라가면, 지역교회들이 서로 많은 정보들을 교환하였음을 알게 된다.[165] 이 정보들

---

163) Hippolyte, *op. cit.*, p. 46 이하 참조. 또한 Staehlin, *art. cit.*, p. 142를 참조.
164) K. Gambler, *op. cit.*, p. 208 이하; K. Froer, *op. cit.*, p. 584 이하 참조.
165) 나는 두 가지 예를 들겠다. 아나니아가 다소의 사울을 찾아가라는 주님의 명령을 받았을 때, 그는 하나님께서 정말로 사람들이 말하는 사울을 지목하신 것인지를 의아하게 생각했다: "주님, 그 사람에 대해서는 여러 사람들에게 들은 바 있습니다. 그는 예루살렘에 사는 주님의 성도들에게 많은 해를 끼쳤다고 합니다. 더구나 그는 대사제에게서 주님

은—다른 교회의 슬픔이나 기쁨에 관한 정보들이든, 모인 회중들 자신에 관한 정보들이든—형제의 나눔에 속한다. 따라서 예배의 구성 요소들에도 마땅히 속할 수 있다. 그러나 종종 이 교회소식을 어디쯤에 배치해야 할지 헷갈린다. 흔히 거짓된 영성(spiritualisme)을 이유로, 또는 예배의 엄숙성이 손상될까봐, 교회소식 부분에 대해서 염려하기도 한다. 마치 결혼하고 싶어 하는 남녀들이나, 세례 받아야 할 아이가 있는 사람들이나, 부모나 친구를 잃은 사람들이 예배에 모이는 것을 부끄러워하기라도 해야 하는 것처럼. 또는 마치 세상에서 사도직을 감당해야 할 남녀들, 그리고 (전통규례에 따른) 그들의 증거 방향과 (교회활동지침에 따른) 증거 준비방식에 대하여 지시받아야 할 사람들이 예배에 모이는 것을 부끄러워하기라도 해야 하는 것처럼. 그러므로 교회소식을 예배부름 앞에 놓음으로써 확실히 그리스도교적인 이 걱정을 회피하려는 것은 좋지 않다(그렇다면 교회생활이 그 중심에서 떨어져 나가게 될 것이다). 그러나 교회소식을 지나치게 상세하게 하는 것도 좋지 않다. 교회소식은 교회가, 주중에 흩어지더라도, 사라지는 것이 아님을 증언한다. 곧 교회는 계속해서 기도하고, 주님의 말씀을 듣고, 그분의 보살피심 속에서 사랑하고 살고 죽는다.[166)]

을 믿는 사람들을 잡아 갈 권한을 받아 가지고 여기 와 있습니다"(행 9:13 이하). 곧 예루살렘 신자들은 사울의 여행 목적에 대하여 다마스커스의 신자들에게 경고하였던 것이다: 바울이 로마에 간다는 말을 듣고 마중 나온 로마의 신자들이 있었다. 그러므로 그들은 사도가 가까운 장래에 도착한다는 정보를 들었던 것이다(행 28:14 이하, 또한 빌 2:19, 롬 15:26, 고후 7:5 이하, 살전 1:7 이하, 4:10 등). 그러므로 교회들 사이에서 서로 연락들을 주고받았던 것이다. 또한 롬 16:1-24과 같은 문안인사들에 대한 정보 같은 것도 있음을 기억하기 바란다.

166) H. Asmussen, *Die Lehre vom Gottesdienst*, München, 1937, p. 244-248; W. Hahn, *Die Mitte der Gemeinde*, Gütersloh, 1959, p. 48 이하; F. Kalb, *op. cit.*, p. 130 이하 등을 참조.

제6장

예배의 참여자들

예배는 주님과 그 백성이 만나는 때와 장소이다. 그러므로 예배에 참여하는 이들은, 한 편은 하나님이고, 다른 한 편은 신자들이다. 그러나 이 만남은 또 다른 참여자들을 끌어들인다. 곧 천사들과, 자신의 심오한 존재이유―주님을 영화롭게!―를 찾아 목말라 하는 세상이다.

1.
주님

주님께서 현존하신다는 사실은 너무나 자명하다. 그러기에 예배의 참여자들을 말할 때, 그 부분이 종종 등한시되어 왔다. 그렇지만 그분의 명령이 있기에, 예배는 탐욕과는 다른 그 어떤 것이 된다. 그분의 임재가 있기에, 예배는 환각과는 다른 그 어떤 것이 된다. 그분의 행동이 있기에, 예배는 헛된 것이 되지 않는다. 그분의 영광이 있기에, 예배는 영적인 맹목과는 다른 것이 된다. 그분의 사랑이 있기에, 예배는 종교적인 자위행위(onanisme)와는 다른 것이 된다. 그분의 자유가 있기에, 예배는 영적인 공갈협박과는 다른 것이 된다. 아들과 아버지와 성령이신 하나님은, 그리스도교 예배의 주체이신 동시에 대상이시다. 예배에서 섬기는 분이고, 예배로 말미암아 섬김을 받으시는 분이다. 명령하시는 분이고, 그 명령을 받으시는 분이다. 또 말을 거시는 분이고, 교회가 말씀을 드리는 분이다. 우리가 간구해야 할 분이고, 우리의 청을 들어 주시는 분이다.

우리가 지금껏 말한 모든 것은, 주님의 현재와 활동과 영접을 전제로 하는 것이었다. 그러기에 이것 말고 다른 어떤 것을 분명히 말할 필요가 없었다. 곧 주님의 현재와 활동과 영접이 없다면, 그리스도교 예배는 짓궂은 농담이나 거짓이 되고 말 것이다. 그러나 교회는 신앙으로 자신이 드리는 예배가 범죄도, 거짓도, 타락케 하는 것(séducteur)도 아님을 알고 있다. 교회는 하나님이 자신을 내어 주시고 품어 주시려고 부르셨음을 알고 있기 때문이다.

2.
신자들

1) 세례 받은 이

이들은 세례 받고 예배를 드리는 사람이다. 필연적으로 지역 공동체(*in statu divisionis*), 고백 공동체에 속하는 그들에게 예배를 드릴 수 있는 은혜는 권리이자 의무이다. 오로지 그들만—그리스도교 예배가 세례에 따라 종말론적인 상황으로 옮겨진 이들만―참여할 수 있는 종말론적인 사건이기 때문이다.[1] 실제로, 세례가 하나님 말씀을 듣기 위한 조건은 아니더라도, 하나님의 몸과 피를 함께 나누기 위해서는 꼭 필요하다. 신약성서 그 어디에서도, 우리가 예수 그리스도를 믿지 않고서도 또 그분의 이름으로 세례를 받지 않고서도, 교회에 속할 수 있다거나 예배를 드릴 수 있다고 말하지 않는다. 마찬가지로, 그 어디에서도, 우리가 교회의 일원이 되지 않고 또 그 예배에 참석하지 않고, 예수 그리스도를 믿을 수 있다거나 세례를 받을 수 있다고 말하지 않는다. 이 사실은 가장 오래된 속사도(postapostolique) 전통의 문서들에서도 증명된다.[2] 곧 예배는 모든 신실한 교회의 한결같은 의례라는 것이다.[3] 이것은 예배가 "품위 있는 교양을 지니고 고대 기도들에서 매력을 느낄 수 있는 선택된 엘리트들"이나, "오랜 금욕과 묵상 생활을 한 완벽한 사람들 집단"에만 제한되어 있다는 것이 아니다. 그와는 반대로, 예배 모임은 ―사도 바울의 서신을 생각할 수 있다!―"네거리로부터 우연히 부름 받아 '억지로 들어오게 된' 절름발이들, 부랑자들, 걸인들의 모임이다." 그러나 바로 그 예배 모임이, 자신의 간구로써, 무엇보다도 거기서 역사하는 은총에 따라, "이 뜨내기들이 성도로, 믿을 수 없을 정도로 변변치 못한 이들이 제왕과 사제의 행렬로 변화된다."[4] 예

---

1) P. Brunner, *op. cit.*, p. 167 참조. 또한 K. Barth의 *Gottes Erkenntnis und Gottesdienst*, p. 187 이하를 참조.
2) "주님의 이름으로 세례 받지 않고는 그 누구도 우리의 성만찬을 먹고 마시게 하지 말라. 주님께서 거룩한 것을 개에게 주지 말라고 말씀하셨기 때문이다"(디다케 9:5).
3) "……세례 받은 이는 예배에 적합한 사람이고 예배에 참여할 자격을 부여받은 당사자이다"(P. Brunner, *op. cit.*, p. 162).
4) G. A. Martimort, "L'assemblée liturgique," *La Maison-Dieu*, N° 20, 1950, p. 157. 또한 같은 저자의 "Précisions sur l'assemblée," *La Maison-Dieu*, N° 60, 1959, p. 14; 그리고 A.

배가 이루어 내는 선별은 엘리트, 인종, 교양, 사회, 지식 등에 따른 선별이 아니다. 그것은 마지막 심판을 예시하는, 영적이고 종말론적인 선별이다. 그것은 복음을 받아들이길 거부하는 이들에게는 위협이 되고, 복음을 받아들여 그것 때문에 의롭다 여김을 받는 이들에게는 약속이 되는 선별이다.

만일 세례 받은 이들에게 예배를 드릴 수 있는 권리와 의무가 있다면, 이 권리는 존중되어야 한다. 그 권리는 다음 네 가지 조건들이 충족되는 정도에 따라 존중받게 될 것이다.

'첫 번째 조건': 세례 받은 이들이 예배드릴 수 있는 권리를 존중해 주는 것은, 우선 그들을 완전한 예배에 참여시킬 수 있다는 뜻이다. 그것은 교회가 매주 일요일마다, 앞장에서 거론한 모든 요소들을 포함한 예배를 드리는 것이다. 신자들을 불완전한 예배에 초대하는 것은, 하나님의 은혜를 멸시하는 것이요, 신자들의 예배의식의 품위를 손상시키는 것이다. 실제로 교회는 하나님의 은사들을 감출 권리도, 방해할 권리도 없다. 교회 구성원들을 세례지원자 상태로 되돌려 놓음으로써, 세례 받은 자격을 박탈할 권리도 없다. 만일 교회에서 목사 혼자만 성만찬에 참여한다면, 그런 일을 저지르고 있는 것이나 마찬가지이다. 나는 앞장에서 이 점에 관하여 충분히 논하였기 때문에, 여기서는 기억만 되살리고 싶을 뿐이다.

'두 번째 조건': 신자들이 예배드릴 수 있는 권리를 존중해 주는 것은, 두 번째로 모든 세례 받은 이들—여기서 출교자들은 제외된다—을 완전한 예배 활동에 참여시킬 수 있다(officiants)는 뜻이다. 예

Robeyns, "Les droits des baptisés dans l'assemblée liturgique," *La Maison-Dieu*, N° 61. 1960, p. 97-130을 참조.

컨대, 일부 세례 받은 이들을 어리다는 이유만으로—널리 알려진 죄인들이기 때문이 아니라—나가라고 하는 우리 서방교회 관습이 잘못되었다는 뜻이다. 성서에는 어린이들이 죄에 물들었다는 최소한의 암시도 없다. 그 반대로, 우리는 성서에서 생명의 떡이 아이들도 위한 것이라는 명백한 증언을 읽을 수 있다. 무리를 먹이신 첫 번째 기적에서, 이것은 분명히 성만찬을 암시한다. "먹은 사람은 여자들과 '어린 아이들' 밖에, 남자 어른만도 오천 명쯤"(마 14:21) 되었기 때문이다. 그렇기 때문에, 모든 옛 전통에서는—동방교회는 오늘도 여전히 지키고 있기도 하다—아이들이 세례를 받았다면, 성만찬에 참여하는 것을 허락하였다. 서방교회에서는, 특히 화체(transsubstantiation) 교리를 결정한 이후부터, 이 관습이 사라졌다 (성별된 성만찬 재료들에 침을 흘릴지도 모르는 아이들을 참석케 하는 것은 모험이고, 이는 그리스도를 거부하는 신성모독이라고 여겼다). 종교개혁은 어린 아이들의 성만찬을 위태롭게 하던 그 교리는 파기시켰지만, 그들을 밖으로 내보내는 일은 계속하였다. 그런데 그들이 일정한 나이가 되기까지는 성만찬에 참여하는 것도 거부하면서, 일반화된 유아세례 관습을 보존하는 것은 정당하지 않다. 만일 그리스도인의 자녀들 세례를 정당화하는 모험—합법적인 허가[5]—을 감행한다면, 우리는 그 자녀들이 세례 받은 이들의 양식을 먹고 살도록 허용하는 모험도 감행해야 할 것이다. 그렇지 않다면, 그들의 세례를 업신여기는 것이다.

'세 번째 조건': 세례 받은 이들이 효과적으로 예배의식에 참여할 권리를 존중해 준다는 것은, 무질서를 야기하거나 다른 사람들의 일

---

[5] 나의 *Pastorale du baptême*, Fribourg et Paris, 1977, p. 71—137을 참조.

들을 빼앗지 않고도 표현할 수 있는 예전적인 여러 가지 임무들이 있음을 인정한다는 뜻이다. "예배 공동체는 거기서 일어나는 다양한 은사들과 사역들을 통하여, 그리고 그것들 때문에, 질서 있게 정돈된 통일체이다. 이런 다양성과 질서는 예배에서 나타나야 한다. 모두가 모든 것을 해서도 안 되고, 또한 혼자서 모든 것을 해서도 안 된다."라고 말한 피터 브룬너의 지적은 정당하다.6)

이와 관련하여, 은사가 넘쳐서 좋은 예배 질서를 소멸시킬 정도로 위태롭게 하였던 고린도교회의 경우는 모범적인 경우가 아니었음을 주목하고자 한다. 특히, 사도 교회의 일상적인 예전 자세에서 규범이라고 할 수 없었다. 고린도교회 예배는, 우리가 알기로, 사도 바울이 몹시 걱정한 경우였다. 한 지역교회가 자기 예배의 가장 타당한 표현으로서 추구해야 할 것이 최선의 경우(cas optimum)는 아니다. 고대 문서들은 고린도교회가 다른 지역 회중들이 따를 만한 "경전적인" 모델이라고는 하지 않았다. 그렇기 때문에, 그런 예전적인 충만함에 대한 주변적인 인정은 존중해야 한다고 치더라도, 신약성서의 예배의식에 대한 연구에서는 그런 상황에 너무 규범적인 가치를 부여한 것이 아닌가 생각된다. 이런 까닭에, 그런 열광(effervescence)을 알지 못하는 공동체들이, 오히려 기뻐해야 할 때에, 죄악의 콤플렉스를 느끼고 불안해한다. 이것은 결코 집례자 혼자서 모든 활동을 독점하는 예배에 만족하자는 것이 아니다. "은사들에서 본질적인 것은, 그 열광적인 특성이 아니라, 그 종말론적인 특성이다.7)"고 말한 한(W. Hahn)의 아름다운 표현을 기억해야 할

---

6) *Op. cit.*, p. 286.
7) *Op. cit.*, p. 27.

것이다. 이 종말론적인 특성은, 그것이 질서 있고 안정된 것이라면, 평가절하 될 수 없다.

로마의 클레멘트가 고린도교회에 보낸 서신 가운데에는 역할 분배에 관한 글이 있다. 거기서 말하는 것은 모든 집례자의 고유한 예배의식에 관한 것이다. 저자는 옛 계약에서 여러 가지 예전적인 기능에 대한 그리스도교적인 변천―대제사장, 제사장, 레위인, 평신도(ho laikos anthropos)―에 대하여 시사한 다음, 다음과 같이 덧붙였다: "형제들이여, 여러분 모두는 정해진 예배의식 규칙에 따라, 어김이 없이 차례대로(en to idio tagmati), 하나님께 감사를 드리십시오"[8](클레멘트 1서 41). 설령 나중에 그의 말은 사라졌다손 치더라도, 그 내용은 남았다. 우리는 그것에 대한 재미있는 증거를 가지고 있다. 곧 서방교회가 10세기에 들어와서야 비로소 여러 가지 "예배의식 부분들" 곧 편지, 복음서, (읽을 수 있도록 정리된) 교회법령, 성가집, 교독 그리고 예식법을 한 권의 책으로 모아 놓았다는 것이다.[9]

전체 예배의식을 이루는 이런 다양한 의례들은 서로 다른 집례자들이 분담할 수 있다. 교회 역사는 서로 다른 역할 분담을 보여 준다. 우리는 여기서 역사적인 세부사항들을 다루지 않고, 개괄적으로 "예배에서 중요한 기능" 세 가지, 곧 교회 목사와 모인 회중들과, 그리고 이들 사이를 연결하는 집사의 기능을 좀 더 상세하게 살펴보려고 한다.

우선, 공동체의 머리(chef) 기능이다.[10] 그를 어떻게 불러야 하는

---

[8] "Ton horismenon tes leiturgias autou kanona."
[9] R. Staehlin, *op. cit.*, p. 36, note 101을 참조.
[10] H. Jenny, "Le célébrant," *La Maison-Dieu*, N° 60, p. 193-212; J. Lecuyer, 앞의 책, N° 61, p.

가? "앞에 서 있는 사람" 곧 지도하는 사람(*Proistamenos*; 롬 12:8, 살 전 5:12)이라고 불러야 하는가, 아니면 "주님께서 그 안에서 자신의 백성을 찾으시는 사람" 곧 심방하는 사람(*Episkopos*)[11]이라고 불러야 하는가? 아마 장로교적이라기보다는 감독교회적인 용어인 목사(*Pasteur*)라는 말이 적합할 것이다. 그의 예전적인 기능은 이중적이다. 우선, 예배를 적법하게 한다. 그는 주님의 위탁받은 대리자이며, 사도들의 계승자이다. 그는 자신의 주님 이름과 권위로 일한다. 예배에서 그가 있다는 것은, 그리스도께서 자신의 자녀들 가운데 실제로 현재하심을 상징하는 표식들 가운데 하나이다. 그 때문에, 그는 드려지는 예배의 그리스도교적인 특징을 정당한 것으로 인정한다. 물론 절대적으로가 아니라—주님은 자유로우신 분이시기 때문에—신자들이 자신들의 모임이 효력 없는 것이 아님을 믿고 확신하도록 결정적인 상대성을 가지고 그렇게 한다. 안디옥의 이그나티우스는 목사의 입회로 인한 예배의 정당화를 열정적으로 강조하였다. 개혁교회의 신앙고백서에도 명시적이든 암시적이든 반영되어 있다. 그것들은 합법적으로 위임받은(*legitime vocatus*) 목사에게 은총의 수단들을 치리할 권한을 국한하고 있다. 곧 복음 선포와 성례전 집례, 그리고—하나의 문서를 인용하자면—"오늘 하나님 말씀이 합법적으로 부름 받은 목사에 따라 교회에서 선포될 때, 우리는 그들이 선포하고 신자들이 받는 것은 참 하나님의 말씀임을 믿는다."[12] 는 바로 그것이다. 따라서 목사의 사역에서 본질적인 것은 법적인

5-29; 또한 P. Brunner, *op. cit.*, p. 286; O. Haendler, *op. cit.*, p. 194-197 등을 참조.
11) 나는 *episkopos*가 *episopein*(감독하다)에서 파생된 것이라기보다는 *episkope*, 곧 주님의 "심방"에서 파생한 것이라고 생각한다.
12) *La Confession helvétique postérieure*, 제1장, *op. cit.*, p. 42.

것이다. 그는 주님의 대리자요 사도들의 계승자로서, 거기에 있다. 그렇기 때문에 사람들을 부르는 것은 정당하다. 또한 사람들은 자신들이 하나님의 참된 은총을 받은 참 하나님의 백성임을 확신할 수 있다. 그 때문에, 그리스도교 전통과 성서에 충실한 개혁교회 신앙고백들이 끊임없이 깨우쳐 주듯이, 교회가 교회되기 위해서는 목사가 교회에 본질적이다. 그러나 목사의 예전적인 기능은 예배를 정당한 것으로 인정하는 것만이 아니다. 그의 기능은―그의 두 번째 기능이다―예배를 집례하기도 한다. 그는 예배의식을 집례해야 한다. 물론 그 자신이 모든 것을 해야 한다는 것이 아니다. 그 모든 것이 질서 있게 결실을 거둘 수 있도록 확인해야 한다는 것이다. 행여 잘못된 겸손 때문에, 평신도들 사이에서 자신의 신분을 잊어서는 안 된다. 목사도 하나님 백성의 일원이라면, 그는 한 목자로서 그런 것이며, 목자장을 대리한다(벧전 5:4). 그의 특별한 기능은, 본질적으로 예배의식의 때와 곳을 정하고, 회중을 모으고, 이 회중을 주님의 이름으로 영접하며, 하나님 말씀을 선포하고―성서적인 선포가 아니라도, 적어도 제사장적인 선포와 예언자적인 선포로써―성만찬을 집례하고, 성만찬의 질서를 세우며,[13] 헌금을 성별하고, 주님의 복으로 회중을 세상에 보내는 일이다. 또 하나, 그는 하나님 옆에 있는 회중의 대변자이기에, 적어도 어떤 기도들을 드려야 할 사람이다.

두 번째로, '회중들'의 예전적인 책임이 있다. 나태나 잘못된 겸손이나 참여 거부로 자신의 예전적인 책임을 거부해서는 안 된다. 그것은 예배에 필수적이다. 그러기에, 예컨대, 목사나 성가대가 대신

---

[13] 목사는 성만찬에 참여하는 이들의 "품위"와 교회규율 전반에 대하여 책임을 진다.

할 수 없다. 예전적인 전통에서는 일반적으로 목사의 예전적인 책임은 존중하였지만, 회중의 책임은 등한시하였다. 거기서부터 고약한 성직자 지상주의가 생기게 되었다. 그렇지만 이 성직자 지상주의는, 목사들의 어떤 예배의식인 탐욕에서 기인한 것이 아니라, 평신도들의 예배의식 참여가 미약하였기 때문임을 알아야 한다. 사실 평신도들은 예배에 전체적으로 참여해야 함을 알면서도, 이 참여를 망설이고 포기하였다. 그런 포기가 예배를 변질시킨다. 예배가 모두 한 팀이 되어 참여해야 할 활동이나 놀이여야 할 때, 구경거리나 강의가 되게 한다. 정상적인 신자들의 예전적인 분담은 다음과 같은 요소들로 구성된다(이것은 다소 확대될 수 있다). 하나님 말씀의 경청, 성경봉독, 성만찬 참여, 기도에 아멘으로 응답,14) 주의 기도와 신앙고백 암송,15) 헌금, 찬송, 그리고 우리가 형제의 나눔이라고 불렀던 것이나 공동체 삶의 예전적인 증거들에 참여한다. 목회자도 모든 사람들이 제사장적인 백성으로 드러나는 이 "예배의식"에 참여한다.

세 번째로, 집사들의 예전적인 책임이 있다. 목사와 평신도들 사역이 예배에 필요하듯이, 집사들 사역도 매우 바람직하다. 그것은 역사적으로 큰 변화를 겪었다. 다른 두 사역들과는 달리, 명확한 규정이 없다는 게 그 이유다.16) 개괄적으로, 집사의 사역은 다음 두

---

14) "목사만 아멘으로 답할 수 있다는 것은 일종의 첨예한 성직자주의이다……이것은 역사와 이성의 관점에서 변호될 수 없다; 이것은 예배를 메말라지게 할 뿐만 아니라 예배를 비틀어곱새기는 것이기도 하다. 그러므로 그것은 중단되어야 한다……"
15) "사도신조를 말하는 것은 공동체의 권리이다……어느 누구도 남을 위하여 신앙을 고백할 수 없기 때문이다. 저마다 자신의 신앙을 고백해야 한다……"(H. Asmussen, *op. cit.*, p. 239).
16) I. H. Dalmais, "Le diacre, guide de la prière du peuple d'après la tradition liturgique," *La Maison-Dieu* N° 61, p. 30-40; B. Fischer, "Esqisse historique sur les

영역을 포함한다.17) 한편으로는, 질서에 대한 감독과 "성전의 치안 유지(Police du temple)이다. 다른 한편으로는, 예배의식을 집례하는 목사를 보조하는 일이다. 전자를 강조하면, 집사의 사역은 회중의 사역과 가깝다(이것은 동방교회와 프랑스의 경향이다). 후자를 강조하면, 목사 쪽에 가깝다(이것은 로마교회의 경향이다).18) 첫 번째 경향을 따를 경우, 집사에게는 교회 오는 신자들을 환영하고, 예배 장소에 앉힐 책임이 있다. 만일 어떤 소란이 일어나면, 간여하여 중지시키는 것도 그들이 할 일이다. 또한 성만찬에 참여하는 이들이 성만찬을 받을 권리가 있음을 확신케 하는 것도 그들이 할 일이다. 회중에게 그들이 해야 할 일—기도하고, 일어서고, 찬양하는 등—을 가르치기도 한다. 마지막으로—이것은 연도의 기원이다—신자들에게 일반적인 기도를 위한 중보의 취지들을 제안하는 것도 그들이다. 두 번째 경향을 따를 경우—그러나 한 번 더 강조하거니와, 이것들은 서로 배타적인 것은 아니다—집사는 하나님 말씀을 선포하는 데 참여한다. 특히 어떤 성서 본문을 봉독하는 데 참여한다(이 점에 대하여, 예배의식 전통에서는 허락과 취소와 회복이 있었음을 전해 준다).19) 또한 집사는 목사에 따라 성별된 성만찬 떡과 포도주 분배를 돕는다. 또 집사는 신자들이 낸 헌금을 거두기도 한다. 이 사역은 여자들에게도 위탁될 수 있다. 만일 개혁교회 상황에 이 집사의 사역을 적용시킬 경우, 그것이 장로의 사역과 일치한다는 것도 알게

---

ordres mineurs," *ibid*, p. 58-69; J. Colson, *op. cit.*, 여러 곳에서, H. Kremer, "Die liturgischen Dienste des Diakons," *Diaconia in Christo*, Freiburg, 1962, p. 312-350.
17) B. Fischer, *art. cit.*, p. 100.
18) W. Maxwell, *op. cit.*, p. 66을 참조.
19) *La vie de sainte Mélanie*, S. C. 90, p. 217.

될 것이다.20) 그것은 다음의 요소들을 포함해야 한다. 곧 신자들 환영과 좌석배정, 성경봉독, 중보기도 지도, 헌금수납, 성만찬 떡과 포도주 분배 등이다.

이 세 가지 "사역들"(목사, 회중, 집사)에 "장로"의 사역을 추가해야 하는가? 이 점에 관하여, 4세기 이후 일반화된 장로직의 감독제도화 이전 시대에 대해서는 알려진 것이 거의 없다. 그 시대 이후부터 "장로의 사역"은 이전에 감독에게만 제한되었던 "목사의 사역"을 점점 떠맡게 되었다. 니케아회의 이전에는, 장로들이 감독을 보좌하였다(예배의식에서보다는 행정에서 감독들을 보좌하였다). 그들의 사역은 예전적인 기능보다는 예전적인 공간(place)을 차지하는 것이었다. 때때로 장로가 예배에 관여하는 일이 있다면, 성만찬 떡과 포도주를 성별할 때, 그 위에 손을 들어 축복하는 데 참여하는 것이었다. 2세기로 거슬러 올라가면, 이 관습은 예외적으로 장로가 감독의 부재 시, 그를 대신하여 그리스도교 예배를 집례할 수 있었다는 사실에서 기인한다. 그것은 오늘 우리가 "목사의 위임"이라고 부르는 그것이다. 이것이―"장로의 사역"이 "목사"나 감독의 사역과 거의 완전하게 동일시되기 이전에―그것에 관하여 알고 있는 전부이다.21)

여러 가지 다양한 "예배의 사역들"을 존중할 때―세례 받은 이들이 예배의식에서 권리를 요구할 때―예배는 성직자 중심에서 탈피할 수 있다. 그리고 이렇게 성직자 중심에서 탈피하는 것은, 예배의

---

20) 쮜리히(여기서는 목사가 두 명의 집사의 보좌를 받는다)를 제외한 개혁교회는 집사의 사역을 없애 버렸다. J. Beckmann, *op. cit.*, p. 143을 참조. 그러나 집사의 사역은 점점 장로들이 맡게 되었다.
21) G. Dix, *op. cit.*, p. 33 이하 참조.

식의 갱신을 위하여 필수적인 조건(revendication)이 될 만큼 중요하다. 성직자와 평신도라는 양극이 있음으로써 야기되는 잘못된 문제들에서 벗어나게 해주기 때문이다. 한편, 그것은 실제로 성직자만의 고유한 특성을 문제 삼지 않게 해준다[그것은 하나님께서 제정하셨기 때문이다. 곧 그분의 교회에서 봉사(diaconia)를 서로 다른 몫(kleroi, 행 1:17)으로 나누고자 하신 분이 주님이시기 때문이다]. 그러나 그것은 성직자에 유리하게[22] 평신도의 권리를 박탈해서도 안 되고, 또 평신도(laïc)라는 말을 세속(profane)과 동의어로 간주해서도 안 된다는 사실을 보여 준다.[23] 만일 역사의 흐름이 성직자만을 위한 일종의 사제 중심주의를 야기했다면 ─ 이 집중은 서방의 그리스도교와 평행하여 일어났으며, 이것은 평신도와 성직자의 관계가 세상과 교회의 관계와 상응한다는 관념을 조장하였다 ─ 우리는 이제 하나님 백성의 제사장적인 특징이 성직자에서 교회 전체로, 그러므로 평신도들에게로 역류(逆流)될 수도 있는 상황에 놓이게 된 것이다.

'네 번째 조건': 이런 이유로 회중 예배의 "대리자"라는 것에 대하여 의심을 갖지 않을 수 없다. 예배 때 성가대는 필요하다. 그러나 이 성가대가 신자들이 능동적으로 참여하는 권리를 빼앗을 수 없다. 무엇보다도 회중들에게 속하고, 그들에게서 빼앗을 수 없는 세 가지 계기가 있다. 주의 기도, 사도신조, 기도를 아멘으로 끝마

---

22) 종교개혁 때 스트라스부르그의 예배의식에서는 평신도의 자격박탈이 있었다는 명백한 증거가 있다. 예컨대, 체계적으로 평신도가 예배의 인사나 '마음을 드높이 주를 향하여!'(sursum corda)에 답하는 것을 막았다(W. Maxwell, op. cit., p. 93, 94, 97, 104, 106, 109 참조).
23) R. Staehlin, op. cit., p. 26 이하 참조.

치는 것 등이다. 이런 점에서, "회중의 대용물(succédané)로 성가대를 보는 시각은 용납될 수 없다."²⁴⁾고 말한 H. 아스뮤센의 말은 정당하다.

2) 모든 때와 모든 곳에서 선택된 이

세례 받은 이로서 예배 집례자들인 우리는, 어느 주일 어느 장소에 모인 선택된 이들만이 아니라, 그들과 함께 '모든 때 모든 장소에서' 선택된 이도 고려해야 한다. 예배는 이 세상의 공간과 시간 속에서 드려지더라도, 그것들에 따라 제한되지는 않기 때문이다. 예배는 구원역사의 요약이기 때문에, 구원의 모든 역사에 지금 여기서(hic et nunc) 참여하는 것은 기쁜 일이다. 이 역사는 공간이나 시간에 따라 방해받지 않는다. 예배에 임재하시는 지고하신 주 그리스도를 머리로 통일될 것이기 때문이다(엡 1:10). 그리스도께서 현재하시기 때문에, 그분 안에서 그분과 더불어, 그분이 구원하신 모든 이들도 현재한다. 그러므로 예배는 탁월하게 성도들의 참된 교제의 순간이다. 하나님 안에서 그리스도와 함께, 감추어진 모든 이들이 그리스도께서 거기 계실 때 그곳에 함께한다. 옛 성당—예컨대, 라벤나의 성 아폴리나리스 성당을 생각해 보면—의 본당 벽이 성자들의 프레스코(fresque)나 모자이크 벽화들로 덮여 있는 데는 깊은 신학적인 이유가 없지 않다. 우리는 자신의 무리들이 없는 그리스도를 생각할 수 없다. 그분이 거기 계실 때, 그분과 함께 그분이 구원하신 이들도 거기 있는 것이다. 이래서 그리스도교 예배는 인간적인 외로움과 버림받음(déreliction)에 대한 가장 철저한 항거이다.

---

24) *Op. cit.*, p. 218.

먼저, '도처에서' 선택된 이들이 있다. 곧 병이나 여행 때문에 오지 못하는 교인들, 또한 바로 같은 주일에 예배를 드리기 위하여 다른 장소에 모여 있는 모든 이들이, 몸으로는 떠나 있지만 영으로는 함께 있다. 우리와 그들의 영은 우리 주 예수의 능력 때문에 하나가 된다(고전 5:3). 모든 예배의식들은 모든 신앙고백들로 이것을 끊임없이 반복한다. 그 가운데 개혁교회의 기도내용 몇 개를 인용하여, 예배 때문에 공간적인 거리와 분리들을 넘어서는 것이, 가톨릭교회 신앙고백만의 특유한 것이 아님을 힘주어 말하고자 한다. 1713년 오스터발드의 예배서에서는 "저희는 오늘 모이는 모든 그리스도인들과 함께 주님을 찬양합니다."[25]라고 말한다. 1904년 뇌샤텔의 예배서에서는 "오 주님, 이 거룩한 날, 함께 모인 주님의 모든 교회와 저희가 주님께 드리는 이 예배에 복을 내려 주옵소서."[26]라고 말한다. 또 1955년 쥐라지방의 예배서에서는, "천사들과 하늘의 모든 능력과 더불어, 온전케 된 의로운 이들의 영혼과 또 땅 위에서 싸우는 모든 교회들과 더불어……"[27]거룩송(Sanctus)을 노래한다.

'모든 때로부터' 선택된 이들도 있다. 시간과 공간에 국한된 공동체는 예배를 드림으로―땅 위에 있는 다른 모든 예배 모임들과 함께―"시온 산, 곧 살아 계신 하나님의 도시인 하늘의 예루살렘과, 축하 행사에 모인 수많은 천사들과, 하늘에 등록된 장자들의 모임으로……"(히 12:22 이하)[28] 나아간다. 교회는, 의인 아벨로부터 마지막 세례 받을 이에 이르기까지, 하나님의 모든 백성이 영원하게 모

---

25) p. 2.
26) p. 13.
27) p. 118.
28) 히 12:22 이하.

이게 될 예배에 이미 참여하고 있다.29) 교회는 그것을 알고 있다. 또 그것을 성만찬예식에 앞서 드리는 추모기도(*memento*)에서 정당하게 고백한다. 거기서 사람들은 하나님 앞에서 "그분의 평화 속에서 영원한 생명으로 부활할 약속을 믿으며 잠들어 있는 모든 성도들"을 기억한다. 마찬가지로, 거기서 "땅 위에서 그들의 신앙과 행위로 하나님을 영화롭게 하였던 모든 시대의 증거자들인 족장들과 예언자들과 사도들과 순교자들"30)을 기억한다. 교회는 성만찬 서도(*préface*)에서도 이것을 기뻐한다. 신자들이 하늘의 천사들과 천상의 능력들과 완전케 된 의로운 이들의 영혼이 찬양하는 삼성창(*trishagion*)에 참여하게 한다.

필연적으로 시간과 공간의 제약을 받는 교회는 거룩하고 보편적이고 사도적인 교회의 현현인이다. 이와 같이 시간과 공간의 제약을 받는 교회의 예배도, 영원히 아버지와 아들과 성령이신 하나님의 은총 안에 살고 그분을 찬양하기 위하여, 모든 곳에서 모든 때로부터 선택된 이들이 모이게 될, 하나님 나라의 예배에 이미 참여하고 있다. 참 예배가 거룩한 것은, 세례 받은 이들의 구주 앞에 모이기 때문이다. 그것이 또한 보편적인 것은, 선택된 이들의 완전한 수를 주님 앞에서 하나가 되게 하기 때문이다. 이것은 중세 서방교회가 조장하였던 구원론의 상품화(mercantilisation) 때문에 종교개혁자들이 거부하였던, 죽은 이들을 위한 '기도'와 관계된 것은 아니다. 그것은 모든 시대와 장소의 살아 있는 이들과 '함께 드리는 기도'와 관계된다. 예배는, 지금 여기에 모여 있는 이들이 드리는 예배에 선

---

29) P. Brunner, *op. cit.*, p. 166 이하 참조.
30) 『쥐라의 예식서』 (*Liturgie jurassienne*), p. 116.

택된 다른 이들이 함께 하는 것이기 때문에, 그리스도교 일치를 보존해 준다. 예배는 구원받은 이들의 모임과 계속성을 유지해 준다.

3) 그 밖의 참여자

아버지와 아들과 성령이신 하나님, 그리고 모든 시대 모든 장소에서 선택된 이들의 현재 안에서, 예배에 참여하는 이들이 있다. 그들은 모든 지역교회의 신자들이다. 이들은 중심적인 집례자들이다. 하지만 주변적인 참여자라고 부르는 이들에 대해서도 언급해야 한다. 이들에게는 예배의 "갈릴리" 부분만 허락된다. 여기서 세 가지 역사적인 고찰을 하고자 한다. 먼저, 초대교회의 규율을 생각해 보자. 거기서는 매우 엄격하게 완전한 예배를 드릴 수 있는―세례 받은―이들과, 말씀의 예배에만 허락된 이들을 구별하였다. 후자는 세례지원자, 다시 말해서, 예배를 준비하는―현 세상의 더러운 것들을 벗어 버리고 장차 올 세상의 기쁨과 법칙에 순응하는―과정에 있는 이들이었다. 그러나 주변 참여자들 가운데에는, 참회자들(pénitents), 다시 말해서, 심각한 잘못을 저지른 뒤에 자신들을 세례로 이끌었던 과정을 다시 밟아야 하는―파문당한―이들이 있었다. 초대교회는 파문과 마찬가지로, 세례지원자들의 신분을 위해서도 행동지침들을 세워 놓았다. 여기서 그 세부적인 것들을 다 거론할 수는 없다. 세례지원자들과 참회자들―예배 모임에서 그들은 지정된 자리에 앉았다―외에, "광신자들," 곧 귀신들린 사람들, 다시 말해서, 정신 착란 때문에 세례 받은 이들과 자리를 같이 할 수 없는 남녀들을 고려해야 한다. 이들도 교회가 신자들과 구별해서 그들의 구원을 위하여 받아들여야 한다.[31] 세례지원자들, 참회자들, 그리고 광신자들 외에, 네 번째 "부류"의 주변적인 참여자들이 있다. 이들은 사도 바울이 "무식한 이들"(idiots, 고전 14:24)이라 부른 이들과, 호기심이나 흥미로 부모나 친구들에 따라 이끌려 왔으나 아직 세례를 받고자 결심하지 않는 이들이다.

두 번째 역사적인 고찰은, 초대교회가 말씀의 예배와 성만찬의 예배를 구별하였다고 하는 것에 대하여 관심한다. 예배는 전적으로 공동체적인 것이 아니었다. 예배의 두 번째 부분(mi-temps)을 위하여 모든 문을 닫은 채 예식을 베푸는 비밀 규율이 있었다. 이 규율은 초대교회에까지 거슬러 올라간다.[32] 공적인 예배와 신자들만의 예배 사이를 구별하던 습관은 세례지원자의 중요한 전통 포기에 뒤이어 점점 사라졌다: 세례 받은 대다수의 남녀들과 세례 받은 아이들이 예배 전체를 공적인 예배가 되게 한 것이다.[33]

세 번째 역사적인 고찰은 이것이다. 교회가 엄격한 규율을 포기하면, 언제나 더 많은 "자동-파문"(auto-excommunication)을 초래하였다. 어떤 세례 받은 사람들은 예배에 참여하거나 관련되는 것을 싫어하여, 스스로 주변인이 된다. 경우에 따라서는, 성만찬에 참여할 권리를 스스로 거부하기도 한다. 이런 현상은 모든 신앙고백들에도 해당된다.

그들은 자신들의 상태로 보아 세례지원자들, 참회자들, 광신자들,

---
31) 우리가 신자들로부터 광신자들을 구별하는 것은, 세례가 "영원한 생명보장"을 뜻하기보다는 오히려 투쟁하는 교회의 삶과 선교에 책임적이고 의식적인 참여를 가리키기 때문이다. 광신자 "부류"는 유아세례의 실행이 일반화될 때부터 빠르게 사라졌다.
32) J. Jeremias, op. cit., p. 118, 131 등을 참조.
33) 어쨌든 서방교회에서는 그랬다. 동방교회에서는 오늘까지도 말씀의 예전과 성만찬의 예전 사이에 구별을 하고 있다—그러나 실제적으로는 허구적인 것이 되었다.

무식한 이들이었다. 또 자신들의 자유로운 결정에 따라 스스로 파문당한 이들이었다. 그들의 예배의식은 주변적이었다. 그리고 성만찬 예전이 시작되지 않는 한, 신자들의 예배의식에 참여할 수 있었다. 그들은 모든 예배의식에 참여하는 신자들과 같이, 엄밀히 말해서 "예배자들"이 아님에도 불구하고, 찬양하고 기도하며 하나님 말씀의 봉독과 설교를 들을 수 있었다.[34]

4) 교회의 분열에 대하여

지금까지 우리는 어느 '지역' 교회의 세례 받은 이들을 예배의 참여자로서 생각하였다. 그러면 다른 '교단'의 세례 받은 이들은 어떠한가?

여기서는 상호간의 교류에 대한 어려운 문제를 다룰 수 없다. 몇 가지만 간략하게 고찰하는 것으로 만족할 것이다.

어느 '지역' 교회 예배의 참여자들 가운데, 같은 교단에 속하는 다른 지역의 신자나 구성원들을 맞아들일 때는 하등 문제가 없다. X라는 개혁교회의 한 구성원은 어느 주일에 Y라는 개혁교회에 어떤 허락이 없이도 함께 참여할 수 있다.[35]

그러나 교회가 서로 구별되는 신앙고백으로 갈라섰을 때, 지역이 아니라 교단이 다른 교회 신자들을 손님으로 예배에 맞아들이고 함께 참여하는 것이 가능한가? 여기 몇 가지 구별해야 할 것들

---

34) G. Dix, *op. cit.*, p. 436.
35) 기껏해야—16세기와 17세기의 프랑크푸르트와 제네바의 개혁교회들에서처럼—손님으로 어느 지역교회의 성만찬에 참석하기 위해서는 목사에게 나아가 신앙 안에서 한 형제로서 거기서 성만찬을 받을 수 있도록 요청하는 정도이다. W. Niesel, *op. cit.*, Ordonnances de Genève 1561, art. 77; art. 103, 148; 1559년의 규율, art. 7, 9 참조.

이 있다.

첫 번째 구별: 어떤 지역교회는 자신과 서로 분열되지 않았지만, 교회 역사에서 돌발적인 사건으로 분열된, 다른 교단 교회의 구성원을 기회가 닿는다면 예배의 일원으로 맞아들일 권리가 있는가? 그리고 그 구성원은 자기 교단과는 다른 지역교회에서 말씀을 듣고, 기도를 드리고, 신앙을 고백하고, 거기서 성만찬에 참여하기 위하여 다른 교단 신자들 속에 참여할 권리가 있는가? 예컨대, 스웨덴이나 영국에 있는 한 개혁교회 신자가, 여행이나 휴가 때, 루터교나 성공회 예배에 참여할 권리가 있는가? 대답은 분명하며, 긍정적이다. 한 가지 조건이 있다면, 주인 되는 교회는 자신과 함께 예배드리기를 원하는 이 개혁교회 신자에게, 교단이 다른 이 교회 예배에 참여하는 것을 모교회로부터 허락받았는지, 곧 세례 받고 파문당하지는 않았는지, 질문할 권리가 있다.

두 번째 구별: 어떤 지역교회는 자신과 갈라선 교단 소속 교인을 경우에 따라 예배의 참여자로서 허락할 권리가 있는가? 또 "분리된" 이 교인이 자기 교단과는 다른 이 지역교회 신자들과 거기서 말씀을 듣고, 기도를 드리고, 그리스도교 신앙을 고백하고, 거기서 성만찬에 참여하기 위하여 다른 교단 신자들 속에 참여할 권리가 있는가? 예컨대, 한 개혁교회 신자가 로마가톨릭교회 미사에 정당한 권리를 갖고 예배의 참여자로서 참가할 수 있는가? 또 역으로 한 로마가톨릭교회 신자가 완전한 개혁교회 예배, 곧 성만찬을 베푸는 예배에 예배의 참여자로서 참가할 수 있는가? 또 이 예배를 드리는 개혁교회가 그를 성만찬예식에 맞아들일 수 있는가? 말하자면, 두 경우에서, 개혁교회 예배를 드릴 때 함께 참여하길 원하는 로마가톨릭교회

신자도, 미사를 드릴 때 함께 참여하길 바라는 개혁교회 신자도, 개인적으로 분열의 책임이 있다고 비난받을 일은 없는가?[36]

우선, 때때로 로마가톨릭교회에서 함께 예배드리길 바라는 그 개혁교회 신자나, 때때로 개혁교회에서 함께 예배드리길 바라는 그 로마가톨릭교회 신자가, 공동으로 갖고 있는 것이 무엇인가를 묻는 것으로 시작하자. (어쨌든 본질적인 점에서) 그들은 같은 경전을 공유하고 있다. 그들에게는 공동으로 서로 인정하는 세례가 있다. 그들에게는 모두 사도신조나 니케아 신조가 있다. 그들에게는 모두 주의 기도가 있다. 그들에게는 모두 주일과 그리스도론적인 축일들이 있다. 그들은 모두 세상에서 동일한 선교의식을 공유하고 있다. 그들은 모두 주의 만찬을 베푼다. 그러나 그것이 그들을 서로 갈라서게 하기도 한다. 그들은 서로 자신들의 것이 예수 그리스도께서 잡히시던 날 밤에 제정하신 만찬과 전적으로 동일하다고 주장하며, 상대방의 성만찬에 이의를 제기한다(또는 전에 그랬는가?). 개혁교회 신자는, 만일 개혁교회 주장을 충실히 따르는 이라면, 성만찬으로 이해되는 로마가톨릭교회 예배의식은 예수 그리스도께서 제정하신 만찬이 아니라, "저주받은 우상숭배"[37]라고 말할 것이다. 로마가톨릭교회 신자는, 만일 자기 교회 교리에 충실하다면, 개혁교회가 베푸는 성만찬은 예수 그리스도께서 제정하신 만찬이 아니라고 말할 것이다. 거기에 초대하는 사람은 예수의 이름과 그분의 인격 안

---

36) 제2차바티칸공의회의 에큐메니칼 운동에 관한 교서 N° 3: 오늘 "로마교회로부터 갈라진 모든 공동체들 안에서 그리스도에 대한 신앙으로 살아가는 가톨릭 신자가 아닌 모든 신자들은 '분열에 대한 비난을 받을 수 없다'……."
37) "Eine vermaledeite Abgötterei," 이것은 하이델베르크 신앙교리문답 질문 제80항에서 언급되고 있다.

에서 그것을 베풀 권리가 없기 때문이다. 그러므로 다른 교회에서 서로 성만찬의 손님을 맞아들이기 전에, 이중적인 검토가 선행되지 않으면 안 된다. 제2차바티칸공의회와 그 예배의식의 개혁 이후 시대인 오늘에도 여전히 미사를 저주받은 우상숭배라고 말할 수 있는가? 더 이상 그렇게 말할 수 없다면, 우리는—최근 독일 개혁교회들 가운데 하나가 그러하였듯이—더 이상 그렇게 말할 수 없다. 따라서 더 이상 그렇게 말하지 않겠다고 공식적으로 고백해야 한다. 그리고 교역에 관한 많은 에큐메니칼적인 토론을 거친 오늘에도, 여전히 안수하여 개혁교회 목사가 되는 것은, 그리스도께서 제정하신 사도적인 교역과는 현실적인 관련이 없고, 사회학적인 좋은 질서의 수단일 뿐이라고 말할 수 있는가? 만일 로마교회가 자기 자신과 갈등을 일으키지 않고는 더 이상 그렇게 말할 수 없다면, 로마교회는 공식적으로 더 이상 그렇게 말할 수 없다. 따라서 더 이상 그렇게 말하지 않겠다고 공식적으로 선언해야 한다.

성만찬을 상호간에 환대하는 것을 정당화하기 위하여, 우리는 때때로 거룩한 식탁이 주님의 식탁이지, 그 어느 교회만의 식탁이 아니라고 단호하게 호소하기도 한다. 그러나 이런 논법이 내게는 설득력이 없어 보인다. 그것이 아무리 주님의 식탁일지라도, 그 식탁은 그리스도께서 자신의 사도들과 그 계승자들에게 위탁하신 것이기 때문이다. 이들은 스코틀랜드 교회에서 말하고 있는 것처럼, "식탁을 고수할"(fencing the table), 다시 말해서, 주님의 식탁을 보호해야 할, 파기할 수 없는, 책임을 지닌 이들이다. 그것은 예식의 변질이나, 돼지에게 진주를 주는 것 같은 타락(galvaudage)을 막아야 하는, 자기 주님의 식탁이기 때문이다. 성만찬 집례자들은 성만찬에 대하여 책임을 져야 한다. 그들은 그리스도의 권위로써 성만찬을 순수하게 보전할 임무를 떠맡았다. 어떤 다른 교회의 성만찬 때 손님이 되는 것은, 우리의 경우, 개혁교회 신자로서 미사에 참여하러 가고, 로마가톨릭교회 신자로서 성만찬에 참여하는 것이다. 이것은 우선 다른 교회에서 베풀어지고 참여하는 성만찬이 예수께서 제정하신 만찬임을 인정하고, 또한 성만찬 집례자에게는 그리스도의 이름과 권위로써 주님의 식탁에 초대할 권리가 있음을 인정하는 것을 미리 가정한다. 그런데 이 이중적인 가정은 아직 일반적으로 받아들여지지 않고 있다. 여기에서 나는 두 가지 실질적인 결론을 도출하고자 한다. 첫째로, 미사는 그리스도께서 제정하신 만찬이 아니라는 개혁교회의 주장과, 개혁교회 목사들은 그리스도의 사역들로서 적법하지 않다는 로마교회의 주장을 시험해야 한다는 것이다. 이 두 주장들에 대하여, 쌍방 교회가 자신의 사명으로 고백하는 데서, 특히 선교적인 사명에서 끌어낸 것들인지를 살필 필요가 있다. 나는 교회가 세상에서 자신의 선교를 이루기 위하여 해야 할 것을 살펴봄으로써, 언급한 두 가지 주장들이 분열을 설명하고 아마도 정당화하는 것이라고 확신하였다. 우리가 언급한 것에서 끌어낸 둘째 결론은, 가능한 한 서로의 교류가 증대하는 것을 피해야 한다는 것이다. 상호교류는 그리스도교 분열의 문제를 해결하는 것이 아니라, 오히려 확고히 하기 때문이다. 실제로 우리가 성만찬에 참여하는(communier) 대신에, 함께 성만찬에 참여하기(intercommunier) 위하여 서로 가까워지는 것은, 교회의 복종과 성격이 서로 영향 받지 않고 하찮은 것을 영속시킬 수 있는 분열을 만들어 놓았기 때문이다. 그런데 교회의 복종과 성격은 분열로 말미암아 영향을 받은 것이다.

 그것은, 교회의 권위들이 손상 받지 않고 우리의 일치를 위한 협상들이 성공하는 한, 정당한 권리가 있는 참여자가 아니라 주변적인 참여자로서, 로마가톨릭교회 신자로서 개혁교회 예배에 가거나, 개혁교회 신자로서 미사에 가는 것을 말한다. 마치 세례지원자나 참회자, 광신자나 무식한 이들처럼, 우리는 예배에서 갈릴리 부분만 활발하게 참여한다. 그렇지만 제72회 스위스 총회의 문서에 따르면, 교회는 심사숙고 끝에 내린 결정을 밑바탕으로, 예외적으로 다른 교회에서 성만찬에 참여하는 행위가 자기 교회와 단절되는 것으로 생각하는 것을 단념하고 있다.[38]

3.
예배의 참여자인 천사

 성만찬 서도(préface)에서, 회중은 하나님께서 세상과 세상 구원을 위하여 행하신 것을 열거한 뒤에, "천사들과 하늘의 모든 능력들과 함께" '거룩송'을 부른다. 이렇게 함으로써, 회중은, 요한계시록에 기록된 것처럼, 하늘 생물들의 찬양에 참여하는 것을 고백한다. 회중은 "수많은 천사들이 있는"(히 12:22) 예루살렘으로 나아간다. 그러나 과연 오늘도 천사에 대하여 말할 수 있을까?

---

[38] *Pour une Eglise servante de Jésus-Christ*, Synode diocésain, Lausanne, Genève, Fribourg et Neuchâtel. Fribourg, 1978, p. 47.

1) 천사는 누구인가?

여기서 그리스도교 천사론의 내용과 한계를 상세히 논할 수는 없다.[39] 다음 두 가지 강조하는 것으로 만족하고자 한다. 우선, 그리스도교 신앙에서 천사들은 "본질적으로 주변 존재"라는 칼 바르트 말에 동의해야 한다.[40] 그들은 둘러싸고 복종하지만, 구원 사역에서는 주도권이 없다. 그들은 종속적이다. 그러나 그들은 현실적이다. 그들은 피조된 존재들이다. 하늘의 영으로서―정의를 내린다고 하면―그들에게서는 "나의 자유와 존재의 필연성이 일치한다."[41]고 말할 수 있다. 그런 의미에서, 그들은 부활하는 이들이 경험하게 될 불변의 상태를 미리 맛본 완전한 피조물이다. 그 때문에, 하나님은 그들을 신뢰할 수 있다. "사람이 된다는 것은 소명을 의지에 일치시키는 것이다."[42]라는 앙드레 샹송(André Chamson)의 정의를 우리는 알고 있다. 천사들에게는 이 일치가, 어떤 계획이나 문제가 아니라, 하나의 사실이다. 이렇게 그들은 인간이 장차 되어야 할 것에 대한, 하늘에 있는, 형상이다. 그러나 인간만이 아니다. 모든 피조물들이 장차 되어야 할 것의 형상이기도 하다. 이것이 여기서 언급하고자 하는 두 번째 내용이기 때문이다. 천사들은 우리가 "유인원(類人猿)"이라 부르는 범주에만 속하는 것이 아니다. 동물의 범주인 어른 천사(saraphs)들과 아기 천사(chérubs)들도 있기 때문이다.[43] 요

---

39) 이 문제에 관해서는, 천사론의 방법론에 관하여 서술한 K. Barth, *Die Kirchliche Dogmatik*, III/3, p. 426-486을 보라; 또한 J. Daniélou, *Les anges et leur mission*, Chevetogne, 1952; C. Westermann, *Gottes Engel brauchen keine Flügel*, Berlin, 1978을 참조.
40) "...wesenhafte Randgestalten," *op. cit.*, p. 428.
41) P. Brunner, *op. cit.*, p. 169.
42) *La neige et la fleur*.
43) 이것은 동물들의 세계에 종말론적인 미래와 소망을 가져다준다. B. Fischer, "Die Känguruhs im Hochgebet. Zur Rolle der Tiere in den Jüngsten eucharistischen

한계시록에는 24명의 장로와 4마리의 짐승이 나온다(계 4:6-10). 우리의 주제를 위해서는, 이런 몇 가지 점들만으로도 충분하다. 성서 전체가 천사의 존재를 알고 증언하기 때문이다. 또 우리로 하여금 우리의 분별력(esprit)을 신뢰하지 않도록—그것은 우주의 충만함을 보지도 듣지도 못한다—일깨워 주기 때문이다. 우주는, 우리의 감각능력으로는 상상할 수 없고, 또 우리의 능력으로는 세상의 재산목록이 되게 할 수 없는, 많은 것들로 가득 차 있다.

2) 천사와 교회 예배

성 요한의 계시록은 아주 특별히—배타적이지는 않지만—천사들과 교회 예배 사이의 연관성에 대하여 말한다. 이 연관성은 이중적이다. 한편으로, 그것은 교회의 지상 예배가 피조물들의 완전한 예배인 하늘 지성소에서 천사들이 드리는 예배에 미리 참여하는 것임을 뜻한다. 확실히 지상의 교회 예배는 단지—그 강도, 그 순수성, 그 충만성에서—하늘에서 이루어지는 예배의 희미하고 깨어진 반영일 뿐이다. 천사들의 예배는 모든 점에서 지상 교회 예배에 앞선다. 그러나 천사들의 예배와 지상 교회 예배는 철의 장막으로 분리된 것이 아니다. 그들은 그 중심에 희생된 어린 양을 가지고 있고, 그 안에서 실제로 교통하기 때문이다. 환언하면, 지상의 교회는 이미 천사들의 찬양에 가담하도록, 또 하늘 천사들의 '거룩송'에 가담하는 것을 허락해 달라고 하나님께 간구하도록 초대받았다. 천사들의 하늘 예배와 교회 예배가 참여하는 것은, 그것이 가져다주는 기

Hochgebeten." *Communio Sanctorum*, 논문집 J. J. von Allmen, Genève, 1982, p. 173-178을 참조.

쁨과 환희 때문만이 아니다. 지상의 교회 예배가 자기 폐쇄적인 것도, 자신 안에 그 존재이유가 있는 것도 아님을 이해하도록 해주기에 중요하다. 사실 천사들의 예배는 교회 예배를 앞질러 드리는 것이 아니다. 지금 당장은 교회 예배에 따라 대신 드려지는 예배인 세상의 예배를 앞서 행한다. "내가 또 보고 들으매, 보좌와 생물들과 장로들을 둘러 선 많은 천사의 음성이 있으니, 그 수가 만만이요 천천이라. 큰 음성으로 이르되, '죽임을 당하신 어린 양은 능력과 부와 지혜와 힘과 존귀와 영광과 찬송을 받으시기에 합당하도다.' 하더라. 내가 또 들으니, 하늘 위에와 땅 위에와 땅 아래와 바다 위에와 또 그 가운데 모든 피조물이 이르되, '보좌에 앉으신 이와 어린 양에게 찬송과 존귀와 영광과 권능을 세세토록 돌릴지어다.' 하니, 네 생물이 이르되, '아멘!' 하고, 장로들은 엎드려 경배하더라"(계 5:11-14).[44]

그러나―무엇보다도 천사들이 우리의 예배 동료라는 점에서―우리 예배가 어설프게 천사들 예배에 끼어드는 것은 아니다. 천사들이 우리 예배에 참여한다. 그들이 거기 현재한다. 교회가 예배를 위하여 모일 때, 교회는 칼빈이 말한 바와 같이, "하나님과 그분의 천사들 임재 속에 있다."[45] 우리는 각 지역 공동체들이―모든 개인들처럼(마 18:20, 행 12:15)―자신들을 보호해 주시고 이끌어 주시려고 하나님께서 특별히 보내신 천사들을 가지고 있지 않는지 물을 수

---

[44] 여기서 "천사의 말"(고전 13:1)을 하려는 인간의 시도, 곧 방언에 대하여 말해야 하는가? 어쨌든 사도 바울이 그리스도교 예배에서 아무런 제동 없이 방언을 말하지 말라고 한 것은, 천사들의 예배에 우리는 앞서 언급한 대로 희미하고 깨어진 반영으로 참여할 뿐임을 가리키려는 것이었다.

[45] *La forme des prières*, éd. Fac-simile, fin de l'épître au lecture; 또한 후기 스위스 신앙고백서 p. 127을 참조.

있다. 내가 생각하는 것은, 요한계시록 1장에서 언급되고 있는 일곱 교회들의 천사들이다.⁴⁶⁾ 아마 그들은 수호천사들일 것이다.⁴⁷⁾

그들의 특별한 예배의식을 규정할 수 있는가? 교부들은 그것을 빠뜨리지 않았다.⁴⁸⁾ 그러나 천사들마저도 애타게 바랐던 계시를 교부들이 숙고하였다고 할 때, 우리는 신중하게 생각해야 한다(벧전 1:12 참고). 천사들의 임재 신비에 대하여, 우리는 한 가지 분명한 증거를 가지고 있다. 곧 천사들이 기도에서 특별한 임무를 띠고 있다는 사실이다. 천사들에게는 신자들의 기도를 모아 하나님께 드릴 책임이 있기 때문이다(계 5:8, 8:3). 그렇지만 이것은 천사들의 임재만이 아니다(이것은 불변적이다). 그들의 예배와 우리의 예배가 연합되는 순간, 곧 신앙고백과 영광송을 부르는 순간에 일어나는, 그들의 특별한 중재에 대해서도 생각하는 것을 막지 않는다. 그러나 여기서 문제가 되는 것은, 우리 예배에 천사들 예배를 참여시키는 것이 아니라, 그 반대다. 나는 예배를 드릴 때, 천사들의 임재와 도움이 특별히 드러나는 순간이 설교할 때가 아닌가 생각한다.⁴⁹⁾ 설교는 천사들의 사역에서 본질적인 기능이다. 그들은 하나님의 위대한 활동들이 선포될 때마다 그곳에 있다. 그들은 재림(마 13:41, 24:31)과 그리스도의 탄생을 알려 주었다. 또 부활도 전해 주었다.⁵⁰⁾ 승천도 설명해 주었다. 설교할 때 천사의 도움을 바라는 것

---

46) Kittel, art. *ANGELOS, ThWbNT*, vol. I, p. 85 이하 참조.
47) 이것은 교회 감독들일지도 모른다. 또는 둘 다일 수도 있다. 그래서 동방교회에서는 교회에 두 명의 감독, 곧 보이는 감독과 보이지 않는 감독이 있다고 하였고, 저마다의 일을 한다고 보았다. Homélie sur Luc 13을 참조. J. Daniélou, *op. cit.*, p. 79에서 인용.
48) J. Daniélou, *ibid.*, p. 62-92을 참조.
49) *Ibid.*, p. 84, 98.
50) 예수를 위하여 그들이 한 사역은 선포하는 것(케리그마적)이 아니라 위로하는 것이었다 (누가 22장 43절 참조).

은, 목회사역에 적지 않은 위로가 된다.

3) 천사—신자의 동료

히브리서에서는 천사들이 "모두 구원의 상속자가 될 사람들을 섬기도록 보내심을 받은 영들"(1:14)이라고 말한다. 요한계시록에서는 그들이 예수를 증언할 사명을 부여받은 신자의 동료(*syndouloi*)라고 부른다(19:10). 그러므로, 칼 바르트가 말한 바대로,[51] 무엇보다 그들에게 예전적인 기능을 부여하는 것은 잘못이다. 설령 그들이 예전적인 기능을 갖는다고 하더라도, 그것은 그들이 아주 특별하게 예배가 요약하고 조장하는 구원역사에 공헌한다는 말이다. 그들은 본질적으로—그들의 이름이 말해 주듯이—'사자들'이다. 그러나 그리스도나 사도들이나 교회처럼, 그들도 되돌아가기 위하여 보냄을 받았다. 하나님의 역사를 선포하고, 그 일을 실행하고, 그 일의 결과를 모아 하나님께 감사함으로 바치기 위하여 되돌아간다. 교회와 마찬가지로, 그들도 "미사"에서 "성만찬"으로 나아간다. 이런 사실을 바탕으로, 그들은 교회의 이중적인 방향성을 나타낸다. 세상을 향해, 거기서 하나님의 일을 하기 위하여, 세상으로 보냄 받는다. 그리고 하나님을 향해 돌아서고, 그들이 보냄 받아 얻은 일의 결실을 감사함으로 하나님께 바치기 위하여, 하나님 앞에 선다. 교회와 마찬가지로, 그들의 두 가지 직무 가운데 첫 번째 것은, 시간 속에서만 가능하다. 그러나 두 번째 직무는 영원하다.

---

51) *Op. cit.*, p. 541 이하.

4.
세상과 그 탄식

주님과 신자들은 교회 예배의 주된 참여자들이다. 그러나 그들의 만남에 증인들이 없을 수 없다. 천사들이 거기 있기 때문이다. 또 그들의 만남에 공간성이 없을 수 없다. 그것은 이 세상의 시간과 공간 속에서 일어나기 때문이다. 세상이 역시 현재한다. 여기서 두 가지가 문제된다.

1) 교회의 예배인가, 세상의 예배인가?

우선, 교회가 세상의 찬양과 영광송에 참여하는 것이 아니라, 세상이 교회의 영광송에 참여하고 있음을 상기해야 한다. 하나님 나라에서는 이런 구별을 할 수 없다. 우주 전체가 주님을 영화롭게 하는 일에 참여할 것이기 때문이다. 그렇게 되면, 교회가 하나님을 찬양할 때 '세상의' 노래를 부른다 해도, 전혀 이상하지 않을 것이다. 그러나 감히 말하건대, 인간이 세상으로부터 예배를 분리하고, 우주에 충만한 하나님의 영광을 보지도 듣지도 못하고(사 6:3), 창조의 예배자가 되는 것 곧 피조물 가운데 으뜸가라는 자신의 소명에(창 1:1-2:4) 충실하기를 거부하는 현 세상이 지속되는 한, 교회가 세상 예배에 참여하도록 할 것이 아니라—그것은 하나님께 이르기 위해서는 확실히 너무 혼란하다—세상이 교회 예배에 참여하도록 초대되어야 한다. 온 세상을 새로운 방향으로 이끌 수 있는 이들은, 그들 자신들이 새롭게 방향을 정립한 이들 곧 구원받은 이들, 세례 받은 이들이기 때문이다. 그들이 바로 세상의 예배자들이다. 이렇게 시편 148편은 하늘과 하늘의 군대들, 별들, 심연들, 날씨들, 땅 위에 있는 것들인 나무들, 짐승들, 백성들과 그들의 왕들, 노인들과 아이들 모두가 찬양하도록 한다. 이 모든 찬양들은 이스라엘의 찬양에서 절정을 이룬다. "주님이 자신의 백성을 강하게 하셨으니, 찬양은 주의 모든 성도들과, 주님을 가까이 모시는 백성들과, 이스라엘 백성이, 마땅히 드려야 할 일이다. 할렐루야!"(14절). 교회 예배는 이처럼 온 세상 예배가 통과하는—그분의 도움을 구하고 그것을 감사하는—수문이다. 그 때문에, 예배는 세상에서 교회를 떼어놓을 수 없다. 오히려 교회를 세상과 연대시킨다. 그래서 교회가 세상을 위하여 예비한 환영과, 세상에 대하여 교회가 지닌 사랑은, 무엇보다도 자신의 예배에서, 예배로 말미암아, 드러난다.

2) 세상의 예배의식

그러면 교회 예배에서 세상이 해야 할 역할은 무엇인가? 한 마디로 말하면, 세상이 해야 할 역할은 교회 예배에 자신의 시간과 공간을 제공하는 것이다. 세상은 교회가 예배를 통하여 시간을 성별하고(주일과 예배력), 공간을 성별하여—예수 그리스도께서 자신의 행동과 자신의 임재 상징으로 선택하신 성만찬의 모든 요소들인 물과 떡과 포도주, 그리고 보석함과 나무, 빛과 색깔, 음향과 공간과 동작 모두—세상을 떠맡아 주기를 요구한다. 그리고 이 예배의 날을 통하여 모든 역사는 그 방향을 재발견한다. 모든 시간은 그 의를 다시 얻게 된다. 성례전을 통하여 모든 공간은 그 방향을 재발견한다. 모든 피조물은 활기를 띠고, 참 의미를 깨닫게 된다.

제7장
예배의 날과 장소

1.
예배의 날

요한계시록의 예언자는 두 번이나 미래 예루살렘을 묘사하면서, 거기에는 "밤이 없을 것"이라고 말하였다(21:25, 22:4). 영원한 날이 동터 올 것이다. 그날은 하나님과 그분의 영광을 인하여 영원히 빛날 것이다. 그러나 영원한 행복의 시간은 아직 우리의 것이 아니다. 그렇지만 교회 예배에 그 징후가 깃들어 있다. 그것이 일요일이다.

1) 일요일

그리스도인들에게 일요일은 예배가 뜻하는 모든 것의 요약과 같다. 그것은 예배와 마찬가지로 구원역사의 전체를 요약한다. 현대 영국의 신학자가 말한 대로, "주일을 지키는 것이 그리스도교 신앙의 주된 진리를 지키는 것과 연결된다."[1]고 말해도 과언이 아니다. 그러나 교회가 일요일의 '신학적인' 중요성을 인정하는 데는 많은 세월이 흘러야 했다. 그렇지만 신약성서에는 이미 우리가 시급히 살펴보려고 하는 기본 요소들이 포함되어 있다.

먼저, 안식일에 대한 예수의 태도를 고찰하는 것으로 시작하자. 우리는 그분이 자신의 메시아적인 행동을 성취하기 위하여 특히 이 날을 좋아하셨음을 알고 있다. 그분은 안식일에 회당에서 설교하셨다. 그뿐만 아니라,[2] 자신의 치유기적을 이루시기 위해서도 다른 날들보다 안식일을 선호하셨다.[3] 이 날은 그분이 아버지처럼 탁월하게 "일하신"(요 5:17) 날이다. 다시 말하면, 이 날은 그분이 자신의 인격과 활동 안에서 이 세상 속에 돌입해 들어 올 나라를 나타내신 날이다. 그분은 이 날의 "주인"이다(마 12:1-8). 왜냐고? 그것은 흔히들 생각하듯이, 예수께서 유대교의 형식주의와 그 옹졸한 율법들을 반대하셨기 때문이 아니다. 안식일에 대한 예수의 태도는 오히려 종말론적이고 메시아적인 표현이다. 그것은 옛 계약이 그 한계에 이르렀고, 새로운 구원의 과정(économie)이 시작되었음을 보여 준다. 일반적인 유대교 축제들과, 특히 안식일은 "장차 올 것들의 그림자요, 그 본체는 그리스도에게 있다"(골 2:17).[4] 안식일에 대한 예수의 태도는 성전에 대한 태도와 유사하다―나는 상인들을 내쫓고, 또 자신의 몸이 새 성전이 될 것이라 선언하신 그분의 말씀(요

---

1) H. B. Porter, *The Day of Light: the Biblical and Liturgical Meaning of Sunday*, London, 1960, p. 49.
2) 막 6:2 평행구; 마 4:23 평행구 9:35, 눅 4:15, 요 6:59 이하, 19:20 참조.
3) 마 12:9-14 평행구, 막 1:21 이하 평행구, 눅 13:10 이하, 14:1 이하, 요 5:1 이하, 7:3, 9:14 등을 참조.
4) J. Daniélou, *Bible et Liturgie*, lex orandi N° 11, Paris, 1951, p. 304 참조.

2:21)을 생각한다. 그분은 자신의 인격 안에서 그것을 완성하시고, 그것에 충만함을 주시고, 그것을 무효화시키신다. 예수와 함께, 제7일째 되는 날과 종말론적인 안식(*anapausis*)이 시작된다.[5] 우리는 참 안식일인 제7일이 예수와 함께 시작되었다는 흥미 있는 주장을 마태의 족보에서 발견한다. 그 족보에서는 7세대를 6번 기록한 뒤, 마치 예수께서 제7세대의 시작을 위하여 태어난 것같이 기록하고 있다. 그리고 우리는 예수 자신이 종말론적인 안식을 제정하셨다는 많은 지표들을 갖고 있다. 예수께서는 자신에게 오는 이들에게 안식을 허락하신다(마 11:28 이하). 또한 자신의 현재하는 시간은 신랑이 있는 시간이어서, 금식이 적합하지 않다(마 9:14 이하 평행구, 11:17). 또한 자신의 현재하는 시간은 죄를 용서하는 시간이다. 따라서 사람들이 이사야 1장 13절 이하의 말씀대로, 참 안식의 명령에 순종하여, 주님께서 행동하시도록 자신들의 활동을 중단할 시간이다.[6] "안식일의 실재(réalité)는 그리스도이다."[7] 우리는 비레(P. Viret)의 훌륭한 기도에서 이 같은 생각을 엿볼 수 있다:

오, 주 하나님,
저희는 땅 위에 설 자격도,
하늘을 우러러 볼 자격도 없습니다.
그러나 주님의 눈길을

---

[5] 예수의 메시아적인 예전에 대한 주석적인 논의에서 안식일에 관한 그분의 태도에 큰 관심을 표현하지 않는 것은 이상한 일이다. 그것이 예수께서 자신을 메시아로 알고 있었다고 분명히 말하는 이들에게 굳건한 논거를 주기 때문이다.

[6] 그리스도께서 용서하시러 오셨기 때문에 죄의 활동을 중단하라는 이런 사상은 교부들이 많이 사용하였다. J. Daniélou, *op. cit.*, p. 320 이하 참조.

[7] J. Daniélou. *op. cit.*, p. 304.

저희에게서 돌리지 마옵소서.
주님의 아들 예수 그리스도 안에서
저희를 긍휼히 여겨 주옵소서.
저희가 주님 외에
다른 신들을 섬기지 않도록 지켜 주옵소서.
주님께서 저희 안에서 일하시도록
저희의 일을 쉬고,
주님의 거룩한 참 안식을
지킬 수 있도록 하옵소서. 아멘.

그러나 비록 안식일의 실재가 그리스도 안에―그 안에 성전과 옛 계약의 제사와 할례의 실재가 있듯이―있을지라도, 그분은 안식일을 성취하심으로써 그것을―마찬가지로 성전과 제사와 할례를― 끝맺음하셨다. 그 때부터 예배의 날은 변경되었다. 안식일은 완성되고 지나갔기 때문이다. 그러므로 유대교의 안식일을 유지하는 것은, 마치 그리스도께서 오지 않으신 것처럼, 옛 계약으로 다시 떨어지는 것을 의미한다. 그렇게 해서 그리스도인들은 처음부터 더 이상 안식일에 모이지 않았다. 다른 날인 주간 첫날에 모였다. 우선 이 예배의 날 변경에 대한 좀 더 오랜 자료들을 열거하는 것으로 시작하기로 하자.

이것과 관련하여, 가장 많이 인용되는 본문들은 다음과 같다. 우선, 사도행전 20장 7절에서 당연한 듯이 신자들이 "주간 첫날" 모였다는 것에 주목하자. 고린도교회 교인들에게 "저마다 수입에 따라 얼마씩을 따로 저축함으로" 일체감과 형제애를 행동으로 드러내도록 한 것도 역시 이 날이다(고전 16:2). 요한계시록의 예언자가 하늘의 예배를 보고 황홀하여 첫번째로 "주의 날"이라 한 것도 같은 날이다(계 1:10). 우리는 이렇게 신약성서에서 일요일을 지칭하는 두 가지 용어를 발견한다. 곧 "주간 첫날"과 "주의 날"이다.[8] 이것들이 그리스도교 예배의 날에 대한 가장 오래되고 명백한 증거들이라면, 우리는 거기에 몇 가지 그럴 듯한 함축적인 증거들을 덧붙여야 할 것이다. 먼저 요한복음에 따르면, 예수께서 두 번째로 나타나신 것은, 주간의 어느 날이 아니라, 부활 후 8일째 되는 날 곧 부활절 다음 일요일이었다(20:26). 이어서 부활 후 50일째 되는 날―이것도 일요일이었을 것이다―제자들은 한 데 모여 성령을 받았다(행 2:1).

사실 사도행전에서는 신자들이 '날마다' 모였다고 말한다(행 2:46).[9] 그러나 이 본문은 명확하지 않다. 날마다 모였다는 말은, 아마 기도와 증거를 위하여 성전에 자주 갔다는 말을 하려고 한 것이었으리라. 어쨌든 매우 일찍, 이방 그리스도인들은(paganochrétiennes) 주간 첫날을 예배의 날로 정하였다. 왜 다른 날이 아니

---

8) "주의 날"이란 용어는 고대의 다른 두 개의 문서들에 나온다. 디다케(14:1, 정확한 신학적인 설명은 없으나, 그러나 그날이 용서와 자유의 날이라고 명백하게 말한다)와 안디옥의 이그나티우스(Mgn. 9:1)가 이 날을 "그리스도와 그분의 죽으심으로 말미암아 우리의 생명"이 들어올려지는 날이라고 규정하고 있고, 곧 예배의 날을 그리스도의 부활과 명백히 관련을 시킨 것이다. W. Rordorf, *Sabbat et dimanche dans l'Eglise ancienne*, Neuchâtel, 1972, p. 135 참조. 위(僞)바나바서는 이 날을 제8일째 날인 위대한 안식의 날, 장차 올 세상의 시점과 관련을 시킨다. 그리고 그리스도인들이 기쁘게 예수께서 부활하시고 후일에 하늘에 오르셨던 제8일을 경축하라고 주장한다(*ibid*, p. 27). 순교자 저스틴은 이 날을 "태양의 날"(le *sonntag*)이라 불렀다(Apol. I. 607, 1. *Ibid*., p. 137). 우리는 총독 플리니가 *status dies*라 하였던, 곧 "고정된 날"을 인용할 수도 있다. 물론 그는 *status dies*에 대하여 명확히 밝혀 말하지 않고, 한 주간이 그리스도교 예배의 날이라고 하였다(Epist. X. 96:7).
9) 이것은 곧 이어서 포기된 초기 예루살렘의 전통과 관계된 것인가, 아니면 오히려 예루살렘의 교회생활을 묘사하는 유명한 "개요들" 가운데 하나에 따라, "역사적인" 명확성 없이 결정된 총체적인 정보와 관계된 것인가?

고 이 날인가? 데링(G. Delling)은 그리스도인들이 두 가지 내적인 이유에서 이 날을 채택하였다고 말한다. 첫째, 그들은 공동체였다 (그들에게 모임은 필연적이였다). 둘째, 그리스도교는 본질적으로 구원의 역사이기 때문에, 예배를 드리는 이들은 예배를 통하여 구원의 역사 속에 포함되었다. 그래서 이 역사의 결정적인 순간들은 그리스도교 예배의 특징적인 날들이 되었다.[10] 다른 말로 하면, 그리스도와 함께 도래한 구원의 속성은 예배와 이 예배를 위하여 정해진 날들을 요구했던 것이다. 그 밖에 다른 많은 역사가들도 동의하는 이 가설은, 교회가 내적인 필요에 따라 자신의 예배의 날을 선택하고 정했음을 전제한다. 그러나 좀 더 나아가, 이 날은 교회가 선택한 날이 아니고, 받은 날이라고 생각할 수는 없을까? 물론 신약성서에서는 옛 계약 이래 안식일 제정에 상응하는 일요일 제정에 대해서는 아무런 말을 하지 않는다. 그러나 특히 요한의 증거에 따라, 그리스도께서 주간 첫날에 부활하시고 같은 날 자신의 제자들에게 돌아오셨다면, 그날을 자신의 재림 때까지 자신과 교회가 정기적으로 만나는 날로—암시적이든 또는 명시적이든—정하신 분은 바로 그분 자신이라고 생각할 수는 없을까?

마지막 고찰을 덧붙이고자 한다. 우리는 예수께서 안식일을 완성하셨기에 참 안식일임을 살펴보았다. 이 성취는 두 가지 결과를 가져왔다. 그 가운데 두 번째 것만이 예배의 날에 직접적인 영향을 끼쳤다. 한편으로, 예수와 함께 참 안식이 왔고, 또 참 안식을 예기—이것은 히브리서 4장이 강조하는 것이다—할 수 있었다. 모든 초대교회에서 안식은 "한 날을 하나님께 바치는 것이 아니라, 모든 날을

---

10) *Op. cit.*, p. 146 이하.

하나님께 바치는 것이었다. 이것은 육체 노동을 삼가는 것이 아니라, 죄에서 멀어지는 것이었다."[11] P. 비레가 말한 대로, 그것은 하나님께서 우리 안에서 일하시도록 우리의 활동을 멈추는 것이다. 그리스도께서 오신 이후, 그리스도인들은 늘 안식을 누린다. 또 한편으로—우리의 관심을 끄는 것인데—그리스도에 따른 안식일의 성취는 예배의 날 변경을 불러일으켰다. 그 후로, 하나님 백성이 구원을 기념하기 위하여 모이는 날은, 7일째 되는 날이라고 불리지 않았다. 이제 그날은 새로운 날인 '주간 첫날'이라 불리기도 하고, '주의 날'이라고 불리기도 하였다.

우리는 그리스도인들이 주간 첫날, 다시 말해서, 예수께서 부활하신 날 모였음을 알고 있다. 그러므로 그리스도교 예배의 날은 그리스도의 부활 기념일이다. 모든 일요일은 하나의 부활절이다.[12] 그날 교회는 위대한 새 시작, 죽음이 아닌 다른 미래의 가능성, 사탄의 지배에 대한 그리스도의 승리를 경축한다. 그날은 승리와 자유의 날이다. 예속과 죽음이 가득한 이 세상에서, 교회는 매주 부활을 선포하고 경험한다. 이것이 중심적인 말이다. 그렇지만, 교회에는 주간 첫날과 관련 있는—두 번째로 기념할—것이 있다. 하나님께서 흑암에서 빛을 나누신(창 1:4 이하) 세상 첫날에 대한 기념, 곧 창조에 대한 기념이다. 교회는 전통적인 성만찬 '서도'에서, 일요일은 새 창조에 대한 기념만이 아니라, 첫 번째 창조에 대한 기념임을 상기하며 그것을 말한다.[13]

---

11) J. Daniélou. *op. cit.*, p. 320
12) O. Cullmann, *Le culte dans l'Eglise primitive*, p. 9; G. Delling, *op. cit.*, p. 147; J. Kosneter, "Der Tag des Herrn im Neuen Testament," *Der Tag des Herrn*, p. 33-57; J. Daniélou, *op. cit.*, p. 329-354 참조.
13) *Eusebe d'alexandrie*, P. G. LXXXVI, 416 참조, J. Daniélou, *op. cit.*, p. 338에서 인용.

신약성서에서는 그리스도교 예배의 날을 "주간 첫날"일 뿐 아니라 "주의 날"(계 1:10)이라고도 하였다. 이 두 가지 표현들 사이에는 어떤 뉘앙스가 있을까? 깊게 생각하지 않아도, "주간 첫날"이란 용어는 일요일을 예수 부활이라는 중심적인 날과 연관시킨 것과 같다. 그리고 어둠에서 빛을 분리시킨 맨 처음 날에 입각한다면 "주의 날"이란 용어는 차라리 그분의 미래와 관련된 것과 같다고 말할 수 있다. 사실 주의 날에는—구약성서에 나오는 야훼의 날—명백히 종말론적인 의미가 함축되어 있다.[14] 일요일은 그것에 대한 예기이다. 그러므로 일요일은 부활과 창조에 대한 기념일뿐만 아니라, 재림에 대한 예기이기도 하다. 그것은 위(僞)바나바서가 말한 제8일(15, 9)과 관계된다. 세상의 종말 이후인 그날은 교부들이 일요일의 신학을 정립하는 데 큰 공헌을 하였다. 특히 서방교회 전통에서 그날은 천년왕국설에 큰 영향을 미쳤다. 또 역사신학을 형성하는 데도 큰 역할을 하였다.[15] 또한 이런 의미에서 성령강림절의 기적을—요엘 2장 28절의 예언에 따라—"주의 크고 영화로운 날"(행 2:20)의 전조(前兆)로 해석할 수는 없는지 생각해 봄직하다. 사실 성령강림주일은 제8일의 신비에서 생긴 것이다. 그날은 제7일이 일곱 번 지난 첫날이기 때문이다. 주의 날로서, 일요일은 이렇게 성령강림절—장차 올 세상의 담보(arrhes)인 성령이 교회에 강력히 임하신 종말론적인 날—에 대한 기념이요 재림에 대한 예시로 나타난다.[16]

---

14) 고전 1:8, 5:5, 고후 1:14, 빌 1:6-10, 2:16, 살전 5:2-4, 딤후 1:12 등 참조.
15) J. Daniélou, *op. cit.*, p. 355-387. O. Rousseau, "La typologie de l'Héxaemeron et la théologie du temps," *La Maison-Dieu*, n° 65, 1961, p. 80-95 참조. 또한 H. Riesenfeld, "Sabbat et jour du Seigneur," *New Testament Studies*, edited by A. G. B. Higgins, Manchester, 1959, p. 216을 참조.
16) G. Delling, *op. cit.*, p. 147 참조.

그러므로 일요일에는 4중적인 의미가 깃들어 있다. 그것은 부활과 성령강림에 대한 기념일이다. 그리고 과거로 또한 미래로 첫 창조에 대한 기념일이고, 새 창조에 대한 예기이다. 성서적인 사고에서, 어떤 것을 기념하는 의례는 지적인 기억의 행사로만 끝나는 것이 아니다. 기념의 대상이 되는 것에 진정으로 참여하는 것이다.[17] 그 때문에, 교회는 세상이 다른 예배의 날을 교회에게 강요하고, 다른 날을 안식일로 선택한다고 할지라도, 받아들일 수 없다.[18] 그런 정치적인 결정들에도 불구하고, 교회에게는 자신의 예배 날을 세속적인 안식의 날들과 교환할 권리가 없다. 만일 그렇게 한다면, 교회는 유대교의 안식일을 지키는 것과 마찬가지로, 자신의 주님을 거부하는 것이 되기 때문이다. 그런 정치적인 결정이 취해진다면, 교회는 설령 일요일이 휴일이 아닐지라도―3세기 동안과 같이―자신의 예배 날인 일요일을 지켜야 한다. 여기서 교회는 일요일의 부활절 선포가 안식일보다 절대적으로 우월하다는 것과, 일요일을 예배에 따라 "예전적으로"가 아니라 안식에 따라 "사회적으로" 정당화하는 것은 용납될 수 없다는 증거를 갖고 있다. 그와 달리, 만일 안식이 하나님의 승리에 대한 기념보다 우월하다면, 초대교회는 안식일 외의 다른 날을 예배 날로 채택하지 않았을 것이다. 사도적인 교회에 따른 예배 날의 변경은―사람들이 매주의 부활 기쁨에 대한 관심

---

17) M. Thurian, *L'Eucharistie*, 이곳저곳과 예컨대, 유대교 유월절이나 기념사(anamnèse)에 대한 많은 성서신학적인 연구논문들을 참조.
18) 예컨대, 프랑스가 1789년 7월 14일에 일어난 일을 기념하려고 공휴일로 정하든가, 또는 러시아가 1917년 10월 혁명이 일어난 날을 공휴일로 정하든가, 또는 어떤 아프리카 공화국이 독립선언한 날을 공휴일로 정하든가, 또는 유엔이 1946년 샌프란시스코에서 헌장을 선언한 날을 전세계적인 공휴일로 정하여, 그 사건들을 기념하고 사람들이 휴식을 즐기는 것은 인정한다.

보다도 매주의 안식에 대한 관심을 우선적으로 여길 때—일요일을 제대로 이해하지 못해서 그런 것이라는 가장 강력한 증거가 된다.

그러나 일요일은 교회가 자신을 정당화하는 그 사건의 기념일을 정하고 모이라는 명령을 받은 백성이기 때문에 필요하다. 뿐만 아니라, 현 시대가 여전히 지속되고 논란의 여지없이 아버지의 이름이 거룩히 여김을 받고, 그분의 나라가 도래하고, 그분의 뜻이 이루어지는, 그날이 아직 오지 않았기 때문에도 필요하다. 그러므로 일요일은 세상 속에 있는 교회의 상황 때문에 필요하다. 교회는 일요일 예배에 따라 올 세상이 이미 현실적으로 현재한다고 증언한다. 일요일을 요구하는 것은, 교회의 공동체적인 특성 때문만이 아니다. 부활절이나 성령강림절을 기념하기 위해서도 아니다. 그것은 모든 날이 아직 일요일이 아니라는 것과, "제8일"이 아직 찬란함과 승리 가운데 막이 오르지 않았음을 뜻한다. 예배의 날인 일요일의 필요성을 부인하는 것은, 세상 속에 있는 교회의 상황을 비틀어곱새기는 것이다. 그것은 하나님 나라의 실재를 부인함으로써 그로부터 떨어져 나가든지, 세상이 실제로 지속하는 것을 부인함으로써 결별하는 것을 뜻한다. 교회는 이미 미래가 현재함을 확신하였다. 그러나 교회는 아직 자신의 죄에서 치유함을 받아 누리는 안식이나 그 밖의 다른 안식을 알지 못한다. 곧 용서의 형태나 그 밖의 다른 안식의 형태는 알지 못한다.

2) 예배력

교회는 매주 일요일이라는 축제뿐만 아니라, 축제 기간들도 알고 있었다. 그리고 이것은 원칙적으로 사도시대로 거슬러 올라간다.

그러나 언제부터 일반적인 일요일뿐만 아니라, 어느 특정 일요일이나 특별 축제들을 지키기 시작하였을까? 달리 말하면, 어떤 원칙에 따라 이런저런 일요일들(또는 주간의 다른 날들)을 축제일로 정하였을까?

우선, 언제부터 아직 완전하지는 않은 "예배력"을 준수하기 시작하였을까? 요한이 "유대 사람의 유월절이 가까워지자"라고 보고할 때(2:13; 11:55), 그는 은밀히(in petto) 그리스도교 유월절이 따로 있음을 암시하려는 것이었을까? 비록 2세기 들어, 부활절 날짜에 관하여 로마교회와 갈등을 일으켰던 소아시아 그리스도인들이 요한의 가르침을 따랐을지라도,[19] 우리는 이런 견해를 받아들이기가 망설여진다. 사도 바울이 오순절까지(고전 16:8) 에베소에 머물고 싶다고 고린도교회 교인들에게 알렸을 때, 그는 그들이 거의 본능적으로 유대력을 알고 있음을 전제했을까, 아니면 그리스도교 성령강림절 행사를 암시하려는 것이었을까? 우리는 일반적으로 그것이 유대교의 오순절과 관련되어 있을 것이라는 데 의견을 같이 한다. 그러나 사도행전에 따르면, 왜 그 때 그는 예루살렘에서—여기서 그는 교회를 만나고자 하였다—오순절을 맞이하려고 서둘렀을까?(20:16)

이것에 확실하게 답하기는 어렵다. 2세기에 들어와서야, 비로소 연례적인 그리스도교 축제의식에 대한 분명한 증거들이 나타났기 때문이다. 일반적으로 초대교회는 주일마다 기념예식을 가졌다. 그런데 임박한 재림에 대하여 기대가 희미해지면서, 매주 갖는 축제뿐만이 아니라 연례적인 축제들도 베풀기 시작하였다고 생각한다. 카알 홀(K. Holl)은 "일반적으로 그리스도교의 주요한 축제들은 연

---

19) G. Kunze, *op. cit.*, p. 448 참조.

례적인 축제가 아니고, 매주 축제였다. 주님의 재림을 조급하게 기다렸던 작은 무리는 연수로 계산하지 않았다."[20]고 주장한다. 솔직히 고백하면, 나는 아직도 사도적인 교회가 임박한 재림에 대한 열광적인 기대 속에서 살았다고 하는, 나를 설득시킬 만한 — 역사적으로 또 심리학적으로 — 논거들을 찾지 못하였다. 교회가 조직화되는 것이나, 사도 바울이 놀라운 인내력으로 자신의 선교사역을 추진하는 것(갈 1:17 이하, 2:1, 행 27:9 이하 참조), 또는 자신의 뒤를 이을 이들에 대하여 관심을 갖는 것(빌 2:21 이하, 목회서신 참조)이 그 증거이다.[21] 그 밖에 교회가 교리문답서를 갖게 된 것도, 사도 바울이 결코 임박한 재림을 가르치지 않았다는 생각이 들게 한다. 이는 그 당시 교회가 공고해졌음을 통하여 증명된다. 교회는 종말 때까지 인내하라는 명령에 충실하여 점진적인 단계를 밟아 나갈 수 있었다. 사람들은 이것을 그리스도교의 희망이 식어진 탓으로 생각하기도 한다. 그 때문에, 나는 예루살렘 교회나 또 다른 사도들 교회가 유대 사람들의 유월절과 오순절에 자신들의 부활절과 성령강림절을 반드시 지켰다고 믿고 싶다. 그렇지만 우리는 2세기 중엽에, 부활절 전통과 이 날짜의 명확성에 관하여 논쟁이 있기까지는, 예배력 준수에 대한 확실한 증거들이 없었음을 인정해야 한다.

두 번째 물음에 답하기는 좀 더 쉽다. 예배력을 시작하게 된 것은, 부활절 축제 때문이다. 부활절 축제에서, 그 일요일이 예배력 속에 어느 정도 받아들여졌다. 그리고 예배력 큰 마디(articulation)를 형성하고 정돈케 된 것도, 바로 이 연례적인 부활절 축제 때문이다. 이

---

20) G. Kunze, *op. cit.*, p. 447에서 인용.
21) 내 논문 "Le temps se fait court, brève note sur la patience de l'apôtre Paul," 논문집 *K. Stalder*, IKZ, n° 2/1982, p. 83을 참조.

렇게 연례적인 부활절은 6주간의 준비기간(사순절, 이것은 세례지원자 훈련과 함께 완전한 규정을 갖추게 되었다)과, 성령강림절 곧 제8주의 시작22)에서 끝맺게 되는 환희의 7주간 사이에 있다. 또 비록 이 "위대한 주간" 속에서 승천일과 성령강림절을 명기하기까지는 많은 세월이 흘렀을지라도, 초대교회는 사실 그 주간들 가운데 한 주간 동안 그리스도의 승리와 승천, 그리고 성령의 부으심을 통하여 장차 올 나라의 돌입을 경축하였다. 부활절 신학을 이해하기 위해서는, 매주 리듬이 얼마만큼 예배 전통에 영향을 끼쳤는지를 힘주어 말하는 것이 중요하다. 부활절 축제는 금식과 준비의 7주간(일요일 제외!)과, 기쁨과 환희의 7주간(일요일 포함!) 사이에 들어 있다.

좀 더 나중에, 교회는 그리스도의 탄생을 연례적인 축제로 베풀기 시작하였다. 4세기 후반 이전에는, 사람들이 성탄절을 경축하지 않았다.23) 또 교회가 그것을 경축했다고 하더라도, 의견이 분분했다는 인상을 받는다. 완전히 고정된 날짜를 선택해야 했기 때문이다. 또 그 날짜가 계절의 순환, 곧 동지와 관련하여 선택되어야 했기 때문이다. 마지막으로 의견이 분분했던 까닭은, 교회가 탄생일 경축보다는—성서는 두 가지, 곧 바로의 생일과 헤롯의 생일만을 언급하고 있다—오히려 또 다른 탄생인 순교의 날을 선호하였기 때문이다. 이 두 가지 예배 주기(cycle)—부활절 주기와 성탄절 주기—를 중심으로, 계속해서 나머지 예배력이 형성되었다.

예배력을 지키는 것이 합법적인가에 대하여 한 마디 하고자 한다. 언뜻 보기에는, 신약성서가 이 합법성에 이의를 제기하는 것처럼 생

---

22) G. Kunze의 "Die Hoch-Zeit der Kirche," *op. cit.*, p. 451 이하를 참조.
23) O. Cullmann, *Nöeldans l'Eglise ancienne*, Neuchâtel, p. 149을 참조.

각될 수도 있다. 요한복음은 예수께서 자신이 유대 사람들의 축제일들의 완성이며, 따라서 자신이 그 축제일들의 마지막임을 알리시려, 정기적으로 축제일에 예루살렘에 가셨다고 기록한다. 그리고 바울은 갈라디아 사람들이 날과 달과 계절과 해를 지키는 것을 보고, 그들을 위한 수고가 헛된 것이 아닌가 걱정한다(갈 4:10). 그가 다른 곳에서 말한 대로, 명절이나 초하루 행사나 안식일들은 장차 올 것의 그림자에 불과하고, 그 본체는 그리스도에게 있기 때문이다(골 2:16). 자주 사람들은 이것을 빌미삼아, 복음서와 모든 예배력이 모순된다고 연역해 낸다. 그러나 이것은 확실히 잘못된 것이다. 사도가 공격하는 것은, 예배력을 준수하는 데서 드러나는 시대착오적인 방식—다시 말하면, 유대적인 방식—이다. 이런 시대착오적인 방식 때문에, 그리스도교 신앙이 위태로워진다는 것을 이해하지 못하는 현실에 대하여 공격한다. 나는 유대교의 예배력 준수에 대한 바울의 논쟁적인—요한복음에서는 암시적인—태도는, 예배력을 지키는 방식이 우리가 고백하는 신앙의 시금석이며, 따라서 우리가 믿는 것을 명확히 밝히는 것임을 말하려는 것이었다고 본다. 그러므로 예배력 준수의 합법성은 한 가지 절대적인 조건에 의존한다. 이 예배력 주기가 그리스도를 경축하는 것이어야 한다는 사실이다.

이제 예배력 준수가 교회를 위하여 유용한 것인지를 고려해야 한다. 그것은 교회의 훈련 문제이지, 영원한 구원 문제가 아니라고 이해하는 한, 예배력의 유용성은 명백하다. 곧 그것은 해마다 구원의 역사를 반복(repetitorium)하게 한다. 예배력은 교회 지도자들에게, 모든 지역교회들에서 구원의 근거를 제시해 주고, 교회의 존재를 정당화하는 것이 선포되고 있다는 확신을 준다. 예배력은 목사들에게 복음 안에서 자기 신자들의 신앙과 삶을 끊임없이 살필 책임을 지운다. 예배력은 신자들에게는 충만한 구원의 신비를 미리 맛보게 한다. 예배력은 세상에게는 하나님의 사랑의 위대한 호소에 직면할 기회를 갖게 한다. 예배력은 그리스도교 모든 교단들 안에서 — 절기를 분류하는 방법은 조금씩 다르지만 — 지켜지는 것이기 때문에, 교회일치를 용이하게 한다.

마지막으로, 부활절이 한 해의 일요일이라는 사실을 고찰하고자 한다. 부활절은 예배력의 기원이고, 핵심이며, 그것을 정당화한다. 그런데 부활절은 해마다 3월과 4월 사이에서 정해진다. 니케야회의 결정에 따라, 춘분이 지나고 만월 다음의 첫 번째 일요일을 부활주일로 정하였기 때문이다. 부활주일을 어느 일요일로 고정시키는 것이 어떤가 묻는 사람들이 자주 있다. 봄철 여행에 관심이 있거나, 봄철 휴가 날짜를 정해야 할 교육가들만, 이런 물음을 제기하는 게 아니다. 이미 루터도 1539년 "공의회와 교회에 대하여"(von Concilien und Kirchen)[24]란 글에서, 부활주일을 언제나 4월 첫째주나 둘째주 일요일로 고정시켜야 하지 않겠는가 하고 물은 바 있다. 예배력에서 복잡하고 쓸데없는 많은 것들을 제거하고자 함이었다.[25] 제2차 바티칸공의회에서도 이 물음에 긍정적으로 답하였다.[26] 그러나 그런 것들은 세 가지 이유에서 잘못된 것 같다. 첫째, 교회가 합리주의에 너무 희생되는 것은 좋지 않기 때문이다. 그것은 세상 삶을 단순화시켜 삶을 지루하게 만든다. 둘째, 부활주일 날짜의 유동성은 예배력 — 주현절과 성령강림절 다음 일요일들의 수 — 에 어떤 유동성

---

24) Rietschel-Graff, *op. cit.*, p. 173을 참조.
25) R. Paquier, *op. cit.*, p. 99을 참조
26) "예배력 개정에 관한 제2차바티칸공의회의 선언," 부록, SC, p. 204를 참조.

을 주어, 경직화되는 것을 막아 준다. 마지막으로, 무엇보다도 부활절 축제의 유동성 덕분에 우주는 세상 구원의 축제에 들어올 수 있다. 달과 태양이 계절들과 날과 해(année)를 만드는 데 공헌하고, 또 그렇게 주님을 찬양하는 데 기여하기 때문이다. 부활주일 날짜의 유동성은 예배력에 생기를 불어넣어 주고, 어떤 가현설에 빠지는 것을 방지한다. 예배력은 무시간적인 관념을 기념하는 것이 아니다. 피조된 세상의 리듬 속에서 일어난 사건을 기념하는 것이다.

3) 때의 성별

지금까지 일요일과 예배력에 대하여 말했다. 그러다 보니 어느새 예배론의 범주 너머까지 오게 되었다. 때의 성별이라는 영역이 그것이다. 그러므로 이것을 잠깐 짚어 보고자 한다.

때를 거룩하게 하는 것은, 그것이 지향해야 할 지점과 마찬가지로, 그것의 절정 지점도 그리스도의 죽음과 부활의 신비임을 깨닫는 것이다. 성 금요일 오후와 부활절 아침을 가르는 30여 시간은 감추어졌지만, 현실적인 모든 시간과 모든 역사의 신비스러운 극점(pôle)이다. 거룩한 역사―아브라함의 선택에서 교회의 택함에 이르는―뿐만이 아니다. 세속의 역사, 역사를 넘어서는 역사, 그리고 우리가 예견할 수 없는 역사 곧 창조와 세상 종말의 역사까지도 포함한다. 그래서 모든 역사―이스라엘의 역사, 교회의 역사, 민족들의 역사, 선사(先史)와 종말론―가 그 비밀을 드러내려면, 그리스도론적으로 해석되어야 한다.[27] 예배의 시간은 두 가지 이유에서 때

---

27) O. Cullmann, *Christ et le temps*, Neuchâtel, 1957², 그리고 J. Daniélou, *Essai sur le mystère de l'histoire*, Paris, 1953을 참조.

의 성별에 속한다. 우선, 시간 속에서 드려지는 예배는, 그리스도를 위한 시간을 요구하고, 그리스도의 주권을 시간 위에 세우기 때문이다. 이어서, 시간 속에서 드려지는 예배는 그리스도의 시간을 성별하고, 시간을 그리스도의 주권에 복종시키기 때문이다. 우선 시간을 요구하고 뒤이어 시간을 바치는 이 운동 때문에, 예배는 때의 성별에 참여한다. 예배는 어느 때 드려지든지 간에, 구원의 역사를 요약한다. 그러기 때문에, 예배를 드리는 순간을, 시간을 정당화하는 유일하고 중심적인 사건과 연결시켜 준다.

그러나 예배드리는 순간만 그리스도를 위하여 요구되고 그리스도에게 바쳐져서, 때의 중심적인 순간에 비추어 정당화되는 것은 아니다. 예배의 시간은 모든 시간의 첫 열매이므로―전체를 위한 부분(pars pro toto)이라는 성서적인 도식에 따라―모든 시간을 그리스도의 것이 되게 하고, 그리스도께 바치고, 정당화해 준다. 내가 말하고자 하는 것은, 한 주 전체가 주일예배 때문에 거룩하게 되고, 한 해는 부활절 축제 때문에 거룩하게 되며, 하루 전체는 매일기도 순간들 때문에 거룩하게 된다는 사실이다. 매일기도는 디다케(8:3)에서 그리스도인들에게 권한 것이었다. 수도원 전통에서는 매일기도를 "매시간" 드렸다.[28]

그러므로 부분을 요구하고 성화하고 성별함으로써 전체를 성별하는 이 원리는, 여기서 직접적으로 두 가지 이유에서, 우리에게 관심을 불러일으킨다. 사실 이 원리는 일요일 하루만으로 일주일이 충분하다는 것을, 다시 말해서, 만일 일요일이 그대로 지켜진다면 월

---

[28] "끊임없이 기도하라." *La Maison-Dieu*, n° 64, 1960을 참조. 특히 H. Goltzen, *Leiturgia*, 1956, p. 99-294를 참조.

요일, 화요일, 수요일 등은 일요일을 모방하지 않아도 된다는 것을 보여준다. 일요일은 다른 날들을 거룩하게 하고, 다른 날들이 다른 날들답게, 곧 일요일과 다르게 되도록 하기 때문이다. 그런데 일요일을 일요일답게 하는 것은, 무엇보다도 성만찬을 베푸는 일이다. 만일 성만찬을 일요일에 베푼다면, 수요일이나 금요일에 그것을 다시 베풀 필요가 없다. 주일 성만찬은 한 주간을 위하여 충분하다. 개인이나 가족이나 공동체가 매일 일과 속에서 그것을 되새기고 명시하는 것만으로 족하다. 성만찬을 반복할 필요가 없다. 우리가 주간의 다른 날들을 성만찬을 베풂으로써 "주일화"한다면, 일요일에 깃들어 있는 성화의 능력(vertu sanctificatrice)을 의심하는 꼴이다. 우리는 아직 하나님 나라에 있지 않다. 그래서 우리는 한 주간을 일요일과 다른 것이 되게 해야 한다. 예배를 드리는 시간 외에, 복음 전도와 봉사를 위한 시간이 필요한 것이다. 이처럼 주일이 그 능력을 잃지 않도록 하는 데서 성만찬이 일요일의 본질적인 부분이라면, 교회생활에는 주일 성만찬만으로도 충분하다.

그리고 여기서, 주일 성만찬에서뿐만 아니라, 성만찬의 독자성에 따라서도, 시간의 성별이 필요해진다. 목회적인 이유로—다시 말해서, 사랑으로—일요일에 성만찬을 여러 번 베푼다면, 교회 교리가 손상되지 않을까 생각될 수도 있다. 만일 성만찬이 일요일에 한정된다면, 저마다 교회에서 한 번만 베풀어져야 한다. 그리고 그 성만찬을 베풀 때, 그 교회에 속한 모든 교인들이 모여야 한다. 성만찬을 여러 번 베푸는 것은, 본질적으로 교회 공동체의 특성을 깨뜨리는 것이다. 그렇게 되면, 구원이 신자들을 사유화(personnalise)하고 개별화(individualise)시킨다는 생각을 하게 될 것이다. 그러므로 일요일에 전체 교회 예배를 한 번만 갖는 개혁교회의 관습은 그리스도교의 좋은 관습이다.[29] 또 교인들의 게으름이나 자주 교회를 옮기는 변덕(bougeote) 앞에서, 그런 좋은 관습은 약화시킬 것이 아니라, 오히려 강화시켜야 한다. 그것을 강화하는 가장 좋은 방법은, 주일 전체 예배에서 성만찬을 정기적으로 베푸는 것이다.

2. 예배장소[30]

그리스도의 오심과 고난과 영광에서 절정에 오르고, 그분의 다시 오심—교회의 논리와 운동에 영감을 불어넣어 줌으로써 교회의 삶을 존재케 하고 명령하기도 하는—으로 완성될 구원의 역사에서, 언뜻 보기에 주변적이라고 생각되는 것이 있다. 예컨대, 교회가 예배를 위하여 모이는 장소에 대한 신학이다.

1) 성서적인 증거

옛 계약에서는 성별된 공간에 관한 일련의 정확한 정보들을 알고 있었다. 야훼께서 나타나셔서 어떤 장소를 예배장소로 지정하신 것이다. 그분은 광야 세대들에게 자신의 임재 표식(sacrement)인 언약궤를 만들도록 하셨다. 좀 더 후에는, 메시아적인 혈통으로 다윗 가

---

29) J. A. Jungmann, *op. cit.*, p. 62. 4세기부터 예배시간은 제3시, 곧 아침 9시로 고정되는 것이 좋다고 권장되었다.
30) 이 절의 초안은 *OIKONOMIA, Heilsgeschichte als Thema der Theologie*, 논문집, O. Cullmann, Hamburg, 1966, p. 360-372에 실렸었다.

문을 선택하시고, 거의 동시에 예루살렘에 있는 시온 산을 일상적인 거주 장소로 정하셨다. 그렇지만 이런 장소들을 배타적으로 하나님의 임재 장소라고 하지는 않았다. 하나님께서는 어떤 곳에 제한되어 계시는 분이 아니기 때문이다. 하나님께 언약궤는 감옥이 아니라—블레셋 사람들의 언약궤 탈취에 대한 흥미로운 이야기가 지적하는 대로[31]—보좌이기 때문이다. 또한 예루살렘 성전은 예언자 엘리야가 야훼를 만나기 위하여 하나님의 산인 호렙산까지 순례하는 것을 막지 못하기 때문이다. 또 다른 예언자들이 사람들에게, 야훼는 끊임없이 백성들의 하나님이 되시려고 성전을 떠나실 수도 있으시고 버리실 수도 있다고, 선포하는 것을 막지 못하기 때문이다.

솔로몬은 예루살렘 성전을 봉헌할 때, "하나님, 하나님께서 땅 위에 계시기를, 우리가 어찌 바라겠습니까? 저 하늘, 저 하늘 위의 하늘이라도 주님을 모시기에 부족할 터인데, 제가 지은 이 성전이야 더 말하여 무엇 하겠습니까?"라고 기도드렸다.[32] 이것이 옛 계약에서 드러난, 예배장소에 대한, 교리의 근본이다.[33]

새 계약 아래서, 문제는 이중적으로 바뀐다. 우선, 그리스도의 죽음과 부활로써 예루살렘 성전이 하나님 백성의 탁월한 예배장소가 되는 것이 끝맺음된다. 또한 예수께서는 죽으시기 바로 얼마 전, 성전 파괴를 선언하셨다. 그리고 그분이 죽으시던 순간, 성전 휘장이

---

31) 삼상 4-6, 그것의 움직임은 그리스도의 고난(4)과 그분의 음부에 내려가심(5) 그리고 그분의 부활(6)을 예시하는 것 같다.
32) 왕상 8:27.
33) 이 점에 관해서는, 특히 W. Eichrodt, *Theologie des Alten Testaments*, vol. I. Belin, 1950/4, p. 42 이하; Ed. Jacob, *Théologie de l'Ancien Testament*, Neuchâtel et Paris, 1955, p. 206 이하; Y. M. J. Congar, *Le mystère du Temple*, Lectio Divina, n° 22, Paris, 1958, p. 13-129; H. J. Kraus, *Gottesdienst in Israel: Grundriss einer alttestamentlichen Kultgeschichte*, München, 1962/2, 특히 p. 149-272를 참조.

위에서 아래로 찢어졌다. 그 뒤로, 하나님께서 사람들 가운데 임재하시던 장소인 하나님의 성전은, 더 이상 사람 손으로 지은 예루살렘의 그 건물이 아니라, 그리스도의 몸이 되었다. 그러므로 그리스도인들의 모임이 그 몸의 역사적이고 세상적인 현현(épiphanie)이 된 것이다. 사도 바울은 고린도교회 교인들에게 "여러분이 하나님의 성전"[34)]이라고 말하였다. 진정한 예배장소는, 떡을 떼고 잔을 들며 예수 그리스도의 죽음을 기념하고 그분의 다시 오심을 기다리는 -예수 그리스도의 이름으로 모인- 모든 모임들이다.[35)] 둘째로, 옛 계약과 비교해서, 신약성서는 온 세상이 거룩한 공간이 될 수 있다고 이해함으로써 문제를 수정한다. 이 세상 모든 공간은, 그 모든 곳을 찾아다니셨고 귀신을 쫓아내셨으며 평화를 이루셨던 그리스도의 방문을 받았던 곳이기 때문이다. 성육신하신 그분은 베들레헴에서 나사렛으로, 지중해 연안에서 요단강 가로, 갈릴리 산에서 감람산으로, 사람들의 땅 위를 다니셨다. 그리고 이 심방은 그분이 복음을 선포하라고 세상에 보낸 이들과, 모든 하늘 아래 있는 그리스도인들의 모임 때문에, 온 세상에 영향을 끼쳤다. 그러나 땅만 방문을 받은 것은 아니었다. 성서는 삼 단계 우주를 말하는 고대의 도식에 따라, 예수께서 성 금요일 저녁부터 부활절 아침까지, 죽은 이들이 거하는 곳에, 옥에 있는 영들 가운데, 가셨다고 전한다. 성 베드로는 그 죽음의 공간에 하나님의 사랑을 피하거나 멀리하는 이들이 있었

---

34) 고전 3:16; 고후 6:16을 참조.
35) 특히 P. Bonnard, *Jésus Christ édifiant son Eglise*, Neuchâtel et Paris, 1948, p. 19 이하; F. Louvel, "Le mystère de nos églises", *La Maison-Dieu*, n° 63, 1960, p. 18; Y. M. J. Congar, *op. cit.*, p. 139-275; O. Cullmann, *La foi et le culte de l'Eglise primitive*, Neuchâtel et Paris, 1963, p. 164 이하, 174 이하, 181 이하 참조.

으나, 더 이상 그 사랑을 피할 수 없게 되었다고 말한다.36) 그리고 예수 그리스도는, 히브리서 기자가 말한 바대로, 홀로 영광 가운데 영원하고 능력 있는 대제사장으로 하늘 성전에 들어가시려 "하늘로 올라가셨으며,"37) 그곳에서 다시 오실 때까지 세상과 사람들을 위하여 중보하고 계신다고 말한다. 그러므로 하늘도 땅 위도 땅 아래도 더 이상 그리스도의 임재를 증언하지 않는 곳이 있을 수 없다. 이것은 우주가 재구성될 전조이다. 이같이 온 세상은 모든 것의 시작에 속하는 예배장소가 될 기회를 다시 얻게 된다. 나는 하나의 기회를 말하였다. 그것은 세상이 아직 이 소명에 동의하지 않았기 때문이다. 그 때문에, 예배장소는 교회에 속한다. 그리고 그 첫째가는 기능은 아니지만, 신중하고 자유롭게 "사람 손으로 지어진" 예배장소들 때문에, 그리스도 안에서 재구성될 우주가 증언된다. 우주를 구원의 역사 속에 끌어들이기 때문이다.

그러므로 예배장소는 그리스도의 몸이다. 더 정확히 말하면, 그분의 첫 번째 현현에서 드러나는 그리스도의 몸이다. 모임에서는 예수 그리스도의 말씀을 듣는다. 그리고 그분에게 기도를 드린다. 그리고 성만찬의 성례전에서 그분과 하나가 된다. 또 진리와 사랑 안에서 그분의 일치되심을 드러내기 위하여 부름 받는다. 그리고 예수의 이름으로 모인다.38) 그러기에 성전은 예배장소가 되기에 충분하다. 여기에는 명확히 해야 할 세 가지 사항이 있다.

---
36) 벧전 3:19; 롬 10:7 참조. 우리는 동방교회들에서 가지고 있는 부활하신 그리스도의 성화상이 음부에 있는 그리스도를 표현하며, 동시에 음부의 문들을 열어젖히고, 거기서 아담과 이브를 구원하는 것을 묘사하고 있음을 안다.
37) 히 4:14 참조.
38) N. Afanassieff, "Le sacrement de l'Assemblée," *Internationale kirchliche Zeitschrift*, n° 4/1956, p. 200-213을 참조.

예수의 이름으로 부름 받아 모인 모임은, 언제나 '한 지역에 국한된다.' 선택된 성도들은 로마나 고린도에 있는 하나님의 교회이거나, 빌립보에서 예수 그리스도 안에 살아가는 성도들이거나, 아버지 하나님과 주 예수 그리스도 안에 있는 데살로니가의 성도들이다.[39] 이런 지역화는 두 가지 점에서 우리의 흥미를 끈다. 첫째로, 교회가 역사적으로나 사회학적으로 사실이었음을 증언하기 때문이다. 둘째로, 유일한 교회가 다양성을 갖추고 있음을 힘주어 말하기에 좋기 때문이다. 사실, 그런 지역화는 모임에 어떤 색깔을 부여한다. 그리고 자신의 언어와 전통, 자신만의 독특한 계획, 자신을 위협하는 유혹, 자신이 진정시켜야 할 갈등, 그리고 자신이 목표로 하는 축복 등을 스스로 표현하게 한다.

예수 그리스도의 이름으로 부름 받아 모인 모임은, '언제나 다른 예배장소들'과 대조하여, 자신을 다시 발견하고 구원의 역사에 자신이 관련되어 있음을 알게 된다. 사실, 신비하게도 한 지역교회는, 적어도 다른 네 곳의 예배장소들도 현재하고 있지 않다면, 그리스도의 이름으로 모일 수 없다. 첫째로, 그 예배장소는 그리스도께서 탁월하게 온 우주 전체의 평화와 화해를 위하여 충분히 희생제사를 드렸던 골고다이다. 그리고 골고다와 함께, 최후의 만찬을 나누었던 곳과, 아리마대의 뜰(jardin)이다. 둘째로, 그것과 같이 되려고 애쓰는 하늘 성소이다.[40] 셋째로, 모임이 있을 때 나아가고 싶은 예배장소는, 모든 공간이 하나님께서 임재하시는 성소가 되는, 만물의 시작과 마지막 장소(contrée)이다. 성서는 처음 것은 에덴동산이라고 부

---

39) 롬 1:7, 고전 1:2, 고후 1:1, 살전 1:1, 살후 1:1 참조.
40) 특히 계시록은 전혀 싫증을 내지 않고 그것을 거론한다(7:15, 11:1, 19 등). 또한 Michel의 논문, *ThWbNT*, IV, p. 884 이하를 참조.

르고, 나중 것은 하늘 예루살렘이라 부른다.41) 마지막으로, 지금 여기 모인 이들의 중보와 은혜의 행위 안에서, 다른 지역 교회들이 현재하게 된다. 한 지역 교회에 부어진 가장 예기치 않은 은혜들 가운데 하나는, 실제적으로 그들을 위하여 죽으신 그리스도께서 자신의 기쁨에 그 교회들 모두가 함께 참여하도록 함이 없이는 모일 수 없다는 사실이다. 그러므로 모인 회중은 필경 다시 만난 남녀들 그 이상의 만남(rendez-vous)을 경험할 것이다.

세 번째로, 예수의 이름으로 부름 받아 모인 모임은, 통상 습관적으로 '교회'라고 하는 곳에 모인다. 그러나 그것은 일종의 단순화(réduction)이다. 교회는 돌들이 아니라, 그곳에 모인 하나님의 백성이기 때문이다. 이 모임을 맞아들인 장소는, 사실 초대교회 사람들이 말하였던 것처럼,42) "교회당"(maison d'église)이다. 이 장소는 예배장소가 되게 하는 데 필수적인 것은 아니다. 실제로, 예수 그리스도의 이름으로 모인 곳이라면, 그 장소가 들판이든 숲속이든 동굴이든 강변이든 항구든 그 어느 곳이든지, 예배장소가 되게 할 수 있다. 그러나 대체로 처음부터 그 모임의 특성 때문에,43) 교회는 거처를 정하고자 하였다. 교회는 처음에는 누가 빌려주었거나 세놓았던 방

---

41) 루터는 예배의 처음 장소는 선악과 나무였다고 생각한다(WA, 42, p. 41-87, P. Brunner, *op. cit.*, p. 119 이하에서 인용). 하늘나라에서는 더 이상 성전이 없을 것이다(계 21:22). 하나님께서 모든 것 가운데 모든 것이 되시고, 만물이 성소가 될 것이기 때문이다; 우리는 더 이상 자연에서 은총을 구별할 수 없을 것이다. 교회의 보편성과 거룩성은 합쳐질 것이다.
42) 예컨대, N. Maurice-Denis Boulet, "La leçon des églises de l'Antiquité," *La Maison-Dieu*, n° 63, p. 24-49; Ch. Mohrmann, "Les dénominations de l'église en tant qu'édifice en grec et en latin" *Revue des Sciences Religieuses*, 1962, p. 155-174를 참조.
43) 교회 모임의 특성과 거처를 정해야 할 필요성 사이의 연관을 주장한 이는 G. Delling이다. *op. cit.*, p. 148.

이나 집에서 모임을 가졌다.[44] 그렇지만 교회는, 얼마 지나지 않아서, 예배를 위한 건물을 지었다.[45] 이것은 그리스도교 예배가, 많은 이교도들의 제의처럼, 그것을 위하여 사람이 하나님 임재를 나타내는 어떤 자연물과 결합해야 할 행위가 아님을 힘주어 말하는 데 중요하다. 이와 반대로, 교회는 자신이 자신의 예배장소에 나아가는 것이 허락되도록 탄원하는 성격을 갖는다. 교회의 탄식은 교회가 그 자신에게 예배장소를 허락할 수 없다는 표현이다. 그 때문에, 그리스도교 예배장소는 언제나, 교회가 세상에게 자신이 다시 하나님에 따라 되찾아질 것이라는 희망을 주는, 환대와 사랑의 장소이다. 이것이 기본적으로 첫째가는 예전적인 기능이다.[46]

2) 모두를 맞아들일 수 있는 장소

교회의 모임 장소에 대하여 좀 더 자세히 살펴보기로 하자. 나는 우선 선한 사마리아 사람의 비유를 생각해 보고자 한다. 초대 그리스도교 전통은 그 비유 속에서 구원역사의 축소판을 보았다.[47] 선한 사마리아 사람은 그리스도이셨다. 그분은 악마의 공격을 받아 길가에 쓰러져 있는, 옛 계약의 사제들이 치유시킬 수 없었던, 사

---

44) H. Chirat는 *L'assemblée chrétienne à l'âge apostolique*, Lex orandi, n° 10, Paris, 1949, p. 49에서 사도행전의 저자가 바울이나 베드로가 머물렀던 집 소유자들의 이름을 언급하는 것에 유의한다. 행 9:11, 9:43, 10:6, 16:15, 17:5, 18:7, 21:8, 21:16 등 참조.
45) 이 점에 관해서는, 예컨대, Rietschel-Graff, *op. cit.*, p. 61-127; G. Langmaack, "Der gottesdienstliche Ort," *Leiturgia*, vol. I, Kassel, 1954, p. 380 이하; W. Rordorf, "Que savons-nous des lieux de culte chrétiens de l'époque préconstantinienne?," *L'Orient syrien*, 1964, p. 36-60을 참조.
46) P. Brunner는 앞서 인용한 훌륭한 저서에서, 특히 그리스도교 예배의 우주적인 가치에 대하여 말할 때 이 점을 강조한다(p. 171 이하).
47) 내 논문 "Le culte, récapitulation de l'histoire du salut," *Contacts, revue française de l'orthodoxie*, 1962, p. 239-264를 참조.

람들을 도우러 오셨다.[48] 그런데 이 사마리아 사람은 상처 입은 이를 놀라운 이름을 지닌 한 장소로—그리스어 pandocheion, 곧 모두를 맞아들일 수 있는 장소로—데려갔다.[49] 사마리아 사람은 그곳에서 상처 입은 이를 여관주인에게 맡겼다. 그리고 상처 입은 이의 보호자와 보증인이 되어, 다 나을 때까지 좀 돌보아 달라고 부탁하였다. 그리고 비용이 더 들면, 돌아오는 길에 갚겠다는 약속까지 남긴다. 교부들은 이 모두를 맞아들일 있는 장소(pandocheion)에서 교회의 상징을 보았다. 만일 모임이 보편성(catholicité)을 띈다면, 그 모임 장소 역시 그 모임이 어떤 모임인가를 표현하는 법이다. 그 장소는 관대하게 환대하는 장소이다. 그 장소는 그리스도께서, 죽음의 공격을 피하여 자신의 용서 아래서 새 힘을 얻고 순결하게 되도록, 데려오신 모든 이들에게 열려 있는 장소이다. 그러므로 예배장소는 환대하는 장소이다. 그리고 이 환대 때문에, 그리스도께서 긍휼히 여기시는—실패한—모든 이들(épaves)이 다시 회복되고 다시 소생되는 장소이다. 실패한 이들이 우선적으로 회복되어, 온전한 사람이 됨으로써, 자신들의 소명에 응답하게 된다. 그리고 자신들의 삶을 예전적인 삶으로 변화시키게 된다. 예배장소는 피와 눈물을 흘리게 하였던 과거로부터 회복되는 장소이기도 하다. 현재의 고뇌와 환상들로부터 벗어나는 장소이기도 하다. 미래가 두려움의 대상이 아니라 희망이 되는 장소이기도 하다.

교회가 그리스도께서 소생시킨 이들을 환대하는 장소인 것은, 우선 그리고 본질적으로 근본적인 '만남'의 장소이기 때문이다. 곧 복

---

[48] F. Quiervreux, Les paraboles, Paris, 1946, p. 75 이하 참조.
[49] 눅 10:34 참조.

음 선포에 따라 정당화되고, 예배의식 순서에 따라 실행되며, 성만찬 때 확인되는 그리스도 자신과 그분의 교회 사이에 만남이 있다. 예배장소가 야기하고 가능케 하는―다른 만남들에 근거를 주고 선별하는―이 만남 때문에, 우리는 교회를 통하여 지금 여기서 예수께서 비유로 말씀하신[50] 결혼예식의 연회장을 미리 볼 수 있다.

그러나 이 만남은 참된 만남임에도 불구하고, 이 세상이 지속되는 한 단속적이고 이론의 여지가 있는 만남이다. 그러기에 그리스도교 예배장소는―다른 만남이라곤 영 좋아하지 않는 이들이 문이란 문은 모조리 닫아 버린 채, 그리스도와 그분의 교회 사이에서만 만남을 갖는―*pandocheion*은 아니다. 그것은 '기다림'의 장소, 그러므로 기도의 장소이기도 하다. 우리는 "땅에 계시는 우리 아버지!"라고 말하지 않고, "하늘에 계신 우리 아버지!"라고 말한다. 사도신조에서도, 우리는 전능하신 아버지 하나님의 우편에 앉아 계시며, 역사의 마지막에 성례전적으로가 아니라 역사적으로 다시 오실 그리스도를 찬양한다. 성만찬 서도에서는 그리스도의 현실적인 임재에 대한 확신에도 불구하고, 그 지체들이 위에 있는 것을 추구하며 살도록, 마음을 하늘에 두라고 권유하는 것으로 시작한다.[51] 마치 사도 바울이 골고새교회 교인들에게 권면하는 것처럼.[52] 이런 기다림, 기도, 그리고 틀림없이 빛과 함께 표현되는 미래를 향한 지향의 특징은, 예배장소에 관하여 가장 오래된 상징체계이다. 곧 그 방향은

---

50) 마 22:10, 25:10 참조.
51) J. A. Junmann, *op. cit.*, vol. l. p. 20, 38 등 참조.
52) Ch. Masson의 「신약성서주석」, Vol. X, Neuchâtel et Paris, 1950, 골 3:5의 주해를 참조.

53) "치료하는 광선을 발하실 의로운 해"54)이신 그리스도께서 다시 오실 동쪽을 향해 있다. "번개가 동쪽에서 나서, 서쪽에까지 번쩍이듯이, 인자도 그렇게 올 것이다." 초대 그리스도인들은 예수의 이 말씀55)을 문자 그대로 받아들이는 데 주저하지 않았다. 최근 연구들에서는, 고대의 예배장소들이 동쪽이 아니라 서쪽에 성가대를 두었음이 밝혀지고 있다. 또 기도 때 기도를 드리기 위하여 신자들을 바라보려고 성직자들이 돌아서지 않고, 오히려 신자들이 기도드릴 때 성직자들을 향해 섰음이 밝혀지고 있다. 그처럼 바실리카 성당에서 예배를 집례하는 자리는, 사람들이 흔히 주장하듯이, 성직자의 중요성을 약화시키는 자리가 아니라, 반대로 강화시키는 자리였다.56)

그리스도교 예배장소가 '임재' 장소가 되기도 한다고 말할 수 있는가? 예컨대, '제2의 스위스 신앙고백'(la Confession helvétique postérieure)이 아주 강하게 주장하는 바대로, 예배장소는 "하나님과 그분의 거룩한 천사들이 임재하는 거룩한 장소임을 기억하여, 겸손과 존경으로 관리해야 할" 장소라고 이해해야 하는가?57) — 예수께서는 "두세 사람이 내 이름으로 모이는 자리에는, 내가 그들과 함께 있

---

53) F. J. Dolger, *Sol salutis*, Gebet und Gesang im christlichen Altertum, mit besonderer Rücksicht auf die Ostung in Gebet und Liturgie, Münster, 1920; E. Peterson, "Die geschichtlishe Bedeutung der Jüdischen Gebetsrichtung," *Thelogische Zeitschrift*, 1947, p. 1-15; G. Delling은 이 방향성이 사도시대로 거슬러 올라가는 일종의 그리스도론적인 신앙고백이라고 생각한다(*op. cit.*, p. 103); C. Vogel, "La signation dans l'Eglise des premiers siécles," *La Maison-Dieu*, n° 75, 1963, p. 37-51.
54) 말 4:2 참조.
55) 마 24:27, 눅 17:24 참조.
56) L. Bouyer, *Le rite et l'homme*, Lex orandi, n° 32, Paris, 1962, p. 239 이하 참조.
57) *Op. cit.*, p. 127.

다."58)고 말씀하셨다. 이렇게 예배장소에 그리스도께서 실제적으로 임재하신다. 모임이 거기 있을 때, 만남은 행해진다. 그런데 이 임재는 확실히 자동적인 것이 아니다. 그리스도께서는, 교회가 "마라나타!"59)라고 외칠 때, 하나의 하인으로서 대답하지 않으신다. 이 임재는 기도에 대한 응답 같은 약속이다. 그리고 교회는 자신의 약속을 이루어 주실 주님의 의지에 대하여 하등 의심할 이유가 없다. 그러므로 예배장소는 그리스도의 임재 장소이다. 그 때 그분은 회중이 자신의 이름으로 모일 때, 그들을 받아주신다. 만일 우리 대답이 여기서 멈춘다면, 예배 시간 외에는 교회들이 문을 닫아야 한다고 생각하는 이들이 옳다고 인정해야 할 것이다. 그러나 우리 물음에 답하려면, 예배장소는 환대와 만남과 기다림의 장소, 그리고 그리스도와 교회 사이의 결혼예식 연회장에 대한 예시 장소로 바쳐진 곳임을 생각하면서, 좀 더 나아가지 않으면 안 된다. 그리스도교 예배를 위하여 성별해 둔 장소이기 때문이다. 이렇게 성별해 둔 곳에서는, 신자들이 세상에 구원의 빛을 비추기 위하여 보냄 받은 때에도, 그들을 굳세게 하고 자라게 하는 예배가 끊이질 않는다. 예배장소는, 그것이 바쳐졌기 때문에, 장차 올 나라를 붙잡는 힘이 있는 것은 아니다. 그것은 일요일 다음의 한 주간 동안 우리를 고무시키고, 또 다음 일요일을 기다리도록 우리에게 주어졌다. 지나간 예배와 다음의 예배를 기다림에 따라, 예배장소는 그 용도가 그리스도와 그 백성을 맞아들이는 것임을 드러낸다.60) 그러므로 신자는, 자신이 교회 안

---

58) 마 18:20 참조.
59) 마라나타에 관해서는, 특히 O. Cullmann, *Christologie du Nouveau Testament*, Neuchâtel et Paris, 1958, p. 180-186을 참조.
60) 그러므로 예배장소에서 "제8일의" 성만찬을 준비하는 "주간 첫날"의 성만찬이 지속된다

에 있을 때, 극장이나 (어떤 낯선 느낌을 주는) 역 입구와는 전혀 다른 문을 건너왔음을 알 수 있다. 신자는 자신을 찾아 주시고 만나 주시고 살게 해주시마고 약속하신 어떤 분(Quelqu'un)의 품 안에 있는 것이다. 그리고 신자는 거기서 그분이 하신 모든 약속이 이루어지길 희망하며 묵상할 수 있다. 그 때문에, 교회 문을 열어둔 채 놔두는 것이 좋다. 교회는 성별된 공간에 접근하는 것을 허락한다. 하나의 건물이라는 일상적인 차원들에 또 다른 차원, 곧 현재 속에 이미 밀어 닥치는 미래 차원이 추가된다. 하늘나라가 거기에 있는 것이다. 아니 오히려 우리의 부족함에도 불구하고, 희망 가운데에 우리는 이미 그 미래를 현재 속에서 우리 손으로 새길 수 있다. 우리 개혁교회 신자들은 교회의 종말론적이고 성례전적인 성격과, 교회생활의 모든 것을 존중하지 않는 국가도 인정한다. 만일 이 세상 계획(schéma)이—우리가 거기에 세우는 건축물도 역시—아무런 실효가 없다는 인식을 구실로 삼지 않는다면, 우리는 기도의 집에서 기도드리는 일에 너무 게으르다. 또 우리 마음은 피조물의 탄식이 현 세상의 거칠거나 길든 본성을 좀 더 이해할 수 있게 발산하도록 하는 일에 너무나 완악하다.

는 것은 정상적이다. 우리는 여기 복잡하고 미묘한 주제 앞에 있다. 곧 하나님은 우리에게 자신을 표현하시려고 또는 자신을 주시려고 선택하신 것에 어느 정도까지나 신실하신가? 이 물음에서는 우리가 책으로서 성서에 대하여 표해야 할 경의의 문제뿐만 아니라, 일단 종결된 성만찬예식에 사용된 성만찬 재료들을 다루는 방식, 또는 마리아의 영속적인 동정의 문제, 또는 세례 받은 이들의 시체를 다루는 방식의 문제들까지도 드러난다. 또 다른 문제는 세례 받는 자 안에 있는 하나님의 임재 문제와 같은 것이다. 사실, 세례 받은 이, 그 자신이 바로 성령의 집이다(고전 6:19). 그 안에서 그리스도께서 하신 약속이 실현되었다. "사람이 나를 사랑하면 내 말을 지키리니 내 아버지께서 그를 사랑하실 것이요 우리가 그에게 가서 거처를 그와 함께 하리라"(요 14:23).

3) 예배장소의 아름다움과 참됨

여기서 예배장소가 환대와 만남과 기다림과 임재 장소가 될 수 있기 위해서는 어떠해야 하는가를 자세히 설명할 수는 없다. '제2의 스위스 신앙고백'은 다음과 같이 단순하면서도 확신 있게 우리를 안내해 준다: "그 어떤 곳도 교회 예배와 사용을 위하여 부적합한 곳은 없다."[61] 바꾸어 말하면, 예배장소는 사건을 담는 보석상자이다. 예배는 거기에서 편안함을 느낀다. 그곳이 좁더라도 소홀히 하거나 상심하지 않는다. 구원의 역사 축소판이 그곳에서 일어날 수 있다. 그리스도께서 거기에 계신다. 또 교회는 거기서 자신의 리듬과 자신의 내적인 직제(hiérachies)를 되찾을 수 있다. 또한 거기에 모인 모임의 지역화와 성례전화(sacramentalité)를 통하여 거짓과 탐욕과 빈약함 없이 자신을 표현할 수 있다. 건축가들, 기술자들, 당대의 거장들, 예술가들은 그 요청에 형식을 부여해 준다.

그렇지만 여기에 시간을 갖고 생각해야 할 사실이 두 가지 있다. 첫째는, 예배장소를 아름답게 하려고 염려할 필요가 없다는 것이다. 내가 생각하기로, 만일 예배장소가 스스로 충실하다면, 아름답지 않을 수 없다……바로크 건축양식은—아름답기 위해서는 풍부하게 해야 한다고 믿었다—예배장소의 아름다움에 대한 규준(canon)이 아니다. 들에 핀 백합화의 소박함이 솔로몬의 영광보다 나을 수 있다. 영성(spiritualisme)을 구실삼아, 짐짓 꾸민 어떤 예배장소들의 추함은—내가 말하는 것은 추함이지, 초라함이 아니다—하나님에 대한 감사의 결여와, 세상에 대한 사랑의 결여 이외에 아무것도 아니다. 예배장소에 허락되는 아름다움은, 먼저 자기 자신

---

61) *Op. cit.*, p. 127.

을 죽이지 않고는 그곳에 들어갈 수 없는 '아름다움'이다. 아름다움이 그리스도교적이라 할 때, 그것은 자기 자신이 아닌 다른 어떤 것에 따라 정당화되고, 또 제물이 되기 위하여 자기를 희생하고 모든 자기 정당화를 포기하는, 일종의 세례 과정을 거치지 않으면 안 된다. 교회는 어느 날 갑자기 이 세례라는 허물벗기를 통하여 아름다움으로 나아가는 법을 배우지는 않았다. 그 훈련 성과는 전통에서부터 얻은 것이다. 따라서 교회는 그것을 소홀히 할 어떤 이유도 없다. 반대로, 오늘 자신의 순례 여정 속에서 바꾸어 표현하거나 재발견하지 않으면 안 된다. 아름다움을 위한 교회의 "세례" 요구들은-새로운 구성원들을 환대하기 위한 교회의 요구들처럼-그리스도와 함께 죽는 것(l'ensevelissement)을 힘들지 않고 쉽게 믿을 수 있는, 분명코 불신앙의 공범자가 되는, 성수 뿌리기로 대신할 정도로 자주 약화되었던 것이 사실이다. 예배장소와 예배의식을 혼잡하게 하는 "예술"의 모든 분야는-그것이 회화이든 조형미술이든 음악이든-거기서 자신의 교만과 모호성을 드러낸다. 뿐만 아니라, 신자들에게 공포를 주어 그런 취향들에 연연하게 함으로써 그들을 경멸한다. 이런 모든 종교적인 관능성(sensualité)을 경계하지 않으면 안 된다. 때때로 자신을 낮추어 봉헌물이 되려고 하지 않는 그런 아름다움에 대해서 완강하게 거부하는 것은, 정확히 말해서, 참된 예배장소를 위하여 선한 것이었다. 사실, 때때로 우상파괴자(iconoclastes)들에 대하여 혹독한 숙정을 단행한 적도 있었다. 그런 유익한 청소가 있은 뒤에는, 예배적인 예술이 다시 태어났다. 만일 그런 예배적인 예술이 다시 나타나지 않았을 경우, 그 정화는 실패하고 말았다. 그것은 용서의 가능성이 없는 유죄판결이었기 때문이다. 그 때 어떤 것을 표현하지 않을 수 없는 예배장소들이, 더 이상 허무와 외로움을 표현하지 않도록 하는 조건들이 있다. 그것은 예배의 신비를 표현할 수 없는 "예술" 활동들이 증가하지 않도록 하는 것이다. 또한 심미주의나 유행을 따르거나, 무기력함에 따라 지칠 줄 모르는 나쁜 취향 요구들을 묵인하는 "예술" 활동들이 증가하지 않도록 하는 것이다.[62]

우리가 고려해야 할 두 번째 사실은, 예배장소가 거기에 모이는 회중을 표현하는 '진리'의 장소여야 할 책임이 있다는 것이다. 예배장소는 그 나라에 대한 기다림을 증언할 뿐만 아니라, 그 나라를 기다리는 이들의 특징을 나타내기도 한다. 곧 그것은 어느 지역 회중이 지금 여기서 열거한 모든 것을 맞아들이고 표현하기 위하여 내보이는 집적소(réceptacle)이다. 그렇기 때문에, 그리스도교 예배장소들에 여러 유형이 있다는 것은 당연하다. 그 때문에 절대적인 진리의 근거 위에서, 그리스도교 회중은 회복시키거나 변화시키거나 다시 일으켜 세우는 예배장소에서 그 자신의 신앙을 적절하게 나타낼 수가 있다. 그 때문에, 세상에 있는 교회는 자신의 예배장소들을 겉만 번지르르하게 단장해서는 안 된다. 오히려 사도 베드로가 말한 그리스도인들처럼, 내적이고 감추어져 있는 몸치장으로 빛을 내는

---

[62] 예술과 예배 사이의 관계 문제는 실로 방대하며, 그에 대한 문헌도 풍부하다. 하지만 나는 중요하다고 생각되는 다음의 몇 가지 저서들을 제시하는 것으로 만족하고자 한다: P. R. Musculus, *La Prière des mains*, Paris, 1938; V. H. Debidour이 편집한 *Problèmes d'art sacré*, Paris, 1951; P. Brunner, *op. cit.*, p. 291-332; L. Ouspensky, *Essai sur la théologie de l'icône dans l'Eglise orthodoxe*, Paris, 1960; Gollwitzer, *Die Kunst als Zeichen*, München, 1958; P. Evdokimov, "L'art moderne ou la sophia désaffectée," *Contacts, revue française de l'orthodoxie*, 1960, p. 313-325; Ph. Kontoglou, *Ekphrasis: tes orthodoxou eikongraphia*, 2 vol., Athenes, 1960; J. Ph. Ramsey, *La Parole et l'image*, Neuchâtel et Paris, 1963.

것이 하나님 앞에서 더 귀함을 알아야 한다.63) 세상에 있는 교회는, 마치 목사가 자신이 돌보는 무리 한가운데에서 발탁되는 것처럼, 도시들 한가운데 자신의 예배장소들을 세울 수 있다. 그렇다면, 용도가 변경되지 않은 예배장소들을 역사적인 기념물로—다시 말해서, 박물관 소장품이나 과거 증거물처럼—분류하는 것은, 유감스러운 일이 아닐까? 그러면 이번엔 자신을 과거 유물(chose)이라 생각하며, 거기에 모이는 교회를 책망해야 하지 않겠는가?

4) 예배장소의 봉헌

우리가 살펴본 대로, 그리스도교 예배장소는 봉헌된 것이다. 교회는 예배 속에서 구원의 역사를 재연하는 데 쓰임 받도록 바쳐졌기 때문에, 교회의 봉헌 문제도 잠깐 살펴 볼만한 가치가 있다.

예배의식 전통 가운데, 봉헌의례에는 많은 형식들이 있다. 그 가운데 어느 하나가 다른 하나보다 낫다고 할 수는 없다.64) 가장 단순한 의례는—그곳에서 그리스도교 예배를 맨 처음 드린다는 바로 그 사실로 말미암은—교회의 봉헌이다. 그 자체로 그 장소가 나중에 예배장소가 될 수 있도록, 지적하고 요구하고 깨끗이 하고 거룩하게 하여 바치는 것이다.65) 가장 발전된 형식은 동방정교회 전통임이 틀림없다.66) 여기에는 그리스도교 상징체계와 관련이 깊은 상세한

---

63) 벧전 3:3 이하. 우리는 교회 밖을 치장하기 전에 내적인 치장(Ravenne!)에 힘써야 한다.
64) A. G. Martimort, "Le rituel de la consécration des églises," *La Maison-Dieu*, 1960, n° 63, p. 86-95를 참조; 그리고 마찬가지로 같은 저자가 편집한 논문집 *L'Eglise en prière: Introduction à la Liturgie*, Paris-Tournai, 1961, p. 179 이하의 교회의 봉헌에 관한 부분을 참조.
65) 한 가지 예컨대, 1962년 8월에 떼제에서 화해의 교회가 봉헌된 것과 같은 것이다.
66) 예컨대, P. Evdokimov, *L'Orthodoxie*, Neuchâtel et Paris, 1965/2, p. 213 이하 참조.

교리교육이 필요하다. 그러나 대체적으로 봉헌예식의 신학적인 의도는 같다. 거기에는 이중적인 운동이 포함된다.[67)]

첫 번째는, 요구자(revendicateur)의 운동이다: 곧 한 공간을 선택하고 제한하고 받아들여, 자연 그대로의 세속적인 것에서 따로 떼어 구별함으로써, 그 세속적인 것의 반격으로부터 보호받게 한다. 두 번째는, 봉헌자(consécrateur)의 운동이다: 받아들여진 그 공간은 그리스도와 그분 교회의 일상적인 만남의 무대라는 새로운 용도로 사용된다. 곧 성별된 그 공간은 나중에 그 만남을 기다리고, 그 만남을 경험하고, 그 만남을 기념하는 장소가 된다. 여기에 예배장소의 봉헌이 그 장소의 일상적인 현실을 변질시키지 않는다는 것도 부언할 수 있다. 건축을 위하여 사용된 재료들은, 돌과 나무와 유리 등으로 그대로 남아 있다. 그것은 인간의 모든 건축물처럼, 부서지기 쉽고 잠정적이다. 그 건물은 인간의 손으로 만들어진 건축물이라는 특성을 아무것도 잃어버리지 않는다. 그렇지만 봉헌을 통하여, 이 집은 두드러진다. 곧 하나님께 바쳐 거룩하게 하는 것은—얼마나 서툴겠는가, 그러나 또 얼마나 큰 희망인가!—그 집이 시간의 처음과 마지막에서처럼, 공간의 참된 소명인 하나님의 임재 무대가 되게 하는 것이다. 그렇기 때문에 예배서들에서는, 한 사람의 세례가 자신에게 부활의 서막이 되는 것과 마찬가지로, 예배장소의 봉헌이 우주 재구성의 서막과 같다고 말하는 데 의견을 같이 한다. 예배장소의 봉헌에 대하여 말하는 우리는 틀림없이 성례전적인 분위기 속에 있다. "우리는 하나님께서 사람의 손으로 만든 성전에 계시지 않는다는 것을 믿지만," 그래도 "하나님과 그분께 드리는 예배를 위하

---

67) 나의 책 *Prophétisme sacramentel*, Neuchâtel et Paris, 1965, p. 9-53을 참조.

여 바쳐진 장소들은, 불경한 곳이 아니라, 하나님 말씀과 거기서 쓰이는 거룩한 물건들의 사용 때문에, 신성한 곳임을 믿는다."고 '제2의 스위스 신앙고백'은 분명히 말하고 있다.[68] 그리고 그 고백 문서의 저자인 앙리 불링거(Henri Bullinger)는 다른 곳에서 다음과 같이 거룩하게 하는 것에 대한 정의를 내리고 있다: "거룩하게 한다는 것은, 하나님께 봉헌하여 신성하게 쓴다는 뜻이다. 다시 말하면, 일상적인 상용과는 구별하여, 하나님 뜻에 따라 특별하고 신성하게 쓰는 것을 말한다."[69] 이런 점에서, "일반적으로 교회와……관련이 있는 것은 성례전에 비추어 생각해 보는 것이 좋다."[70]는 칼 바르트의 말은 당연하다.

그러나 거룩하게 된 그 공간은, 그 자체를 위하여 존재하는 것이 아니다. 거룩하게 한다는 것은, 이제는 그 공간이 거룩하게 하는 공간(sanctificateur)이 된다는 뜻이다. 여기서 우리는 성례전과 선택(이것과는 아주 밀접하게 연관되어 있다)의 성서적인 교의 속에 깊게 들어와 있다. 말씀 선포가 인간의 모든 말들을 문제 삼지만, 약속도 되는 것처럼. 마찬가지로, 세례 받은 이는 모든 사람에 관하여 그렇다. 그리고 성만찬은 모든 식사에 관하여 그렇다. 또한 이스라엘은 모든 민족들에 관하여 그렇다. 그리고 교회는 모든 인간 사회들에 관하여 그렇다. 마찬가지로, 그리스도교 예배장소는 그곳을 둘러싼 모든 공간들을 위한 반박과 타락과 회복의 표징이 된다.[71] 그 공간처럼 측정할 수 있는 모든 공간들 가운데에서 요구되었고, 특별

---

68) *Op. cit.*, p. 127.
69) H. Heppe, *Die Dogmatik der reformierten Kirche*, Neukirchen, 1958/3, p. 469에서 인용.
70) "예컨대, 설교와 교회에서 이루어지는 것은 성례전이 표현하는 것보다 더 잘 표현할 수 없다"(*Die kirchliche Dogmatik*, I/1 Zurich, 1939/3, p. 90; *Dogmatique* I/1, 1, p. 85)
71) 눅 2:34 참조.

히 새로운 목적을 위하여 바쳐졌기 때문에, 그곳을 둘러싼 모든 공간에 근본적인 물음을 제기할 수 있다. 곧 그곳을 둘러싼 공간에게 이 성화(聖化)—또한 거기서 자신의 정당성을 찾는—에 참여할 것인가, 아니면 이 성화를 거부할 것인가—또한 거기서 자신에 대한 유죄판결을 찾는—하는 물음을 묻는 것이다. 물론 교회는 농가나 상점이나 공장이나 공영주택을 정당화할 게 뻔하기 때문에, 농가가 농가로, 상점이나 공장이 상점이나 공장으로, 또 공영주택이 그대로 공영주택으로 남는 것을 막지 않는다. 예를 들어, 안수 받아 거룩한 성직을 맡게 된 사람은 기술자나 노동자, 가정주부나 상점 점원이 하는 일을 방해하지 않는다. 여기서 우리는 신학자들이 기꺼이 대속의 원리라고 부르는, 세상의 구원을 위하여 일하시는, 하나님의 일상적인 방식을 다시 보게 된다. 하나님은 세상을 들어 쓰시며, 세상을 구원하신다. 곧 그분은 모든 것 가운데서 닮은 작은 부분들을 선택하고 거룩하게 하심으로써, 만물을 자신의 아들에게 귀속시키시는 것을 드러내는 빛의 방사(rayonnement)와 매력의 중심이 되게 하신다. 그리고 그렇기 때문에, 하나님을 위한 이 세상 사물들의 사용은 우리의 영적인 어리석음에 적응시키는 방식이 아니다. 오히려 그 반대로, 하나님께서 창조하시고 또 구원하시길 바라는 인간과 사물들 전체에 영향을 미치는 방식이다.[72]

거룩하게 된 한 공간으로부터 시작되는 이러한 공간의 성화는, 우리가 이미 살펴본 그것을 결합하는 두 가지 방식에서 행해진다. 거룩하게 된 공간은, 우선 종교사가들이 귀신을 내쫓는 힘이 있다(apotropaïque)고 말하고, 또한 논쟁을 불러일으키거나 깨끗이 하는

---

[72] 예컨대, F. Louvel, *art. cit.*, p. 5-23을 참조.

능력이 있다고도 말하는, 거룩하게 하는(sanctificateur) 공간이 된다. 그리고 이어서 찬양하게 하는 공간이 된다. 그러므로 첫째는, 논쟁적이고 깨끗하게 하는 운동이다. 곧 따로 떨어져 있거나 모순되는 한 공간 속에, 말하자면 "관계를 맺어주고" 평안케 하고 환대해 주고 머리가 되어 주는, 한 공간을 파헤쳐 넣는 것이다. 이로써 그곳은 예배장소가 되어, 하늘과 땅 위에서 그리스도의 능력을 지형학상으로 증언하게 된다. 그래서 한 도시 속에 있는 그리스도교의 성소는, 사회 속에 있는 그리스도인이나 국가 속에 있는 교회와 비슷한 역할을 한다. 이 첫 번째 운동이 이르는 그곳에서, 그리고 이 세상 군주의 지배를 거부하는 것이 허락되는 현 세상에서—5세기나 6세기 이후부터 프랑스 혁명까지 유럽의 경우처럼—예배장소는 자신을 둘러싼 지역들을 평안케 하고 보호를 해준다. 곧 그 장소는 피난처가 되어 주었다. 그리고 종탑을 세워—새들의 노래와 아주 유사한—주님을 위하여 요구하고 거룩하게 한 영역의 한계들을 눈에 띄게 하였다.[73] 예배장소가 이렇듯 귀신을 내쫓는 역할을 하기도 하였다는 데는 이론의 여지가 좀 있기는 하다. 그래도 그곳이 그런 역할도 수행하며, 거기 모인 사람들은—그곳이 묘지나 지하 유골 안치소라고 하더라도—자신들이 살고 있는 영역이 이제 더 이상 버려지거나 방향을 상실하지 않을 것도 알고 있다.

거룩하게 된 공간은, 그 다음에는 찬양을 드리며 거룩하게 하는 공간이 된다. 그런 거룩의 공간이 현재한다는 사실만으로도 귀신을 쫓아내는 그 영역은 다른 영역들을 끌어와 하나님께 중보와 감사를 바치게 한다. 또 교회들로부터 시작하여 한 지역 전체가 이 땅의 탄

---

73) W. Reindell, "Die Glocken der Kirche," *Leiturgia*, IV Kassel, 1961, p. 857-887.

식들을 듣게 하고, 마침내 기도드리게 한다. 그리고 세상이 아직 교회가 모이는 건물을 관용하지 못하거나, 교회가 모이는 건물을 눈에 띄게 하는 것을 참지 못하는 곳에서조차, 그 지방은 그 영역 안에서 환대를 받고, 새 방향으로 이끌려진다. 거기에 돌과 나무가 있고, 또 거기에는 교회당을 짓기에 충분한 땅이 있기 때문이다. 그리고 땅은 세례 받은 이들의 유해를[74]—필요하다면 순교자들의 피를—영접하며 찬양하는 데 초대받게 될 것이다.

5) 오늘 예배장소의 건축

마지막으로, 현대 그리스도교 예배장소들의 건축에 대하여 몇 가지 고찰하는 것으로 끝을 맺고자 한다.[75]

앞에서 말했듯이, 예배는 참된 만남이기 때문에, 자신의 충만함 가운데 그리스도를 계시한다. 뿐만 아니라, 교회로 하여금 교회가 무엇인가를 충분히 고백하게 하고, 그분을 만나게 한다. 그런데 중세 유럽도시의 교회는 그렇지 않았다. 전체적으로 보아, 중세교회는 정치적으로 반대되는 체제에 따라 은밀히 유죄선고를 받은 교회였다. 현대 도시 주민들을 받아들이기에는 너무 취약했다. 또 옛 권리들을 정당하게 요구하기에는 너무 잊혀져 있었다. 또 주민 대다수가 다른 신들을 섬기는 지역에서는 너무 산만하게 흩어져 있었다. 나는 만일 그리스도교 예배장소를 오늘 건축하고 봉헌하여 교회답게 드러내려면, 단순하고 잠정적이며 검소해야 한다고 본다.

---

74) 세례 받은 이를 땅에 매장하는 것은 땅을 거룩하게 하는 것이기도 하다. 나의 책 "Remarques sur les services funèbres," *Prophétisme sacramentel*, p. 231-246을 참조.
75) 이런 고찰들이 내게는 교회의 현실적인 상황을 위하여 가치 있는 것처럼 여겨진다. 그러므로 그것들은 다른 시대의 교회를 짓는 방식을 비난하는 것은 아니다.

우선, '단순'해야 한다. 그리스도교 예배장소가 만일 거기서 자신의 주님을 만나는 모임을 실제로 표현하려면, 상징체계로 가득해야 한다는 것은 의심의 여지가 없다.[76] 그렇지만 현대인들은 상징들이 나타내고자 하는 의미를 이해하지 못하기 때문에, 상징들이 늘어나고 복잡해지는 경향을 싫어한다. 그러므로 예배장소는 간소하게, 그곳이 그리스도와 그분의 백성을 위한 만남과 기다림과 임재 장소임을 증언해야 한다. 하나님 말씀이 거기서 울려 퍼짐을 증언해야 한다. 그곳에 이미 그 나라의 식탁이 준비되었음을 증언해야 한다. 모든 성도들과 함께, 천사들이 그곳에 있음을 증언해야 한다. 또 사라지는 세상이 장차 올 세상의 약속들 앞에서 기뻐할 수 있음을 증언해야 한다. 거기서부터 예배장소의 상징체계에 대한 필수적인 양식화가 생겨난다. 이것은 멸시나 불신에 따라서가 아니라, 신자들이 거기에서 의미를 다시 배우도록 하는 것이다. 그들이 속물근성(snobisme)이나, 어리석게 보일까 하는 염려 때문에 동의하였던, 그런 거룩한 것(sacré)의 결여로부터 나오도록 도와주기 위해서다. 또 그것은 거룩한 것이 고백하기 창피한 에로티즘이나 미신이나 죽음의 유희(jeux avec la mort) 같은 것이라 하여, 일종의 형이상학적인 헐벗음에 빠졌던 이들로 하여금, 거기서 헤어나도록 도와주려는 것이다. 더구나 이런 단순성, 예배장소의 명백성을 통하여, 그리스도인들은 자신들의 방이나 아파트를 십자가나 복음서 말씀이나 달력, 또는 성화상(icône)이나 예배력에 따른 보라색, 노랑색, 녹색, 빨강

---

76) 자세한 것은 다음 세 가지 저서들을 참조: Stuttgart에서 1960, 1960 그리고 1962년에 "Symbolik des Religionen"이란 제목으로 출판된 J. A. Jungmann, *Symbolik der katholischen Kirche*, K. Goldammer, *Kultsymbolik des Protestantismus*, E. Hammerschmidt et d'autres, *Symbolik des orthodoxen und orientalischen Christentums*.

색 등의 장식용 융단으로 재현하기도 한다. 그리고 공간을 거룩하게 하는 예배장소에 대한 최소한의 봉사는, 그리스도인들이 한 주간 동안 살아가는 공간을 정복하여 예배장소를 재현하도록 하는 것이다. 또 이로써 자신들이 주일에 다시 대하는 장소가 하늘이 땅에 잇닿은 곳임이 증언된다. 사실 공간의 참된 정복은 우주공학적인 것이라기보다는, 오히려 예전적이라고 할 수 있다……

두 번째로, 예배장소는 '잠정적'이어야 한다. 교회가 영원한 장래를 위하여 세우는 성전은 사람의 손으로 만든 성전이 아니다. 사람의 손으로 만든 성전은, 잠정적인 야영지에 불과하다. 물론 그것을 사랑할 수 있고, 또 사랑해야 한다. 그것을 아름답게 꾸밀 수도 있고, 또 그것이 내포하는 모든 신비들로부터 감동받을 수도 있다. 그러나 그것이 그리스도인들의 참된 주거지(demeure)는 아니다. 그렇기 때문에, 그것에 터무니없이 많은 금액을 투자한다거나, 그것을 건축하는 데 몇 세대가 걸린다든가, 또는 50년 후에는 모든 주민이 다 그리스도인이 될 것이란 너무 큰 환상을 가지고 성전을 건축하는 것은, 격에 맞지 않다. 만일 그것이 뜻밖에 너무 작게 지어졌다면, 원하는 때 다시 확장할 수도 있을 것이다. 또는 예배를 여러 번 드릴 수도 있을 것이다. 그러나 오늘 사라져 가는 그리스도교 국가의 부활절 예배를 위하여, 또는 미래를 대비한다고, 교회를 건축하는 것은 어리석어 보인다. 우리가 하나님께 그분의 나라가 임하기를 요청할 때, 그러므로 이 세상이 소멸되기를 요청할 때, 우리는 미래를 거역하는 보루(堡壘)들 같은 교회들을 건축할 수는 없다. 그리스도인들에게 실제로 임하는 것은, 허물어진 건축물들(ruines)의 견고함 앞에서 미래 고고학자들이 나타낼 놀람이 아니라, 그 나라의 아침이다. 그런데 우리의 계속적인 장막들(campements)은 이것을 예시할 수 있을 뿐이다.

마지막으로, 그리스도교 예배장소들은 '검소'(pauvres)해야 한다. 검소하다는 것은, 가난하고 난잡하고 허술하다는 뜻이 아니다. 검소한(humbles) 것들로 즐거워할 줄 안다는 뜻이다. 거기서 아름다움을 끌어낼 줄 안다는 뜻이다. 또 하나의 제단인 가난한 이들에게서, 그리스도의 임재를 알아차릴 줄 아는 이들만이, 거룩한 식탁에서 그분의 임재 표징들에 다가설 수 있는 권리가 있다고 말한 이는 성 요한 크리소스톰이다. 그의 말을 인용한 것은, 세상을 향해 나아가 문제를 해결하려고 하지 않고, 교회에 모이기만 하는 이들에게 위엄을 갖추어 말하고자 함이 아니다. 교회가 성만찬 공동체가 되려고 노력하는 그 점에서만, 사도적인 공동체가 다시 될 수 있음을 말하고자 함이다. 그런데 내가 말하고자 하는 것은, 거의 언제나 교만을 더하고 고무시키는 부(富)에 대한 것이다. 만일 교회가 선한 활동보다는 금으로 장식한 바로크 양식의 제단이나, 개혁교회 경우 20여 년에 걸쳐 갚아야 할 부채를 유발하는 파이프오르간을 자랑하기 좋아한다면, 밖에 있는 이들이 하늘 아버지를 찬양하지 않는 것을 놀라워할 필요가 없을 것이다. 건축용 석재보다는 나무로 된 가구를 갖추고, 파이프오르간의 연주보다는 트럼펫 연주를 따라 찬양하고, 은으로 도금한 그릇보다는 백랍(vaisselle d'étain)으로 만든 그릇에 그리스도의 몸과 피를 담아도 부끄러워하지 않을 때, 교회는 참으로 건실한 교회가 될 수 있다. 오드 롱샹(Haut de Ronchamp)의 노트르담(Notre-Dame) 대성당이나 브래즈(Braiseux)의 교회는, 모방자들을 만나 그 품격이 손상될 것이다. 그런데 참된 예술가들은 내가 차분하게 말한 검소함(pauvreté)의 의미를 잘 알 것이다.

단순함, 잠정성, 검소함, 그리스도교 예배장소가 그러하다면, 그것을 둘러싸고 있는 공간을 좀 더 거룩하게 할 수 있을 것이다. 스스로 의롭다 여기는 해악에서 좀 더 벗어날 수 있을 것이다. 또한 그리스도교 예배장소가 동쪽(le Levant)을 향해 있다면,[77] 기다림의 현실이 좀 더 잘 드러날 것이다.

---

[77] F. Louvel, *art. cit.*, p. 23.

부록

장자끄 폰 알멘의 신학적인 유산

　장자끄 폰 알멘(Jean-Jacques von Allmen, 1917-1994)은 스위스 개혁교회 신학자의 한 사람이다. 스스로의 신학적인 계보를 16세기 종교개혁자 요한 칼빈(John Calvin)과 역시 스위스 사람으로서 20세기를 대표하는 신학의 거성 칼 바르트(Karl Barth)를 계승하고 있음을 표현하고 있다. 이 개혁교회 신학의 울타리 안에서도 에드워드 투르나이젠(E. Thurneysen)이 '목회론'을, 루돌프 보렌(R. Bohren)이 '설교론'의 학문적인 영토를 대변한다면, 폰 알멘은 분명코 '예배론'을 자기 신학적인 지반으로 갈고 닦아온 석학이다. 이 세 분 가운데 조금은 보수적인 성향의 학자이고 지나칠 정도로 성서구절에 매달려 사고하는 것 같기는 하지만, 세계교회 일치운동의 시야에서는 다른 이들보다는 개방적이고 에큐메니칼적이라고 말할 수 있다. 신학의 학문적인 수렴 자세에서도 그렇고, 온 세계교회 예배전통의 공감대를 파악하려는 입장에서도 그렇다. 그의 선 자리를 들여다보면, 개혁교회의 전통이나 로마가톨릭교회나 동방정교회의 전통을 아전인수격으로 평가하지 않고 그 경계선을 넘나들면서 세계교회 일치의 가능성을 추구하고 있다. 이것이 삼위일체 하나님의 뜻에 순종하는 것이 아닌가 스스로 판단하고 있다. 그의 표현으로 말하면, 그것이 예배를 통한 교회일치의 도정에서 예수 그리스도의 명령에 순종하는 길이라는 것이다.

I

장자끄 폰 알멘은 스위스 로잔(Lausane)에서 태어나서 자랐다. 그 분위기가 근세 계몽주의에 함몰되지 않을 만큼 조금은 보수적인 지역이었다. 그곳과 바젤, 뇌샤텔 등지에서 대학교육을 받고 목사안수를 받았다. 그 후 17년 동안 지역교회 목회를 했는데, 대표적인 교회는 루체른(Lucern)교회로 알려지고 있다. 그 전 나이 스무 살(1937)에 스코틀랜드 에딘버러에서 모였던 '신앙과 직제' 대회(Faith and Order Conference)에 청년 총대로 참가한 바 있다. 그 때 벌써 신앙과 직제를 통한 세계교회 일치의 가능성을 감지하고 그 길로 평생을 순례했다고 말할 수 있다.

그 후 1958년, 그의 나이 40대 초반에 뇌샤텔대학(Université de Neuchâtel)의 신학교수가 된다. 신약성서와 초대교회 연구가 그의 관심을 끌었지만, 자기의 관심과 목회경험이 배경이 되어 실천신학자로 자리를 굳히게 된다. 뒤에 열거할 연구업적으로 그가 연구하고 가르친 관심사가 드러나겠지만, 그가 교수가 된 다음의 활동에도 주목하게 된다. 1963년 캐나다 몬트리얼(Montreal)에서 열렸던 세계교회협의회(WCC)의 신앙과 직제 총회에 한 전문인(advisor)으로 참가하였다. 에딘버러 때는 그 부서가 독자적인 것이었으나, 1961년 뉴델리 총회에서 정식으로 세계교회협의회의 주무부서가 되었다. 그 뒤 30년 동안 이 부서의 연구활동에 기여를 했고, 특히 세계교회협의회의 50여 년에 걸친 대 프로젝트였던 리마문서(BEM, 1982)의 핵인 '세례·성만찬·교역'에 관한 배경연구에 크게 기여하였다고 전해진다.

폰 알멘은 1964년도에는 소피아(Sofia)에 있는 '동방정교회 신학원'에서도 강의를 하였고, 그 사이 3년간은 예루살렘에 있는 '탄투르 에큐메니칼 연구소'(Institut œcuménique de Tantur)의 소장으로 재직하였다. 그것이 전임직인지는 알려지지 않고 있다. 마찬가지로 프랑스 파리에 있는 '목회와 예전 연구센터'의 연구활동에도 종사했으나, 실제로 거기에 어느 정도 시간을 바쳤는지는 알려져 있지 않다. 그의 마지막 저작 『구원의 축제』가 이 기관의 주선으로 출간된 것으로 보아서 그곳 로마가톨릭교회 연구소와도 호흡을 함께 하는 학자였음을 감지할 수 있다.

여기저기서 지적했듯이, 20세기 세계교회 예배갱신운동의 진원이 초대교회의 학문적인 예배연구와 세계교회협의회(WCC)의 에큐메니칼 운동에서 교회전통들이 만남으로써 촉발되었다면, 여기에 불을 붙인 중요한 인물 가운데 한 분이 바로 폰 알멘임을 믿어 의심치 않는다.

II

장자끄 폰 알멘은 프랑스어를 사용하는 신학자로 모든 저작이 스위스 뇌샤텔의 출판사(Delachaux et Niestlé, Neuchâtel, Switzerland)

를 통하여 프랑스어판으로 나왔기 때문에, 외부세계에는 알려지지 않았다. 세계교회의 주목을 받기 이전에, 1950년대까지 출판된 그의 저작은 아래와 같다:

L'Eglise et ses fonctions d'après J. F. Osterwald.
La vie pastorale.
Maris et femmes d'après saint Paul.
Prophétisme sacramentel.

실천신학 주제로서 지난 세기의 교회론 이해, 목회신학, 바울의 마리아와 여성 이해, 성례전적인 선포 등이 주요 관심사였다.

폰 알멘의 '예배론'이 주목을 받기 시작한 것은 영·미 교회 예배학자들이 1960년을 전후로 그의 뇌샤텔대학 강의내용에 관심을 갖기 시작하면서부터였다. 한두 저서는 프랑스어로 출판되기 전에 그의 강의초록이 영어로 먼저 번역 출간되었고, 다른 하나는 프랑스어로 출판되자마자 곧바로 영어로 출간되었다(영어판 편집자와 번역자들—J. G. Davies, A. Raymond George, Harold Knight, W. Fletcher Fleet):

Preaching and Congregation. Louisville: John Knox Press, 1962.
Worship: Its Theology and Practice. London: Oxford University Press, 1965.
The Lord's Supper. London: Luttersworth Press, 1969.

이 가운데 예배와 성만찬에 관한 저술이 그 당시 세계교회 예배현실에 크게 충격을 주었고, 그 이후로 세계 개혁교회 전통에 속한 교단들에서 예배갱신 프로그램의 진원이 되었다. 그 시기 이후에 출간된 미국 장로교의 『예배서』(Book of Worship)와 지구촌에 산재한 연합교회들(호주, 캐나다, 북미주)의 예배자료 구조개혁을 초래하였다. 이것이 이 교단들이 그 뒤 1990년을 전후하여 완성한 '새 예배서'의 결정적인 내용이 되었다.

위 두 저서가 한국교회에도 번역 출판되었다. 예배론에 관한 것은 한국실천신학회(정용섭, 박근원, 김소영, 허경삼)가 공동으로 번역하여 『예배학원론』(대한기독교서회, 1979)으로 출간되었고, 성만찬론에 관한 것은 『주의 만찬』(박근원 옮김, 도서출판 양서각, 1986)으로 출간되었다.

폰 알멘의 주요 저작 활동은 1960년대에 이루어졌다. 앞에 언급한 영문판 '예배론'은 프랑스어로 출판된 일이 없고, '성만찬론'은 프랑스어로 이미 출간되었다. 이것이 곧바로 영문판으로 번역되었고, 폰 알멘의 예배신학에서 결정적인 뼈대가 되었다:

    Essai sur le Rapas du Seigneur. (1966)

이 외에 1960년대 주요 저서로는 16세기 종교개혁자(요한 칼빈)의 '교역론'이 있다:

    Le saint ministrē selon la conviction et la volonté de Réformés du XVI siecle. (1968)

그러다가 한 20여 년의 시간이 지난 다음에, 위에 영문판으로 이미 출간했던 '예배론'을 다듬어서 프랑스어판을 내놓았다:

Célébrer le Salut: *Doctine et Pratique du Culte Chrétien*. (1984)

이미 영어권 세계 개혁교회에 영향을 끼칠 만큼 끼친 다음에 그 내용을 다듬어 펴낸 것이다. 흔히 수정증보판이라 하면 그 부피가 두꺼워질 수 있었을 것이다. 이 프랑스어판은 오히려 더 간결하게 다듬은 면이 없지 않다. 이것을 우리말로 번역한 것이 『구원의 축제: 그리스도교 예배의 신학과 실천』(박근원 옮김, 도서출판 진흥, 1993)이다.

1960년대 초반에 로마가톨릭교회에서는 제2차 바티칸공의회의 '예전헌장'으로 그 교회전통의 예배개혁운동이 본격화되었고, 지구촌의 종교개혁교회도 그 물결을 외면할 수가 없었다. 폰 알멘의 영문판 예배론과 성만찬론을 기점으로 세계 개혁교회 전통에도 그 갱신운동이 갈피를 잡을 수 있었던 터에 왜 이 프랑스어판을 다듬어 내놓았을까? 이런 짐작을 해보게 된다. 20여 년이 지났지만 세계교회 예배개혁 운동의 지평에서는 아직도 미완의 개혁으로 남아 있고, 그래서 자기가 20여 년 전에 주장했던 바를 그대로 인정하고 다시 강조하고 싶었을 것이다. 이 새롭게 펴낸 프랑스어판에 미소한 부분의 수정이나 생략이 포촉되기는 하나, 그의 예배개혁 운동의 지표에는 변함이 없다. 영문판 이후 새로 보완된 풍요한 참고자료를 여기에 모두 지적할 수는 없겠지만, 지구촌의 대표적인 연구실적이 망라되었음을 그 이름만으로도 확인할 수가 있다. 예컨대, J. Baumgartner, Y. Brilioth, P. Brunner, Y. Congar, O. Cullmann, J. Danielou, G. Dix, P. Evdikimov, J. Gelineau, W. Hann, J. Jeremias, J. A. Jungman, H. Kraemer, E. J. Lengeling, H. Lietzmann, F. Louvell, A. G. Martimort, C. W. Maxwell, H. O. Old, R. Paquier, Vat. II. *Sacrosanctum Conciliam*, J. M. R. Tillard, M. Thurian, L. Visher, J. F. White 등이 그것이다.

III

장자끄 폰 알멘은 20세기 어간에 성취된 신약성서와 초대교회 예배연구, 그리스도론적이고 종말론적인 예배신학의 전환, 그리고 오늘 지구촌적인 예배현실에 대한 문제들을 염두에 두고 장차 세계교회의 일치를 전제로 한 예배의 일치 가능성을 제시하고 있다. 그 가능성의 차원은 다양하다. 몇 가지 간추려 정리하면 이런 내용이 될 것이다.

1. 오늘의 예배는 '축제'로서의 본질이 회복되고 보전되어야 한다. 그리스도교 예배는 본질적으로 '구원의 축제'이다. 역사적으로 확인된 바 부활의 축제가 주일예배의 진원이었다. 서방교회의 전통에서 '희생'을 상징해 온 예배유산 때문에 그 전승이 비틀어곱새겨져 발전된 것이다. 이제는 주일마다의 예배가 곧 부활절 축제의 반복이요 그 재현으로 회복되어야 한다. 그리스도교 예배의 영성이 성금요일에 부활의 아침을 바라보는 것이 아니라, 역으로 부활의 아침에

성금요일을 회상하며 오늘, 주일예배에서 감사의 축제에 참여하는 삶으로 바뀌져야 한다. 서방교회의 전통은 적어도 이 '구원의 축제'로서의 예배실천을 위하여 노력해야 한다.

2. 오늘의 세계교회는, 특히 설교 위주의 주일예배로 비틀어곱새겨져 발전한 종교개혁교회 예배는 '성만찬 중심'의 그리스도교 예배 본질을 회복해 가야 한다. 20세기에 이르러 온 지구촌 교회는 이런 우리의 예배전통을 재확인한 것이다. 주일예배에서는 설교와 성만찬이 함께 베풀어지는 것이 그리스도교 예배의 정석이다. 초대교회의 문헌에서도 확인되었고, 16세기의 요한 칼빈이나 20세기의 칼 바르트도 이런 예배정식의 실현을 주장하였다. 폰 알멘도 성만찬을 그리스도교 일치의 성례전으로 믿고 주장하였다. 오늘의 세계 개혁교회 전통에서는 적어도 월 1회의 성만찬을 권장사항으로 제시한다. 그러나 오늘의 예배개혁이 성만찬의 횟수를 늘려간다고 다 되는 것이 아니다. 왜 우리의 예배가 성만찬적이어야 하는지를 가르치고, 그러한 신앙과 신학으로 우리의 예배현실을 바로잡아 가는 것이 시급하다.

3. 오늘의 종교개혁교회는 세계교회 예배일치의 성취를 위하여 '전통적인 예배유산'을 긍정적으로 수용해 가야 한다. 그리스도교 예배유산의 공유는 세계교회 일치구현의 도구가 될 수 있다. 그 가운데 '예배력'은 그것 자체가 축제력이라고 해도 좋을 만큼 세계교회의 공동 예배유산으로서 곧 예배의 축제화에 필요불가결한 자원이다. 종교개혁 당시는 그럴 만한 이유가 있어서 그 전통을 경시했던 것은 사실이나, 오늘의 세계교회는 그 중요성을 다시 인식하기에 이르렀고 또 긍정적으로 수용해 가고 있다. 이 예배력에 따른 '주일

성서일과'가 주일예배의 설교본문이 되고, '매일성서일과'가 매일기도 모임에서 성서묵상의 보고로 활용될 수 있을 것이다.

'예배시편'과 '예배송'의 그리스도교 전통 예배유산도 오늘에 이르러 그 가치가 재평가되고 있다. 종교개혁교회가 이 그리스도교 전통의 예전적인 유산을 재평가하는 시점에 이르렀다. 시편을 교독 정도로 퇴색시켜 버린 오늘의 주일예배에서 '시편노래'의 부활과 환호송을 포함한 예배축제의 표현으로서 '예배송'의 활용이 오늘 지구촌에서 새로 움돋는 전통예배의 유산이다. 이것들을 긍정적이고 창조적으로 살려쓸 것을 권장한다.

나아가서 '매일기도' 모임이 오늘 세계교회의 현장에서 예배갱신운동의 회오리바람으로 일고 있음을 감지할 수 있다. '매일기도'는 그 뿌리가 깊은 그리스도교 전통예배의 유산이다. 종교개혁 전통에서 '주일예배'가 설교 위주의 예배가 되고, 교회의 다른 모임도 그저 설교 위주의 예배라고 부르다 보니, 성만찬을 상실한 주일예배도 하나의 모임으로 퇴락해 버린 셈이다. 폰 알멘을 중심으로 시작된 성만찬 중심의 주일예배 개혁이 전제하는 그 밖의 모임은 '매일기도' 모임의 성격으로 개선되어야 한다. 개혁교회 전통에서 그리스도교의 다른 유산을 수렴해서 싹터 나온 프랑스 떼제공동체의 예배갱신운동도 폰 알멘의 예배신학적인 사고의 열매라고 말할 수 있다.

IV

이 책을 우리말로 옮긴이는 1980년대 중반부터 1990년대 후반까지 여러 차례 스위스 제네바를 위시하여 그곳 개혁교회의 주요 도시들을 방문한 일이 있다. 한국 서울에서 개최되었던 '세계개혁교회연맹' 총회(WARC, 1989)와 세계교회협의회 '정의·평화·창조' 대회(WCC-JPIC Conversation, 1990)의 준비를 위해서였다. 제네바에 있는 양쪽 기구의 본부에서도 그랬고, 남쪽 프랑스의 '떼제공동체'(Taizé)와 스위스의 뇌샤텔 근교에 있는 '그랑 샹 공동체'(Grand Champ)를 방문할 때마다 거기서 장자끄 폰 알멘의 체취를 느낄 수 있었다. 세계교회협의회 본부 '신앙과 직제' 부서에서 그분의 연구 업적을 감지할 수 있었고, 떼제와 그랑 샹, 두 수도공동체에서도 그분의 수도자적인 기여를 엿들을 수 있었다.

1987년경이라고 기억되는데, 그분이 새로 펴낸 『구원의 축제』 프랑스어판 원서를 WCC 본부의 구내서점에서 접했을 때 자못 흥분을 감출 수가 없었다. 그 책의 내용이 오래전에 여러 동료들과 함께 한국어로 번역했던 『예배학원론』의 차례와 같았기 때문이다. 처음엔 위 책의 영문판이 저자의 저작목록에 열거되지 않아서 여러 가지 생각이 들었었다. 자기 스스로의 저술이 아니라 영·미 계통의 제자들이 자기 강의내용을 다듬어 번역 출판한 것에 미흡함을 느꼈기 때문이었는가 하고 생각하기도 했다. 내가 알기로는, 그의 이 영문판 저서가 지구촌 교회들, 특히 세계 개혁교회와 관련된 교단들의 예배갱신 프로그램에 결정적인 기여를 한 것으로 확인하고 있었던 터였기 때문이다.

그러나 내용인즉 그런 것은 아니었고, 『예배학원론』의 내용을 더욱 분명하게 밝히고 예배를 통한 세계교회 일치라는 자신의 의지를 재천명하고자 함이었다. 세계교회가 획일적으로 같은 예배의 신학, 같은 예배의 실천을 통해서가 아니라, 교회전통과 민족문화의 다양성을 인정하면서 예수 그리스도께서 명령한 성만찬예식의 공감대를 성취 실현하려고 노력하는 데서 세계교회 일치의 미래가 열린다는 소신의 피력이었다. 그래서 기회가 있으면 이 책 『구원의 축제』도 우리말로 옮기기로 마음먹게 되었다.

1990년 봄에 세계교회협의회의 JPIC 서울총회 예배 프로그램 준비위원으로 발탁되어 그 준비모임으로 스위스 뇌샤텔 호반에 위치한 '그랑 샹 공동체'에서 며칠을 보낸 일이 있다. 그 모임이 진행되는 동안에 역시 이 공동체도 폰 알멘과 깊은 인연이 있는 여자들의 수도공동체이고 그가 거주하는 뇌샤텔대학도 그리 멀지 않음을 알게 되었다. 이번 기회에 그분을 한 번 방문하여 인사도 드릴 겸, 나의 그분에 대한 신학적이고 신앙적인 공감대에 대한 감사의 인사라도 드릴 기회가 왔다고 생각하였다. 그러나 그분의 신병(천식)으로 만날 수가 없을 뿐만 아니라 전혀 대화를 나눌 수 없다는 그곳 수도원장의 전언을 들었을 때 못내 아쉬운 마음을 감출 수가 없었다.

뇌샤텔에 머무는 동안 그곳 호반을 산책하면서 그분의 건강이 회복되면 다시 한 번 그곳을 방문하리라고 결심하고 그곳을 떠났었다. 아무튼 『구원의 축제』를 번역하기로 마음먹었고, 돌아와서 그 뜻을 성취하였다. 이때까지도 그분은 생존해 계셨다. 그러다가 그 후 1994년에 '그랑 샹 수도회'의 소식지를 통하여 그분의 서거 소식을 들었을 때 못내 마음이 아팠다. 그도 그럴 것이, 프랑스어판 말고는 유일하게 외국어로 번역된 한국어판 『구원의 축제』를 보여 드릴 기회가 없어졌기 때문이다. 이 책의 재판을 내면서라도 이런 심경을 피력해 두고 싶은 이유가 바로 여기에 있다.

2010년 주현절에

옮긴이 박근원

구원의 축제

지은이: 장자끄 폰 알멘
옮긴이: 박 근 원
펴낸이: 길 청 자
펴낸일: 2010년 4월 27일
펴낸곳: 아침영성지도연구원
등록일: 1999년 1월 7일(제7호)
홈페이지: www.achimhope.or.kr

총판: 선교횃불
전화: 02)2203-2739
팩스: 02)2203-2738
홈페이지: www.ccm2u.com

* 파본은 교환해 드립니다.
* 이 출판물은 저작권법에 의해 보호를 받는 저작물이므로 무단전재와 무단복제를 금합니다.